요금원시선
遼金元詩選

한중역대한시선 ❹

요금원시선
遼金元詩選

기태완 선역

보고사

머리말

　이 〈요금원시선(遼金元詩選)〉은 요(遼: 907l-1125)·금(金: 1115-1234)·원(元: 1206-1368) 삼국의 한시(漢詩)를 선발하여 번역한 것이다. 이들 삼국은 각각 민족 고유의 언어와 문자를 가졌지만 한자와 한문을 함께 사용했던 동아시아 문화권의 일원이었다. 또한 이들이 남긴 한시 유산이 적지 않은데, 동아시아 한시사(漢詩史)에서 마땅히 주목해야 할 대상일 것이다.

　요시(遼詩)는 현존하는 것이 고작 1백여 수에 불과하다. 당초 그 창작이 적었던 것이 아니고, 나라가 망한 후 거의 대부분이 일실되었기 때문이다. 예컨대 『거란국지(契丹國志)』에 성종(聖宗) 야율륭서(耶律隆緖)의 어제곡(御題曲)이 백여 수라고 했는데, 지금 전하는 것은 단지 〈전국새(傳國璽)〉와 〈제락천시(題樂天詩)〉 일구(佚句)뿐이니, 그 나머지는 충분히 상상할 수 있겠다.
　성종(聖宗)은 "백거이(白居易)의 시집(詩集)이 나의 스승이다"라고 했고, 사공대사(寺公大師)의 〈취의가(醉義歌)〉를 살펴보면, 도잠(陶潛)·왕적(王績)·이백(李白)·두보(杜甫) 등의 영향을 받았음을 알 수 있으니, 요시가 중원(中原)의 한시를 깊이 섭취했음을 미루어 짐작할 수 있겠다.

　금시(金詩)는 요시에 비하여 시인과 시편의 수량이 풍부하고, 그 질적 성취도 중원의 역대 시보다 못하지 않았다. 금나라 말의 시인 원호문(元好問)은 금이 망한 후 금의 유민으로서 원(元)나라에 출사하지 않고, 금나라 일대의 시를 수집해 놓았다. 금나라 최초의 시집인 『중주집(中州集)』이 바로 그것이다. 『중주집』에는 시인 251가(家)의 시 2060수가 수록되어 있다. 이 『중주집』은 이미 고려 말에 수입되어 조선 말까지 널리 읽혀졌던 시집이었다.

금나라는 고려와 국교관계를 맺고 있었으므로 양국의 사신들이 서로 오가며 직접 시를 수창했다. 고려 이제현(李齊賢)의 〈인월원(人月圓)〉은 마외(馬嵬)에서 오언고(吳彦高)의 시를 본받아 지은 것인데, 오언고는 금나라 학사(學士) 오격(吳激)이다. 오격은 고려에 사신으로 왔던 자인데, 장편 오언고시 〈계림서사(鷄林書事)〉 시를 남겨놓고 있다. 오격 외에도 이안(李晏)·장한(張翰)·채송년(蔡松年)·이휼(李遹) 등이 고려에 사신으로 와서 각각 시를 남겨놓았다.

명(明)나라 왕세정(王世貞)은 『예원치언(藝苑巵言)』에서 다음과 같이 금의 중요시인과 시풍을 간략하게 언급해 놓았다.

> 원유산(元遺山: 원호문)에게 『중주집(中州集)』이 있는데, 모두 금인(金人)의 시들이다. 금인 중 우문허중(宇文虛中)·채송년(蔡松年)·채규(蔡珪)·당회영(党懷英)·주앙(周昂)·조병문(趙秉文)·왕정균(王庭筠) 등은 그 대지(大旨)가 소식(蘇軾)과 황정견(黃庭堅)을 벗어나지 못한다. 요컨대 송(宋)나라보다 솔직하지만 지나치게 천(淺)하고, 원(元)나라보다 질박하지만 정(情)이 적다.

조선 이규경(李圭景)의 『오주연문장전산고(五洲衍文長箋散稿)·역대시체변증설(歷代詩體辨證說)』에서는 다음과 같이 말했다.

> 금나라 초에는 채송년(蔡松年)과 오격(吳激)이 으뜸인데, 세칭 '채오체(蔡吳體)'라고 했다. 그 뒤에는 조병문(趙秉文)과 당회영(党懷英)이 거벽(巨

擊)이다. 원호문(元好問)은 그 성취를 집대성했다. 그 후의 제가(諸家)들은 모두 대소(大蘇: 蘇軾)를 배웠다.

이들 발언이 금시의 진면목을 다 말했다고 할 수 없으나, 대략 금시는 송시의 영향권 안에 있었음을 짐작할 수 있다.

최근 중국 남개대학(南開大學) 출판사에서 발간한 『전금시(全金詩)』에는 시인 534인의 시 12,066수가 수록되어 있다. 그 한시 유산의 규모가 어느 왕조에 못지않음을 알 수 있다.

원시(元詩)는 금시에 비해 또한 그 시인과 작품이 풍부하다. 청(淸)나라 고사립(顧嗣立)이 편찬한 『원시선(元詩選)』에는 시인 2,600여 명이 수록되어 있다. 근래 중국사회과학원(中國社會科學院)에서 출간한 『전원시(全元詩)』에는 시인 5천 명의 14만 수의 시가 실려 있다. 이처럼 그 규모가 방대하다.

원시의 풍격과 그 중요 시인들에 대해서는 다음 인용문들에서 대략 엿볼 수 있다.

> 송인(宋人)의 조(調)는 몹시 잡박(雜駁)한데, 재구(材具)는 종횡(縱橫)한다. 호한(浩瀚)함은 원(元)보다 낫다. 원인(元人)의 조(調)는 몹시 순일(純一)한데, 재구는 국축(局促)하다. 비추(卑陬)함은 송(宋)보다 열등하다. 그러나 송이 『시경』에서 먼 것은 재능이 누를 끼친 것이고, 원이 『시경』과 가까운 것은 또한 재능이 그렇게 만든 것이다. 그래서 원의 수레바퀴자국을 따라가면 소승(小乘)을 이루는데 실패하지 않고, 송의 문으로 들어가면 외도(外道)로 많이 흘러가게 된다. (명나라 호응린(胡應麟)의 『시수(詩藪)』 중에서)

> 사람들은 원시는 섬약(纖弱)하여 송시(宋詩)보다 못하다고 한다. 이는 원인(元人)의 대전(大全)을 다 살펴보지 못하고, 경솔하게 일방(一方)의 의론

을 폈을 뿐이다. 유산(遺山: 元好問)은 원나라에 출사한 적이 없지만, 거수(巨手)로서 선두를 열고, 한 시대에 관절(冠絶)했음은 참으로 말할 필요가 없다. 우집(虞集)·양재(楊載)·범팽(范梈)·게혜사(揭傒斯)에 이르러서 모두 탁연(卓然)히 성가(成家)하여 정종(正宗)이 되었다. 진경(晉卿: 黃溍)과 도전(道傳: 柳貫)이 차례로 나와서 부끄러움이 없었다. 그 나머지는 기이함을 펴고 화려함을 다투어서 하나도 만족스럽지 않다. 금낭(錦囊: 李賀)의 일조(逸藻)를 줍고, 옥계(玉溪: 李商隱)의 방운(芳韻)을 계승한 것은 안문(雁門: 薩都剌)과 철애(鐵崖: 楊維楨)뿐만이 아니다. 대개 송시(宋詩)의 말류(末流)의 폐단은 조솔(粗率)함과 생경(生硬)함이다. 원시는 이와 반대이다. 송시의 유폐(流弊)를 구원하려고 한다면, 원(元)을 버리고서 어떻게 할 것인가? 『백일초(百一鈔)』를 읽어보면, 풍풍호(渢渢乎)하고, 양양호(洋洋乎)하여 기격(氣格)과 성조(聲調)가 옛날로 나아갔다. 정변(正變)으로써 제공(諸公)들의 장점을 취했기 때문에 막힘이 없고, 출입(出入)은 대략 삼당(三唐)을 표준으로 삼았기 때문에 범람하지 않는다. 거의 위상(韋相: 韋莊)이 『우원집(又元集)』의 서(序)에서 이른바 "금반(金盤)의 항해(沆瀣)를 먹고, 화계(花界)의 제호(醍醐)를 먹는다"는 것이다! 배우는 자는 이를 경유하여 가야 한다. 원시의 성궤(盛軌)를 좇아서, 당음(唐音)을 잃지 않고, 『풍(風)』·『소(騷)』·한(漢)·위(魏)로 거슬러 올라간다면, 이 초(鈔)가 어찌 다만 음영(咏吟)에 이바지하고 잡차(拶扎)만 쌓아줄 뿐이겠는가? (청나라 내암(耐庵) 심균덕(沈鈞德)의 「원시별재집서(元詩別裁集序)」 중에서)

원나라 초에는 금원파(金源派)를 계승하여서 원호문(元好問)을 대종(大宗)으로 삼았다. 그 후에는 우집(虞集)·양재(楊載)·범팽(范梈)·게혜사(揭傒斯)를 칭한다. 원나라 말에는 양유정(楊維楨)·이효광(李孝光)·오래(吳萊)가 으뜸이 된다. 이 이전에는 조맹부(趙孟頫)와 학경(郝經)이 있고, 이 이후에는 살도자(薩都剌)와 예찬(倪瓚)이 있는데, 모두 볼만하다.(조선 이규경(李圭景)의 『오주연문장전산고(五洲衍文長箋散稿)·역대시체변증설(歷代詩體辨證說)』 중에서)

호응린과 심균덕은 원시가 대체로 송시의 말폐를 배격하고 당시를 추구했음을 지적하고 있다. 이들 인용문에서 언급한 인물들은 실로 원시의 중요 시인들이다.

이 『요금원시선』은 요나라 시인 5가의 시 5수, 금나라 시인 32가의 시 52수, 원나라 시인 77가의 시 274수, 도합 114가의 331수를 선발한 것이다. 번역은 직역을 원칙으로 하였고, 시인의 소전(小傳)을 붙이고, 상세한 주와 역대의 몇몇 평설(評說)을 붙여서 감상에 이바지하고자 했다.

2009년 초가을 국화시절에 정취재(精趣齋)에서
기태완(奇泰完)

차례

머리말 / 5

‖ 요시遼詩 ‖

◎ 조연수趙延壽 / 25
  실제 失題 / 26

◎ 유삼하劉三嘏 / 27
  백진시 白陳詩 / 28

◎ 야율홍기耶律弘基 / 30
  이엄의 〈황국부〉에 적다 題李儼黃菊賦 / 31

◎ 소관음蕭觀音 / 32
  회고 懷古 / 33

◎ 소슬슬蕭瑟瑟 / 34
  영사 詠史 / 35

‖ 금시金詩 ‖

◎ 우문허중于文虛中 / 39
  중추일에 술을 찾다 中秋覓酒 / 40

◎ 오격 吳激 / 41
  추흥 秋興 / 42
  종지가 초서의 〈소상도〉에 적다 題宗之家初序瀟湘圖 / 42

◎ 채송년 蔡松年 / 44
  혼동강을 건너다 渡混同江 / 45
  형암부의 집에서 작은 술자리를 벌이다가, 그 운에 차운하다 小飮邢嵒夫家, 因次其韻 / 46

◎ 고사담 高士談 / 47
  저녁에 요해정에 오르다 晚登遼海亭 / 48

◎ 유저 劉著 / 49
  달밤에 배를 띄우다 月夜泛舟 / 50

◎ 채규 蔡珪 / 51
  의무려 醫巫閭 / 52

◎ 완안량 完顏亮 / 54
  그림 병풍에 적다 題畫屏 / 55

11

◎ 임순 臨詢 / 56
　절강정에서 조수를 보다 浙江亭觀潮 / 57

◎ 유영 劉迎 / 59
　팔달령을 나서다 出八達嶺 / 60

◎ 변원정 邊元鼎 / 61
　8월 14일 술을 마시다 八月十四日對酒 / 62

◎ 유급 劉汲 / 64
　서암에 적다 題西巖 / 65

◎ 왕적 王寂 / 67
　석양에 지팡이를 짚고 물가를 보다 日暮倚仗水邊 / 68

◎ 조풍 趙渢 / 69
　황산 가는 중에 黃山道中 / 70

◎ 당회영 党懷英 / 71
　사신을 가면서 고우로 가던 중에 奉使行高郵道中 / 72
　어촌시화도 漁村詩話圖 / 72

◎ 왕정균 王庭筠 / 73
　옥중에서 원추리를 읊다 獄中賦萱 / 74
　절구 絶句 / 75

◎ 주앙 周昂 / 76
　저녁에 조망하다 晩望 / 77

　취병구 翠屛口 / 77

◎ 수탁 帥拓 / 79
　동락원을 유람하다 游同樂園 / 80

◎ 노탁 路鐸 / 82
　양성 가던 중에 襄城道中 / 83

◎ 조병문 趙秉文 / 84
　화산을 유람하고 원유지에게 부치다 游華山, 寄元裕之 / 85
　왕학사 자단에게 부치다 寄王學士子端 / 89

◎ 이순보 李純甫 / 90
　이경을 전송하다 送李經 / 91

◎ 사숙 史肅 / 95
　춘설 春雪 / 96

◎ 완안숙 完顔璹 / 97
　귀향생각 思歸 / 98

◎ 왕약허 王若虛 / 99
　가을을 감개하다 感秋 / 100

◎ 마구주 麻九疇 / 102
　〈우중행인선도〉에 적다 題雨中行人扇圖 / 103

◎ 전석 田錫 / 104
　목우도 牧牛圖 / 105

◎ 신원 辛願 / 106
　난리 후 亂後 / 107

◎ 이분 李汾 / 108
　눈 내리는 중에 호뢰성을 방문하다 雪中過虎牢 / 109

◎ 주혁수 珠赫遂 / 110
　휴양으로 가던 중에 睢陽道中 / 111

◎ 원호문 元好問 / 112
　기양 岐陽 / 114
　영정에서 이별시를 남기다 潁亭留別 / 116
　황화산을 유람하다 遊黃華山 / 118
　임진년 12월 거가가 동수한 후 목격한 사건을 즉석에서 짓다 壬辰十二月, 車駕東狩後卽事 / 120
　외가의 남사에서 外家南寺 / 123
　버드나무 楊柳 / 123
　아이들과 아직 피지 않은 해당을 읊다 同兒輩賦未開海棠 / 124
　논시 30수 論詩三十首 / 125

◎ 단극기 段克己 / 131
　계묘년 중추 밤에 제군들과 함께 산중에 모여서 술을 마시며, 시사에 감개하여 옛일을 생각하는 정을 말에다 드러내다 癸卯中秋之夕, 與諸君會飲山中, 感時懷舊情見乎辭 / 132

◎ 단성기 段成己 / 135
　목암 영수중에게 화답하다 和答木庵英粹中 / 136

◎ 이준민 李俊民 / 137
　채주가 격파 당했다는 소식을 듣고 聞蔡州破 / 138

‖ 원시 元詩 ‖

◎ 야율초재 耶律楚材 / 143
　서역 하중 십영 西域河中十詠 / 144
　음산 陰山 / 146
　제원을 방문하여, 배공정에 올라서 한한노인의 운을 사용하다 過齊原, 登裵公亭, 用閑閑老人韻 / 147

◎ 허형 許衡 / 149
　오행보의 〈우포〉운에 화답하다 和吳行甫雨雹韻 / 150
　탁수에서 묵다 宿卓水 / 151

◎ 유병충 劉秉忠 / 153
　강변에서 석양에 바라보다 江邊晚望 / 154
　청명날 하루 뒤에 회래를 방문하다 淸明後一日, 過懷來 / 155

◎ 학경 郝經 / 156
　숙주의 밤비 宿州夜雨 / 157
　갑자년 가을 회포 甲子秋懷 / 157

13

낙화 落花 / 158

◎ **왕운 王惲** / 160
사구점을 방문하다 過沙溝店 / 161
여름밤 夏夜 / 161

◎ **방회 方回** / 163
비오는 밤에 눈이 내리려 하다 雨夜雪意 / 164
유감 有感 / 164
중춘의 밤비 속에 급히 쓰다 春半夜雨走筆 / 165
중양절에 읊다 重陽吟 / 166
호구를 방문하여 여산을 바라보다 過湖口, 望廬山 / 167

◎ **진부 陳孚** / 168
문을 나서며 친우들과 이별하다 出門別親友 / 169
동작대 銅雀臺 / 173
강 하늘의 저녁 눈발 江天暮雪 / 174
연사만종 烟寺晚鐘 / 175
악주의 강섬에서 저녁에 조망하다 鄂渚晚眺 / 176
금산사 金山寺 / 177
박랑사 博浪沙 / 178

◎ **대표원 戴表元** / 180
행부원을 이편교의 운에 차운하다 行婦怨次李編校韻 / 181
섬 땅 백성의 기근 剡民饑 / 182

초계 苕溪 / 183
옛 가수에게 감개하다 感舊歌者 / 184

◎ **구원 仇遠** / 186
봉황산 고궁 鳳凰山故宮 / 187
백구지 가에 터를 잡고 살다 卜居白龜池上 / 188
조송설의 〈미금죽석도〉에 적다 題趙松雪迷禽竹石圖 / 188

◎ **백정 白珽** / 190
봄날 전원의 잡흥 春日田園雜興 / 191

◎ **유인 劉因** / 192
진주 융흥사 누각에 오르다 登鎭州隆興寺閣 / 193
명비곡 明妃曲 / 196
옛 성을 지나다 經古城 / 199
백구 白溝 / 200
여름날 산정에서 술을 마시다 夏日飮山亭 / 201
가을 연꽃 秋蓮 / 202
매화를 보고 감개가 있어서 觀梅有感 / 203
산가 山家 / 204
서사 書事 / 204
풍도 馮道 / 206
시골에서의 여러 시편 村居雜詩 / 206

◎ **오징 吳澄** / 207
예장공원의 즉사, 운림제거의 〈만춘

한거〉 구운을 받들어 화답하다 豫章
貢院卽事, 奉和雲林提擧〈晩春閒居〉舊
韻 / 208

부주윤 유병이가 경사로 가는 것을
송별하다 送富州尹劉秉彝如京 / 209

◎ **조맹부 趙孟頫** / 210

산을 떠남을 논죄하다 罪出 / 211

이른 봄 早春 / 213

악악왕묘 岳鄂王墓 / 214

예전에 놀던 곳을 추억하다 紀舊遊 / 215

아미정 蛾眉亭 / 216

개울가 溪上 / 217

새벽에 일어나 꾀꼬리소리를 듣다 曉起聞鶯 / 218

매죽화에다 적어서 석민첨에게 주다 題所畫梅竹, 贈石民瞻 / 218

절구 絶句 / 219

◎ **풍자진 馮子振** / 220

금산에 오르다 登金山 220

성근 매화 疏梅 / 221

◎ **진심 陳深** / 223

강가에서 江上 / 224

소원에서의 즉사 小園卽事 / 224

◎ **선우추 鮮于樞** / 225

동려 누항탄을 지나면서 뱃사공에게
보이다 過桐廬漏港灘, 示舟人 / 226

병풍에 적다 題屏 / 227

◎ **주치 周馳** / 228

이백영을 전송하다 送李伯英 / 229

◎ **마진 馬臻** / 230

구인근이 세모에 부쳐준 운에 화답하다 和仇仁近歲暮見寄韻 / 231

궁녀의 원망을 풀다 釋宮怨 / 232

◎ **조백계 趙伯啓** / 233

밤비 夜雨 / 234

◎ **황경 黃庚** / 235

어은을 주중명을 위해 읊다 漁隱爲周仲明賦 / 236

주역을 베고 枕易 / 236

못의 연꽃 池荷 / 238

◎ **송무 宋无** / 239

전성남 戰城南 / 240

이한림묘 李翰林墓 / 241

동릉 오송산 중에서 銅陵五松山中 / 243

◎ **하중 何中** / 244

지비당에서 밤에 앉아서 知非堂夜坐 / 245

비온 후 저녁에 가다 雨後晩行 / 245

일찍 일어나다 早起 / 246

◎ **원역 袁易** / 247

　　단옷날에 객중에서 重午客中 / 248

◎ **원각 袁桷** / 249

　　장옥전에게 주다 贈張玉田 / 250

　　석양에 중장을 방문했으나 만나지 못했다 晚訪仲章, 不遇 / 252

◎ **유선 劉詵** / 254

　　고향에서 밤에 앉아 감회가 있어서 故鄕夜坐有感 / 255

　　하화장에서 묵다 宿荷花莊 / 255

◎ **장양호 張養浩** / 256

　　유민을 슬퍼하는 노래 哀流民操 / 257

◎ **윤정고 尹廷高** / 259

　　수레에서 고악부를 짓다 車中, 作古樂府 / 260

　　객중에서 귀향을 생각하다 客中思歸 / 261

◎ **우집 虞集** / 263

　　금인출새도 金人出塞圖 / 265

　　어촌도에 적다 題漁村圖 / 267

　　적성관 赤城館 / 269

　　문산 승상을 애도하다 挽文山丞相 / 269

　　등왕각 滕王閣 / 272

　　빗소리를 듣다 聽雨 / 273

　　정이문을 전송하고, 겸하여 게만석에게 부치다 送程以文, 兼簡揭曼碩 / 274

　　원중에서 홀로 앉아 院中獨坐 / 277

　　가경중의 그림에 적다 題柯敬仲畵 / 277

　　지정 개원 신사년 한식일에 아우와 여러 조카들에게 보이다 至正改元辛巳寒食日, 示弟及諸子姪 / 278

◎ **양재 楊載** / 279

　　설헌 雪軒 / 280

　　모춘에 서호의 북산을 유람하다 暮春游西湖北山 / 281

　　종양궁에서 달을 보다 宗陽宮望月 / 282

　　고상서의 죽석도에 적다 題高尙書竹石 / 283

　　준의공의 호정에서 묵다 宿浚儀公湖亭 / 284

◎ **범팽 范梈** / 285

　　왕씨 능원루 王氏能遠樓 / 287

　　무덤 파내는 노래 掘塚歌 / 288

　　추산도에 적다 題秋山圖 / 290

　　호구를 출발하다 發湖口 / 290

　　상원일 上元日 / 291

◎ **게혜사 揭傒斯** / 292

　　이궁인의 비파인 李宮人琵琶引 병서 幷書 / 293

　　고우성 高郵城 / 295

　　무창을 떠나다 別武昌 / 296

　　돌아가는 배 歸舟 / 297

여름 오월에 무창의 배 안에서 살펴
보다 夏五月武昌舟中觸目 / 298
무창을 꿈꾸다 夢武昌 / 299
추운 밤에 짓다 寒夜作 / 300
노안도에 적다 題蘆雁 / 300
구양남양의 〈월야사〉에 화답하다 和
歐陽南陽月夜思 / 301
여아포가 女兒浦歌 2수 / 302

◎ 황진 黃溍 / 303
서산을 유람하며 항가립과 영은사 서
암에 묵다 游西山, 同項可立, 宿靈隱西
菴 / 304

◎ 오진 吳鎭 / 306
화죽 畫竹 / 307

◎ 장우 張雨 / 308
모산을 회상하다 懷茅山 / 309
중목의 묵란 仲穆墨蘭 / 310
호주죽지사 湖州竹枝詞 / 311

◎ 진초 陳樵 / 312
우미인초사 虞美人草詞 / 313

◎ 항형 項駉 / 316
오궁원 吳宮怨 / 317
공막무 公莫舞 / 318

◎ 마조상 馬祖常 / 321
수차 밟는 노래 踏水車行 / 322
용호대 응제시 龍虎臺應制 / 323
하수가를 장길체로 본떠 짓다 河水歌
效長吉體 / 324

◎ 오사도 吳師道 / 326
희마대 戲馬臺 / 327
들에서 저녁에 귀가하며 감회가 있어
서 野中暮歸有懷 / 329
적벽도 赤壁圖 / 329
관사 벽에 적다 題官舍壁 / 330

◎ 주덕윤 朱德潤 / 332
덕정비 德政碑 / 333
사호에서 저녁에 돌아오다 沙湖晚歸
/ 334

◎ 관운석 貫雲石 / 335
군산행 君山行 / 336
갈대꽃 이불 蘆花被 / 337

◎ 주권 周權 / 339
냉천정 冷泉亭 / 340
성곽 밖 郭外 / 341

◎ 이효광 李孝光 / 342
〈태을진인가〉를 〈연주도〉에 적다 太
乙眞人歌, 題蓮舟圖 / 343
배로 오강을 지나다 舟過吳江 / 344

◎ 허유임 許有壬 / 345
버려진 아이를 슬퍼하다 哀棄兒 / 346
적항에서 아침에 출발하다 荻港早行
/ 347

◎ 왕면 王冕 / 348
검가행을 차운하다 劍歌行次韻 / 350
정호를 슬퍼하다 傷亭戶 / 353
묵매 墨梅 / 355
매화그림에 적다 題畫梅 / 356
응교로 매화그림에 적다 應敎題梅 / 356

◎ 장저 張翥 / 358
형원곡 螢苑曲 / 359
구월 팔일에 위태박을 모시고, 양구사와 성남 삼학사와 만수사를 유람하다 九月八日, 陪危太樸, 偕梁九思, 游城南三學寺·萬壽寺 / 361
절성 참정 주옥파에게 부치다 寄浙省參政周玉坡 / 361
부산으로 가는 중에 浮山道中 / 363

◎ 진려 陳旅 / 365
소수재의 〈가풍대〉에 화답하다 和蕭秀才歌風臺 / 366

◎ 황진성 黃鎭成 / 367
동양으로 가던 중에 東陽道中 / 368
배로 대모양을 지나다 舟過大茅洋 / 368

◎ 주정진 周霆震 / 370
구일 九日 / 371

◎ 정원우 鄭元佑 / 372
세모에 시사에 감개하다 歲暮感事 / 373

◎ 성정규 成廷珪 / 374
임천의 백성을 읊다 賦林泉民 / 375
주백례의 서촌초당에 적다 題朱伯禮西村草堂 / 375
가을날 감로사에 올라 저녁에 조망하다 秋日, 登甘露寺, 晚眺 / 376

◎ 오래 吳萊 / 378
저녁에 해동에 배를 띄우고, 매잠산 관음대사동을 찾아가서 반타석에 올랐다. 해가 뜨는 곳과 동곽산을 바라보고, 돌아와 옹포를 지나서 서언왕의 옛 성을 방문했다 夕泛海東, 尋梅岑山觀音大士洞, 遂登盤陀石, 望日出處及東霍山, 回過翁浦, 問徐偃王舊城 / 379
곽주 漷州 / 380

◎ 양유정 楊維楨 / 382
홍문의 연회 鴻門會 / 384
오호를 유람하다 五湖游 / 386
여산폭포 노래 廬山瀑布謠 / 389
서호죽지가 西湖竹枝歌 / 391
해향죽지가 海鄕竹枝歌 / 394
궁사 宮詞 / 395
생각나는 대로 짓다 漫成 / 396
그리움 相思 / 397
그네 秋千 / 397
확실한 믿음 的信 / 398
〈춘강어부도〉에 적다 題春江漁父圖 / 398

〈파초미인도〉에 적다 題芭蕉美人圖 / 399

성문곡 城門曲 / 400

◎ 공사태 貢師泰 / 401

천태 임씨 산재의 폭포천 天台林氏山齋瀑布泉 / 402

의고 擬古 / 402

도연명의 작은 초상화에 적다 題淵明小像 / 404

◎ 전유선 錢惟善 / 405

절양류 折楊柳 / 406

회포를 진술하여 광원에게 부치고, 아울러 성남의 여러 벗에게 보내다 述懷寄光遠, 幷簡城南諸友 / 407

서호죽지사 西湖竹枝詞 / 407

◎ 여궐 余闕 / 409

여공정 呂公亭 / 410

산중의 도사 선금에게 주다 贈山中道士善琴 / 411

◎ 노기 盧琦 / 412

어부와 나무꾼이 대화하는 그림 漁樵共話圖 / 413

동령사를 유람하다 游洞嶺寺 / 413

호봉을 다시 유람하고, 그로 인하여 제공들에게 올려서 한 번 웃다 重游蓬壺, 因呈諸公一笑 / 414

◎ 태불화 泰不華 / 415

벗이 귀향함을 전송하다 送友還家 / 416

◎ 이존 李存 / 417

운암에 적다 題雲庵 / 418

자면의 운에 차운하다 次子勉韻 / 418

◎ 부약금 傅若金 / 420

패공정 沛公亭 / 421

시희를 물리치다 却侍姬 / 422

〈서벽산〉에 적어서, 신금 공순자를 위해 읊다 題〈栖碧山〉, 爲淦龔舜咨賦 / 423

◎ 예찬 倪瓚 / 425

함께 술 마시다 對酒 / 427

황촌 荒村 / 427

이은자에게 부치다 寄李隱者 / 428

백우와 함께 계산 승계루에 오르다 與伯雨, 登溪山勝槪樓 / 429

귀향을 생각하다 懷歸 / 430

정소남의 난 그림에 적다 題鄭所南蘭 / 431

절구 2수 絶句二首 / 431

안개비 속에 석호를 지나며 절구 세 편을 짓다 煙雨中過石湖三絶 / 433

◎ 살도자 薩都剌 / 435

거용관을 방문하다 過居庸關 / 436

양비 병치도 楊妃病齒圖 / 437

한궁조춘곡 漢宮早春曲 / 442

연희곡 燕姬曲 / 443
가을날 못가에서 秋日池上 / 444
절동에 가는 사람을 전송하다 送人之浙東 / 445
대산회고 臺山懷古 / 446
부용곡 芙蓉曲 / 447
채석기에서 이백을 생각하다 采石懷李白 / 447
고우 사양호를 방문하여 짓다 過高郵射陽湖雜詠 / 449
궁사 宮詞 / 451
팽성 잡영 彭城雜詠 / 452
쟁을 탄주하는 자에게 주다 贈彈箏者 / 453
경성의 봄날 京城春日 / 453
상경하여 짓다 上京卽事 / 454

◎ 내현 迺賢 / 456
신향의 노파 新鄕媼 / 457
새상곡 塞上曲 / 459

◎ 고영 顧瑛 / 461
창문을 나서다 發閶門 / 462

◎ 진기 陳基 / 463
닭과 오리 노래 鷄鶩行 / 464
옷 짓는 노래 裁衣曲 / 465

◎ 가구사 柯九思 / 466
궁사 宮詞 / 467

◎ 진고 陳高 / 468
청전산방에서 유양우를 위해 읊다 青田山房爲劉養愚賦 / 469
동화를 심다 種橦花 / 470

◎ 홍희문 洪希文 / 472
객중에 한식날을 만나다 客中遇寒食 / 473

◎ 곽옥 郭鈺 / 474
봄비 春雨 / 475
의춘에서 이별시를 주다 宜春贈別 / 475

◎ 공성지 貢性之 / 476
위중방의 방문을 기뻐하다 喜魏仲房見過 / 477
거듭 고소를 방문하고 감개가 있어서 重過姑蘇有感 / 477
매화 그림에 적다 題梅 / 478
용금문에서 버들을 보다 湧金門見柳 / 479

◎ 하경복 何景福 / 480
무림에서 봄에 조망하다 武林春望 / 481

◎ 오장 吳漳 / 482
무후사 제벽시 武侯祠題壁詩 / 483

◎ 대량 戴良 / 485
송송암을 생각하다 懷宋庸庵 / 486

◎ 담소 郯韶 / 488
　어부 집의 벽에 적다 題漁家壁 / 489
　예원진의 〈춘림원수도〉에 적다 題倪元鎮春林遠岫圖 / 489

◎ 왕봉 王逢 / 492
　무제 無題 / 493

◎ 장헌 張憲 / 494
　악악왕가 岳鄂王歌 / 495
　겁설행 怯薛行 / 498
　진유윤을 전송하다 送陳惟允 / 499

◎ 장욱 張昱 / 501
　심생이 강주로 돌아갈 때 주다 贈沈生還江州 / 502

◎ 정학년 丁學年 / 503
　도선실에서 소이거와 옛일을 애기하다가 감개가 있어서 짓다 逃禪室與蘇伊擧話舊有感 / 504

찾아보기 /506

21

요시 遼詩

조연수 趙延壽

조연수(?-948), 본성은 유(劉)씨, 항산(恒山: 하북성 正定) 사람. 후량(後梁) 개평(開平) 초에 창주절도사(滄州節度使) 유수문(劉守文)의 비장(裨將) 조덕균(趙德鈞)에게 포로가 되었는데, 조덕균이 양자로 삼았다. 나중에 후당(後唐)에 출사하여 부마도위(駙馬都尉)와 추밀사(樞密使)를 지냈다. 후진(後晉)을 북벌할 때 요(遼)나라 태종(太宗)이 추적해오자, 연수는 그 부친 항(邟)과 함께 투항했다. 유주절도사(幽州節度使)를 지내고, 진(晉)나라를 정벌할 때 공을 세워서 대승상(大丞相)에 올랐다.

실제 失題[1]

黃沙風捲半空抛	황사를 바람이 말아서 반 허공에서 뿌리고
雲動陰山雪滿郊[2]	구름은 음산에 자욱하고 눈은 교외에 가득하네
探水人迴移帳就[3]	수원을 찾는 사람들이 이장을 되돌려서 가고
射鵰箭落著弓抄	매를 쏜 화살이 떨어지자 활을 차고 주워가네
鳥逢霜果飢還啄	새는 언 과일을 만나 굶주려도 쫄 수 없고
馬渡氷河渴自跑	말은 언 황하를 건너며 갈증으로 스스로 발로 긁네
占得高原肥草地	고원의 비옥한 초지를 점거하고
夜深生火折林梢	밤 깊은데 불 때려고 숲의 나뭇가지를 꺾네

주석

1) 제목을 『전당시(全唐詩)』에서는 〈새상(塞上)〉이라 했고, 『요시기사(遼詩紀事)』에서는 〈노정감부(虜廷感賦)〉라고 했다.
2) 陰山(음산): 내몽고 자치구 남쪽 경계에서 내흥안령(內興安嶺)에 걸친 산맥이름.
3) 移帳(이장): 장봉(帳篷). 이동식 천막.

유삼하 劉三嘏

유삼하, 계주(薊州: 天津 薊縣) 사람. 요나라 흥종(興宗: 1031-1057) 때 사람. 그 부친 유신행(劉愼行)은 재상을 지냈는데, 아들 6인이 모두 진사가 되었다. 그 중 유삼하는 3째 아들로서 상공주(尙公主)의 부마도위(駙馬都尉)가 되었다. 흥종 중희(重熙) 8년(1040)에 우간의대부지제고(右諫議大夫知制誥)로서 부사(副使)가 되어 송나라에 사신을 갔다. 나중에 공주와 불화하여 송나라로 도망쳤다. 다시 요나라로 돌아와서 살해되었다.

백진시 白陳詩[1]

雖慚涔勺赴滄溟[2]	괸 물의 구기가 큰 바다로 달려와 부끄럽지만
仰訴丹衷不爲名	우러러 단충을 호소함은 명리 때문이 아니네
寅分星辰將降禍[3]	인분의 성신이 장차 재앙을 내리려 하니
兌方疆寓卽交兵[4]	태방의 강우와 곧 전쟁을 하리라
春秋大義惟觀釁	춘추대의로 오직 그 틈을 관망하여
王者雄師但有征	왕자의 웅사가 다만 정벌을 할 뿐이네
救得燕民歸舊主[5]	연 땅의 백성들을 구해내 옛 임금에게 돌려보내어
免于異國自稱兄	이국에서 형이라 자칭함을 면하게 해주오

주석

1) 白陳(백진): 진정(陳情). 자신의 마음을 펴는 것. 유삼하가 요나라를 배신하고 송나라로 도망 와서 지은 시임.
2) 涔(잠): 길바닥의 소나 말의 발자국 따위에 괴어있는 물. 勺(표): 술 따위를 뜨는 국자.
3) 寅分(인분): 요나라 지역을 말함.
4) 兌方(태방): 서방(西方). 서하(西夏)를 말함. 疆寓(강우): 강우(彊宇). 강역.
5) 燕民(연민): 북방 연 지역의 한족(漢族)들을 말함. 후진(後晋) 석경당(石敬瑭)이 거란(契丹)에게 연주(燕州)와 운주(雲州) 등 16주(州)를 넘겨준 후 한족들은 이민족의 통치 아래 있었다. 또한 북송(北宋)은 단연지맹(澶淵之盟: 1004년) 이후 30여 년 동안 금나라를 형이라 칭하고 스스로 아우를 자처했다.

평설

- 송나라 전황(田況)의 『유림공의(儒林公議)』에 "경력(慶歷) 4년 가을에 삼하(三瑕: 유삼하)가 폐첩(嬖妾)과 아들을 데리고 광신군(廣信軍)에 투항했다. 말과 정이 비절(悲切)했는데, 스스로 말하기를, 공주(公主)와 함께 모두 사랑하는 사람이 있어서 오랫동안 이미 다른 곳에 떨어져 있었는데, 지금 가을에, 그 임금이 다시 결합하라고 명했다고 했다. 그런데 공주가 흉한(兇狠)하여, 반드시 그 첩과 아들을 죽이려고 했기 때문에 우리 조정(송나라)으로 귀순했다고 했다. 자못 그 나라 안의 기밀(機密)의 일을 논했는데, 그 임금이 원호(元昊: 西夏)를 서쪽으로 정벌하러 갔기 때문에 유주(幽州)와 계주(薊州)가 비어있어서, 우리가 군사를 일으키면 반드시 승리할 것이라고 했다. 진술한 바가 모두 일곱 가지 일이었다. 다시 시를 지어 스스로 진정하기를 '雖懸涔勺赴滄溟……'라고 했다. 삼하는 저들의 부마로서 지위가 높기 때문에 그를 받아들이면 화난을 일으킬까 두렵고, 또 변방의 군(郡)에 공문서를 보내서 삼하가 온 자취를 알고서 찾아 구하는 것이 준절(峻切)했다. 반드시 붙잡기를 기약하고, 그렇지 못하면 군사를 일으켜서 우호를 무너뜨리려고 했다. 조정에서는 곧 삼하를 돌려보냈는데, 다시 서산로(西山路)를 거쳐 정주(定州) 경내로 들어갔다. 가는 곳마다 촌민들에게 돈을 주고 숙식을 구했는데, 형세가 몹시 군색했다. 정주의 장수가 사람을 파견하여 수색하여 붙잡아서 저들 경내로 호송했다. 삼하가 유주(幽州)에 이르니, 그 처는 이미 먼저 와서 있었다. 곧 그 처와 자식을 죽이고, 삼하를 형틀에 채워서 그 임금의 장막 앞으로 호송했다. 그 형제들 모두가 방위임(方委任)이었기 때문에 마침내 삼하의 사형을 용서하고, 사람을 시켜 감금하게 했다. 의론자들은 그 사건을 몹시 탄식하고 애석해했다"고 했다.

야율홍기 耶律弘基

야율홍기(1032-1101), 요도종(遼道宗), 자는 열린(涅鄰), 거란(契丹) 이름은 사리(查剌), 흥종(興宗)의 장자. 재위 기간은 46년. 농사를 권하고, 학문을 일으켰는데, 재능이 높고 박학하였고, 자못 음영(吟詠)을 좋아했다. 『청녕집(淸寧集)』이 있었으나 일실되었다.

이엄의 〈황국부〉에 적다 題李儼黃菊賦[1]

昨日得卿黃菊賦	어제 경의 〈황국부〉를 얻었는데
碎剪金英塡作句	황금 꽃을 잘게 오려서 시구에 넣어서 지었네
袖中猶覺有餘香	소매 안에 아직 남은 향기가 있음을 깨닫는데
冷落西風吹不去	차갑게 떨어져 서풍이 불어도 날려가지 않네

주석

1) 李儼(이엄): 자는 약사(若思), 기율(祈律: 北京) 사람. 요(遼)나라 승상(丞相)을 지냈다. 사성(賜姓)은 야율(耶律), 『요사(遼史)』에는 야율엄(耶律儼)이라고 칭했다.

평설

- 송나라 육유(陸游)의 노학암필기(老學庵筆記)에 "요상(遼相) 이엄(李儼)이 〈황국부(黃菊賦)〉를 지어서 그 임금 야율홍기(耶律弘基)에게 올렸는데, 홍기가 그 뒤에다 적어서 내려 주기를 '昨日得卿黃菊賦……'라고 했다"고 했다.

소관음 蕭觀音

소관음(1040-1075), 평주(平州: 하북성 盧龍) 사람. 도종(道宗)의 의덕황후(懿德皇后), 성종(聖宗)의 흠애황후(欽哀皇后)의 아우, 추밀사(樞密使) 소혜(蕭惠)의 딸. 미색이 뛰어나고, 담론을 잘했다. 시에 뛰어나고, 비파를 잘 연주했는데, 스스로 가사를 지었다. 태자 준(濬)을 낳았는데, 도종이 태자에게 조정을 다스리게 했다. 추밀사 야율을신(耶律乙辛)이 그것을 질투하여, 그녀가 영관(伶官) 조유일(趙惟一)과 사통했다고 무고하자, 도종이 자진(自盡)하도록 하고, 그 시신을 집으로 돌려보냈다. 천조제(天祚帝)가 즉위한 후, 의덕황후로 추시(追諡)했다.

회고懷古

宮中只數趙家妝[1]	궁중에선 단지 조가의 화장만 지책하는데
敗雨殘雲誤漢王[2]	패우와 잔운이 한왕을 그르쳤네
惟有知情一片月	오직 정을 아는 한 조각 달이 있어서
曾窺飛燕入昭陽	일찍이 비연이 소양궁으로 들어감을 엿보았네

주석

1) 數(수): 지책(指策). 趙家妝(조가장): 한(漢)나라 성제(成帝)의 황후 조비연(趙飛燕)의 사치스러운 화장을 말함.
2) 조비연과 그 아우 조합덕(趙合德)이 성제(成帝)를 그르친 일을 말함. 조합덕은 연소배를 몰래 궁으로 데려다가 사통하기도 했음.

평설

- 『요사습유(遼史拾遺)』에 "상(上)이 여전히 결정하지 못하고, 〈회고(懷古)〉 1수 시를 가리키며 '이는 황후가 비연을 욕한 것이다. 어찌 다시 〈십향사(十香詞)〉를 지었겠는가?'라고 하니, 효걸(孝傑)이 아뢰기를 '이것은 바로 조유일(趙惟一)을 생각한 것입니다'라고 했다. 상이 '무엇 때문에 그런 것이오?'라고 하니, 효걸이 아뢰기를 "「宮中只數趙家妝, 惟有知情一片月」 2구 안에 조유일(趙惟一) 3글자가 포함되어 있습니다'라고 했다. 상의 뜻이 마침내 결정되어서, 즉일에 족주(族誅)하고, 유일(惟一)도 함께 참수했다"고 했다.

소슬슬 蕭瑟瑟

소슬슬(?-1121), 요나라 말의 발해(渤海: 요녕성 遼陽) 사람. 어려서 궁에 들어갔는데, 총명하고 아름답고, 온건하고 과묵했다. 천조제(天祚帝)가 즉위하자, 문비(文妃)로 책봉했다. 진왕(晉王) 오로알(敖盧斡)을 낳았다. 문비는 문묵(文墨)에 능하고, 가시(歌詩)를 잘 지었는데, 여진(女眞)이 날로 더욱 침범해오고, 황제는 사냥에만 탐닉하고, 충량(忠良)들이 쫓겨나고, 그녀의 오빠 소봉선(蕭奉先)이 정권을 천단하여 나라를 그르치는 것을 보고 가시를 지어서 풍간(諷諫)했다. 그때 황제는 선위(禪位)의 뜻을 지녔는데, 여러 황자(皇子)들 중에서 진왕(晉王)이 가장 현명하여 인망(人望)이 있었다. 승상 소봉선은 진왕(秦王)을 후사로 삼고자 하여, 문비가 진왕(晉王)을 세우려고 음모를 꾸몄다고 모략했다. 그로 인하여 문비와 아들 진왕은 차례로 피살되었다.

영사 詠史

丞相來朝劍佩鳴[1]	승상이 내조할 때 검패소리 울리니
千官側目寂無聲[2]	천관들은 곁눈질하며 적막히 소리가 없네
養成外患嗟何及	외환을 양성하니 탄식이 어디에 미칠 것인가?
禍盡忠臣罰不明	화가 충신들을 다 죽이는데 벌이 분명하지 않네
親戚並連藩翰位[3]	친척들이 나란히 번한의 지위에 있고
私門潛蓄爪牙兵[4]	사문에 몰래 용맹한 병사들을 쌓아두었네
可憐昔代秦天子[5]	가련하구나 옛 시대의 진나라 천자는
猶向宮中望太平	오히려 궁중을 향해 태평을 바랐었네

주석

1) 丞相(승상): 소봉선(蕭奉先)을 말함.
2) 千官(천관): 모든 관리들.
3) 藩翰位(번한위): 왕실을 호위하는 중신(重臣)의 지위. 고위직을 말함.
4) 爪牙兵(조아병): 용맹한 병사.
5) 秦天子(진천자): 진(秦)나라 이세(二世) 천자.

평설

- 『거란국지(契丹國志)』에 "(문비는) 그 풍간이 간절하여 이와 같이 권귀(權貴)도 피하지 않았다. 일찍이 〈영사(詠史)〉시를 짓기를 '丞相來朝劍佩鳴……'라고 했는데, 그 시의 감렬(感烈)함이 이와 같았다. 천조(天祚)가 보고서 입을 다물었다"고 했다.

금시 金詩

우문허중 于文虛中

우문허중(1079-1146), 자는 숙통(叔通), 호는 용계노인(龍溪老人), 성도(成都) 광도(廣都: 사천성 成都) 사람. 북송(北宋) 대관(大觀) 3년에 진사가 되어서, 중서사인(中書舍人)을 지냈다. 건염(建炎) 2년에 황문시랑(黃門侍郎)으로서 금(金)나라에 사신을 가서 두 황제의 환경(還京)을 간청했다. 이로 인하여 체류하게 되었다. 금나라에 출사하여, 한방(韓昉)과 함께 사명(詞命)을 담당했다. 한림학사(翰林學士)·지제고(知制誥)를 지내고 하내군개국공(河內郡開國公)에 봉해졌다. 황통(皇通) 6년에 금나라 임금을 겁박하여 남쪽으로 달아나려는 계획을 꾸몄는데, 일이 발각되어 고사담(高士談)과 노유(老幼) 백 명과 함께 살해되었다.

중추일에 술을 찾다 中秋覓酒

今夜家家月	오늘밤 집집마다 달이 환한데
臨筵照綺樓	자리에 임하여 고운 누대를 비추네
那知孤館客	외로운 여관의 객이
獨抱故鄕愁	홀로 고향생각을 품고 있음을 어찌 알겠는가?
感激時難遇	감격해도 때때로 만나기 어렵고
謳吟意未休	읊조리며 뜻을 그만두지 못하네
應分千斛酒[1]	마땅히 천 곡의 술을 나누어
來洗百年憂	백년의 근심을 씻어내리라

주석

1) 斛(곡): 분량의 단위. 10두(斗).

오격 吳激

오격(1090-1142), 자는 어고(彦高), 호는 동산(東山), 건주(建州: 복건성 建甌) 사람. 송나라 재상 오식(吳拭)의 아들, 서화가 미불(米芾)의 사위. 천회(天會) 5년에 금나라에 사신을 갔다가, 지명(知名) 때문에 억류되어 한림대제(翰林待制)에 임명되었다. 천회 14년에 고려왕(高麗王)의 생일사(生日使)가 되어서 고려에 사신을 갔다. 황통(皇通) 2년에 지심주(知深州)로 나갔다가 3일 만에 죽었다.

오격은 시문에 뛰어나고, 서화에도 능했다. 시로써 채송년(蔡松年)과 제명하여 '오채체(吳蔡體)'라고 불렸다. 원호문(元好問)의 『중주집(中州集)』에서 그를 평하기를 "스스로 마땅히 국조제일수(國朝第一手)이다"라고 했다. 저서로 『동산집(東山集)』이 있다.

추흥 秋興

後園雜樹入雲高	후원의 여러 나무들 구름 속에서 높고
萬里長風夜怒號	만 리 장풍은 밤에 노하여 울부짖네
憶向錢塘江上寺[1]	전당강 가의 절을 추억하니
松牕竹閣瞰秋濤	송창 죽각에서 가을파도를 내려다보았었네

주석

1) 錢塘江(전당강): 절강성(浙江省)의 가장 큰 강. 상류는 절강성 개화현(開化縣)에서 발원하여, 항주만(杭州灣)을 거쳐 동해로 흘러감.

종지가 초서의 〈소상도〉에 적다 題宗之家初序瀟湘圖[1]

江南春水碧於酒	강남의 봄물은 술보다 더 푸르고
客子往來船是家	나그네가 오가는 배가 곧 집이네
忽見畫圖疑是夢	문득 그림을 보니 꿈인가 싶은데
而今鞍馬老風沙	지금 말 타고 모래바람에서 늙어가네

주석

1) 瀟湘(소상): 소수(瀟水)는 호남성 영원현(寧遠縣) 구의산(九嶷山)에서 발원하고, 상수(湘水)는 광서성 흥안현(興安縣) 서남 양해산(陽海山)에서 발원하여, 두 물이 호남성 영릉현(零陵縣)에서 합쳐지는데 이를 소상강이라 함.

참고

- 오격이 고려에 사신으로 가서 지은 〈계림서사(鷄林書事)〉 시: "箕子朝鮮僻, 蓬丘弱水寬. 儒風通百粤, 舊史記三韓. 邑聚從衡接, 民居質朴安. 猶存古籩豆, 兼用漢衣冠. 冕穎家工縛, 鮭腥俗嗜餐. 騎兵腰玉具, 府衛挾金丸. 長袖鳶窺肉, 都場狖掛竿. 琴中蔡氏弄, 指下祝家彈. 主禮分庭抗, 賓筵百拜難. 漬橙粔釀㫖, 滋桂鹿脩乾. 潑墨松如櫛, 隤牆石似丹. 地偏先日出, 天迫衆山攢. 鵬翼雲帆遠, 羊腸石磴盤. 由來異文軌, 休訝變暄寒. 事可資談柄, 誰能記筆端. 聊將詩貌取, 歸作畫圖看." (조선 이덕무(李德懋)의 『청비록(淸脾錄)』에 "中國人記外國事, 類多紕繆. 此詩庡巢被髮句, 誣語. 惟鳶窺狖掛句, 形容頗襯"이라고 했음.)

채송년 蔡松年

채송년(1107-1159), 자는 백견(伯堅), 호는 소한노인(蕭閑老人)·완세주광(玩世酒狂), 그 조상은 항주(杭州) 사람인데, 변도(汴都)에서 성장했다. 송나라 선화(宣和) 말에 부친을 따라서 연산(燕山)을 지키려고 갔다가 전투에서 패하여 금나라에 투항했다. 천회(天會) 중에 태자중윤(太子中允)·진정부판관(眞定府判官)을 지냈다. 일찍이 종필(宗弼: 兀朮)을 수행하여 두 번의 송나라 침략에 참여했다. 여러 관직을 거쳐서 부승상(副丞相)이 되고, 위국공(衛國公)에 봉해졌다.

시문에 뛰어나서 오격(吳激)과 함께 '오채체(吳蔡體)'라고 병칭되었다. 저서로 『명수집(明秀集)』이 있다.

혼동강을 건너다 渡混同江[1]

十年八喚淸江渡	십년에 여덟 번 소환되어 맑은 강을 건너니
江水江花笑我勞	강물과 강 꽃이 나의 노고를 비웃네
老境歸心質孤月	노경에 돌아갈 마음을 외로운 달에 물어보고
倦遊陳迹付驚濤	피곤한 여행의 묵은 자취를 놀란 파도에 붙이네
兩都絡繹波神肅[2]	양도에 이어지는 파신이 엄숙하고
六合淸明斗極高[3]	육합이 청명하여 북두성이 몹시 높네
湖海小臣尸厚祿	호해의 소신은 후한 봉록만 측내는데
夢尋烟雨一漁舠	연우 속의 한 어선을 꿈에서 찾네

주석

1) 混同江(혼동강): 송화강(松花江)이 흑룡강(黑龍江)과 만나는 일대의 강줄기. 또한 송화강 만을 지칭하기도 함.
2) 兩都(양도): 상도(上都) 회녕(會寧)과 동도(東都) 요양(遼陽).
3) 六合(육합): 상하(上下)와 사방(四方).

형암부의 집에서 작은 술자리를 벌이다가, 그 운에 차운하다
小飮邢嵒夫家, 因次其韻

東風初度野梅黃	동풍이 처음 지나니 야생 매실이 누렇고
醉我東山雲霧窓	동산의 운무 낀 창가에서 나를 취하게 하네
只今相逢暮春月	지금 상봉하니 늦은 봄의 달인데
夜牀風雨翻寒江	밤 침상의 비바람에 찬 강물이 뒤집히네
人生離合幾春事	인생의 상봉과 이별에서 몇 번의 봄이 있는가?
霜雪行侵青鬢雙[1]	서리와 눈이 양쪽의 검은 귀밑머리에 몰아치네
大梁一官且歸去[2]	대량의 한 벼슬자리로 돌아가려는데
酒腸雲夢吞千缸[3]	주량이 운몽택처럼 천 술동이를 삼키네

주석

1) 青鬢(청빈): 흑빈(黑鬢).
2) 大梁(대량): 변량(汴梁).
3) 雲夢(운몽): 고대 초(楚) 지역에 있었던 늪지의 이름. 운몽택(雲夢澤).

고사담 高士談

고사담(?-1146), 자는 자문(子文), 또 다른 자는 계묵(季默), 송(宋)나라 한무소왕(韓武昭王) 경(瓊)의 후예. 선화(宣和) 말에 흔주호조참군(忻州戶曹參軍)을 지내고, 금나라에서 출사하여, 한림직학사(翰林直學士)가 되었다. 황통(皇通) 6년에 우문허중(于文虛中)과 함께 모반죄로 처형되었다. 저서로 『몽성집(蒙城集)』이 있었으나 일실되었다.

저녁에 요해정에 오르다 晚登遼海亭[1]

登臨酒面洒清風	올라와 임하니 술 표면이 맑은 바람에 씻기고
竟日憑欄興未窮	종일 난간에 기대 흥이 다하지 않네
殘雪樓臺山向背	눈이 남은 누대는 산이 등을 향했고
夕陽城郭水西東	석양의 성곽은 물이 동서로 흐르네
客情到處身如寄	나그네 정은 가는 곳마다 몸이 부쳐진 듯한데
別恨他時夢可通	이별의 한은 언제나 꿈으로 통할 건가?
自歎不如華表鶴[2]	화표학만 못함을 스스로 탄식하니
故鄕常在白雲中	고향은 항상 흰 구름 속에 있네

주석

1) 遼海亭(요해정): 요양주(遼陽州) 성내에 있음.

2) 華表鶴(화표학): 진(晉)나라 도잠(陶潛)의 『수신후기(搜神後記)』에 "정령위(丁令威)는 본래 요동(遼東) 사람이다. 영허산(靈虛山)에서 도를 배운 후에 학이 되어서 요동으로 돌아와서, 성문 화표주(華表柱)에 머물렀다. 그때 어떤 소년이 활을 들고 쏘려고 하니, 학이 곧 날아서 공중에서 배회하면서 말하기를 '새여! 새여! 정령위가 집을 떠나 천년 만에 지금 비로소 돌아왔는데, 성곽은 예전 같은데, 사람들은 다르네. 어찌 선(仙)을 배우지 않고, 무덤만 늘어져 있는가?'라고 했다. 마침내 높이 날아 하늘로 사라졌다"고 했다.

유저 劉著

유저, 자는 붕남(鵬南), 호는 옥조노인(玉照老人), 서주(舒州) 환성(皖城: 안휘성 潛山) 사람. 선정(宣政) 말에 진사가 되었다. 북송이 망한 후 금나라로 들어가서 주현(州縣)을 맡았다. 나이 60여 세에 비로소 한림수찬(翰林修撰)이 되고, 나가서 무수(武遂)를 맡았다가, 흔주자사(忻州刺史)로 벼슬을 마쳤다.

달밤에 배를 띄우다 月夜泛舟

浮世渾如出岫雲	허망한 세상이 온통 굴에서 나온 구름 같아서
南朝詞客北朝臣	남조의 사객이 북조의 신하가 되었네
傅郵擾擾無虛日[1]	전우는 요요히 한가한 날이 없고
吏俗區區老却人[2]	이속은 구구히 늙으면 사람을 쫓아내네
入眼靑山看不厭	시야로 들어오는 청산은 보아도 싫증나지 않고
傍船白鷺自相親	배 옆의 해오라기는 절로 서로 친하네
擧杯更欲邀明月	술잔 들어 다시 밝은 달을 불러서
暫向堯封作逸民[3]	요봉을 향해 일민이 되기를 맹세하려네

주석

1) 傅郵(전우): 정부의 문서를 전달하는 역참(驛站). 擾擾(요요): 번잡한 모양.

2) 吏俗(이속): 관리의 관습.

3) 堯封(요봉): 요(堯)임금의 봉지(封地). 여기서는 송나라를 말함.

채규 蔡珪

채규(?-1174), 자는 정보(正甫), 대승상(大丞相) 채송년(蔡松年)의 아들. 진정(眞定: 하북성 正定) 사람. 천덕(天德) 3년에 진사가 되었다. 징주군사판관(澄州軍事判官)·삼아주부(三河主簿)·한림수찬(翰林修撰)·지제고(知制誥)·호부원외랑(戶部員外郎)·태상승(太常丞) 등을 지냈다.

『중주집』에서 채규를 평하여서 금나라 문파(文派)의 '정전지종(正傳之宗)'이라고 했다.

의무려 醫巫閭[1]

幽州北鎭高且雄	유주 북진은 높고 웅장한데
倚天萬仞蟠天東	하늘에 의지해 만 길로 하늘 동쪽에 서려있네
祖龍力驅不肯去[2]	조룡이 힘써 내몰아도 가지 않아서
至今鞭血餘殷紅	지금도 채찍질의 피가 은홍색으로 남아있네
崩崖暗谷森雲樹	무너진 벼랑과 어둔 계곡엔 구름숲이 빽빽하고
蕭寺門橫入山路[3]	소사의 문은 횡으로 산길로 들어가네
誰道營丘筆有神[4]	누가 영구의 붓에 신이 있다고 말하는가?
只得峯巒兩三處	단지 봉우리 두세 곳만 얻었을 뿐이네
我方萬里來天涯	내가 지금 만 리에서 하늘 끝으로 오니
坡陀繚繞昏風沙	언덕에 휘감기는 모래바람이 어둡네
直教眼界增明秀	다만 안계를 더욱 밝고 투명하게 하니
好在嵐光日夕佳	좋은 남광이 있어 아침저녁으로 아름답네
家山葱蘢生處樂[5]	고향 산이 푸르러서 태어난 곳이 즐거운데
此山之間亦不惡	이 산 속도 또한 나쁘지 않네
他年南北兩生涯	훗날 남북에서 두 생애를 보내리니
不妨世有揚州鶴[6]	세상에 양주학이 있는 것도 무방하리라

주석

1) **醫巫閭**(의무려): 일명 광녕산(廣寧山). 지금의 요녕성(遼寧省) 서부 북진현(北鎭縣) 서쪽에 있는 북방의 명산 중의 하나.

2) **祖龍**(조룡): 진시황(秦始皇). 진시황이 바다에 석교(石橋)를 놓으려고 했을 때, 어떤 신인(神人)이 바위를 내몰면서, 바위가 빨리 가지 않으니까 채찍으

로 치자 모든 바위가 피를 흘렸다고 함. 그 석교에 아직도 핏자국이 남아있다고 함.

3) 蕭寺(소사): 의무려산에 있는 절 이름.

4) 營丘(영구): 북송의 유명한 산수화가 이성(李成)을 말함. 그 부친을 따라서 피난을 와서 산동(山東) 익도(益都) 영구에서 살았기 때문에, 세상에서 이영구(李營丘)라고 불렸다.

5) 葱蘢(총롱): 푸른 산봉우리를 말함.

6) 揚州鶴(양주학): 남조 양(梁)나라 은운(殷芸)의 『소설(小說)』에 "어떤 객들이 서로 종유했는데, 각자의 소망을 말했다. 어떤 이는 양주자사(揚州刺史)가 되고 싶다고 했고, 어떤 이는 많은 재화를 원했고, 어떤 이는 학을 타고 위로 오르고 싶다고 했다. 그 중 한 사람이 말하기를 '허리에 십만 전을 차고, 학을 타고 양주로 가고 싶다'라고 했다"고 했다.

완안량 完顔亮

완안량(1122-1161), 자는 원공(元功), 본명은 적고내(迪古乃), 요왕(遼王) 종간(宗幹)의 둘째 아들. 평장정사(平章政事)·우승상(右丞相)·영삼성사(領三省事) 등을 지내고, 기왕(岐王)에 봉해졌다. 황통(皇統) 9년에 희종(熙宗)을 밤에 습격하여 죽이고 황제가 되었다. 정융(正隆) 6년에 군대를 거느리고 남정(南征)했을 때 유수대신(留守大臣)이 세종(世宗)을 옹립했다. 양주(揚州)에서 부하에게 살해되었다. 조의(朝議)에서 해릉군왕(海陵郡王)으로 강봉(降封)하고, 시호를 양(煬)이라 했다.

완안량은 독서를 좋아하고, 시사(詩詞)와 그림에서 뛰어났다.

그림 병풍에 적다 題畵屛[1]

萬里車書一混同	만 리에 수레와 서적이 똑같이 동일한데
江南豈有別疆封	강남에 어찌 별도의 나라가 있겠는가?
提兵百萬臨江上	병졸 십만을 거느리고 강가에 임하여
立馬吳山第一峰	오산 제일봉에 말을 세웠네

주석

1) 『어정전금시증보중주집(御訂全金詩增補中州集)』에는 제목을 〈南征至維揚望江左〉라고 하고, 일작 〈題西湖圖〉라고 했음.

평설

● 『흠정중정대금국지(欽定重訂大金國志)』에 "상(上)이 시의생(施宜生)을 송나라에 하정사(賀正使)로 파견했는데, 그 중에 화공(畫工)을 숨겨가지고 가서, 비밀리에 임안(臨安)의 호산(湖山)과 성곽(城郭)을 그려서 보내게 했다. 상이 비단으로 연벽(軟壁)을 만들고, 그림이 이미 그려지자, 오산(吳山) 절정(絶頂)으로 말을 몰아간 후 시를 적기를 '自古車書一混同, 南人何事費車工? 提兵百萬臨江上, 立馬吳山第一峰'이라 했다"고 했다.

임순 臨詢

임순, 자는 군모(君謨), 호는 남록귀자(南麓貴子), 역주(易州: 하북성 易縣) 사람. 정융(正隆) 2년(1157)에 진사가 되었다. 성연(省掾)·대명총막(大名總幕)·익도도사판관(益都都司判官)·북경염리(北京鹽使)·봉주절청(奉州節廳) 등을 지냈다.

임순은 시서화에 모두 뛰어났는데, 당시 사람들이 평하기를 "그림이 글씨보다 더 높고, 글씨는 시보다 더 높고, 시는 문보다 더 높다"고 했다.

절강정에서 조수를 보다 浙江亭觀潮[1]

海門東嚮滄溟濶	해문에서 동쪽으로 푸른 바다가 넓고
潮來怒捲千尋雪	조수가 밀려와 천 심의 눈을 노하여 말아대네
浙江亭下擊飛霆	절강정 아래는 나는 우레가 부딪히고
蛟蜃爭馳奮髻鬣[2]	교룡 이무기가 내달리며 수염 갈기를 날리네
鉅鹿之戰百萬集[3]	거록의 전투에 백만 군이 모이고
呼聲響震坤軸立[4]	고함소리 진동하니 곤측이 일어서네
昆陽夜出雨懸河[5]	곤양에서 밤에 출동하니 비가 은하수에 매달리고
劍戟犇衝潰尋邑[6]	검과 창으로 찔러가서 왕심과 왕읍을 궤멸시켰네
吳儂稚時學弄潮[7]	오농은 어려서부터 조수를 놀리는 것을 배워서
形色沮懦心膽豪	형색은 나약하나 심담은 웅호하네
青旗出没波濤裏	푸른 깃발은 파도 속에서 출몰하고
一擲性命輕鴻毛	생명을 내던짐을 홍모처럼 가볍게 여기네
須臾風送潮頭息	잠깐 바람이 조수머리를 전송하여 쉬게 하니
亂山稠疊傷心碧	어지러운 산들이 조밀히 쌓여 상심하게 푸르네
西興浦口又斜暉[8]	서흥 포구는 또 석양빛인데
相望會稽雲半赤[9]	회계산을 서로 바라보며 구름 절반이 붉네
詩家誰有坡仙筆[10]	시가 중에 누가 파선의 붓을 지녀서
稱與江山作勍敵	강산과 더불어 대적한다고 칭하는가?
援毫三叫句不成[11]	붓을 들고 세 번 부르짖어도 구를 이루지 못하고
但覺雲濤滿胸臆	단지 구름 파도가 가슴 속에 가득함을 깨닫네

주석

1) 浙江亭(절강정):『절강통지(浙江通志)』에 "절강정:『상부구경(祥符舊經)』에 '전당(錢塘) 옛 치소 남도현(南到縣) 15리에 있다'고 했다"고 했다.

2) 蛟蜃(교신): 교룡과 이무기.

3) 鉅鹿之戰(거록지전): 항우(項羽)가 군대를 이끌고 하수(河水)를 건너서, 솥을 부수고 배를 침몰시킨 후, 진(秦)나라 군대를 쳐부수고, 거록의 포위를 풀게 한 전투. 그 지역은 지금의 하북성 평향(平鄕).

4) 坤軸(곤축): 지축(地軸).

5) 昆陽(곤양): 하북성 섭현(葉縣). 한(漢)나라 광무제(光武帝) 유수(劉秀)가 군사 3천 명을 거느리고 왕망(王莽)의 10만 군사를 대파한 곳임.

6) 尋邑(심읍): 왕망군(王莽軍)의 총수(總帥) 대사도(大司徒) 왕심(王尋)과 대사공(大司空) 왕읍(王邑).

7) 吳儂(오농): 오인(吳人). 弄潮(농조): 송나라 오자목(吳自牧)의 『몽양록(夢梁錄)』에 "임안(臨安)의 풍속에……매 해 8월이면 안의 조수가 보통 때보다 높이 일어나는데……곧 구경꾼이 있어서 온 성의 거마들이 분분하여 18일에는 최고로 번성하다……그 항인(杭人) 중에 일등으로 무뢰한 자들은 생명을 아끼지 않는 무리들인데, 대채기(大綵旗), 혹은 소청량산(小淸凉傘), 홍록소산아(紅綠小傘兒)로써 각각 수색단자(綉色緞子)를 장대에 가득히 묶는다. 해문(海門)에서 조수가 나오는 것을 살펴서 백 십의 무리들이 깃발을 들고 물 위에서 수영하면서 자서(子胥: 伍子胥)를 맞이하며 농조지희(弄潮之戲)를 한다. 혹은 손과 발로 오소기(五小旗)를 잡고 조수머리에 떠서 희롱한다"고 했다.

8) 西興浦口(서흥포구): 절강성 소산현(蕭山縣) 서쪽 20리의 서흥진(西興鎭).

9) 會稽(회계): 회계산. 절강성 소흥현(紹興縣) 동남 30리에 있음.

10) 坡仙(파선): 송나라 동파거사(東坡居士) 소식(蘇軾)에 대한 미칭.

11) 援毫三叫(원호삼규): 이백(李白)의 〈贈黃山胡公求白鷳〉시의 서에 "……因援筆三叫, 文不加點以贈之"라고 했음.

유영 劉迎

유영(?-1180), 자는 무당(無黨), 호는 무쟁거사(無諍居士), 동래(東萊: 산동성 掖縣) 사람. 대정(大定) 14년에 진사가 되어, 빈왕부기실(豳王府記室)·태자사경(太子司經)을 지냈다. 저서로 『산림장어(山林長語)』가 있었으나 일실되었다.

청나라 왕사정(王士禎)의 『어양시화(漁洋詩話)』에 "유영(劉迎) 무당(無黨)의 가행(歌行)은……『중주집(中州集)』 중에서 으뜸이다"라고 했다.

팔달령을 나서다 出八達嶺[1]

山險畧已出	산의 험악함을 대략 이미 벗어났는데
彌望盡荒坡	거친 언덕을 나서기를 더욱 바라네
風土日已殊	풍토가 날로 달라지는데
氣象微沙陁[2]	기상은 한미한 사타족의 땅이네
我老倦行役	내 늙어서 행역이 피곤하여
驅車此經過	마차를 몰아 이곳을 지나가네
時節春已夏	시절은 봄이 이미 여름이 되었는데
土寒地無禾	토지가 차가워 땅에 벼가 없네
行路不肯留	행로가 머물 수 없는데
奈此居人何	이곳 거주인은 어떠하겠는가?
作詩無佳語	지은 시에 좋은 말은 없지만
以代勞者歌	이것으로 고생하는 이들을 대신하여 노래하네

주석

1) 八達嶺(팔달령): 일명 군도산(軍都山). 지금의 북경시(北京市) 연경현(延庚縣) 남쪽 거용관(居庸關) 밖에 있음. 산이 중첩한 험악한 곳임.

2) 沙陁(사타): 이민족 부족의 이름. 서돌궐(西突厥)의 한 갈래임. 금파산(金婆山) 남쪽과 포류해(浦類海) 동쪽에 거주함. 그 지역은 사막의 모래와 자갈이 5백 리에 걸쳐 있음.

변원정 邊元鼎

변원정, 자는 덕거(德擧), 풍주(豊州: 內蒙古 呼和浩特) 사람. 천덕(天德) 3년(1151)에 진사가 되었다. 세종(世宗)이 즉위한 후 장태사(張太師) 호표(浩表)의 추천으로 공봉한림(供奉翰林)·형주막관(邢州幕官)을 지냈다. 변원정은 10세에 이미 시를 지을 수 있었는데, 형 원훈(元勳)과 원서(元恕)도 모두 시명(時名)이 있어서 함께 삼변(三邊)이라 불렸다.

8월 14일 술을 마시다 八月十四日對酒

梧桐葉彫轆轤井[1]	오동잎은 녹로 우물가에서 시들고
萬籟不動秋宵永	온갖 소리 일어나지 않는 가을밤이 기네
金杯瀉酒灩十分	금 술잔에 술 따르니 십분 출렁이고
酒裏華星寒炯炯	술 속에 고운 별빛이 차갑게 반짝이네
須臾蟾蜍弄淸影[2]	금방 섬서가 맑은 빛을 놀리니
恍然不是人間景	황홀히 인간세상의 경치가 아니네
金波淡蕩桂樹橫	황금물결이 맑게 흔들리며 계수를 가로질러
孤在玻璃千萬頃[3]	외롭게 파리 천만 이랑에 있네
玻璃無限月光冷	파리는 무한하고 달빛은 차가운데
洞洞一色無纖穎[4]	끊임없는 한 색으로 작은 반짝임도 없네
淸風颯颯四坐來	맑은 바람 쏴아쏴아 사방 좌석에 불고
吹入羲皇醉中境[5]	희황이 취한 지경으로 불어오네
醉中起歌歌月光	취중에 일어나 달빛을 노래하니
月光不語空自凉	달빛은 말이 없고 공연히 스스로 서늘하네
月光無情本無恨	달빛은 무정하여 본래 한스러움이 없는데
何事對我空茫茫	어찌하여 나를 대하고 쓸쓸히 망망한가?
我醉只知今夜月	내 취함을 다만 오늘 밤의 달만 아니
不是人間世人月	인간 세상의 사람들의 달이 아니네
一杯美酒蘸淸光	한 잔의 좋은 술에 맑은 빛이 잠기니
常與邊生舊交結	항상 변생과 오래 결교하였네
亦不知天地寬與窄	또한 천지의 넓음이나 좁음
人事樂與哀	인사의 즐거움과 슬픔을 모르겠네

仰看孤月一片白　　외로운 달의 한 조각 흰빛을 우러러 보니
玉露泥泥從空來　　옥로가 흐릿하게 공중에서 내려오네
直須臥此待雞唱　　곧장 여기에 누워서 닭소리를 기다리니
身外萬事徒悠哉　　몸 밖의 만사가 다만 유유할 뿐이네

주석

1) 轆轤井(녹로정): 일종의 기중기장치가 설치된 우물. 남북조시대부터 우물가에 오동나무를 심는 풍속이 있었음.
2) 蟾蜍(섬서): 달의 별칭. 항아(姮娥)가 두꺼비로 변했다고 함.
3) 玻璃(파리): 고요하고 투명한 수면을 말함.
4) 澒洞(홍동): 끊이지 않고 이어지는 모양.
5) 羲皇(희황): 본래 복희씨(伏羲氏)나, 여기서는 도연명(陶淵明)을 말함. 도연명이 스스로를 '희황상인(羲皇上人)'이라 칭했음.

유급 劉汲

유급, 자는 백심(伯深), 호는 서암노인(西巖老人), 혼원(渾源: 산서성) 사람. 천덕(天德) 3년(1151)에 진사가 되어, 경주군사판관(慶州軍事判官)·한림공봉(翰林供奉)을 지냈다. 시에 뛰어나고, 선리(禪理)를 좋아했다. 저서로 『서암집(西巖集)』이 있다.

『중주집』에 "(병산(屛山: 李純甫)이 말하기를) '유서암(劉西嵓)의 시는 질박하면서 야(野)하지 않고, 맑으면서 차갑지 않고, 간략하면서 이치가 있고, 담박하면서 맛이 있다. 대개 낙천(樂天: 白居易)을 배워서 혹사(酷似)한 것이다'고 했다"고 했다.

서암에 적다 題西巖[1]

人愛名與利	남들은 명성과 이익을 사랑하지만
我愛水與山	나는 물과 산을 사랑하네
人樂紛而競	남들은 번잡함과 다툼을 사랑하지만
我樂靜而閑	나는 조용함과 한가함을 사랑하네
所以西巖地	서암의 땅은
千古無人看	천고에 보았던 이가 없는데
雖看亦不愛	보아도 또한 사랑하지 않고
雖賞亦不歡	완상해도 또한 즐거워하지 않네
欣然會予心	기쁘게 내 마음에 들어서
卜築於其間[2]	그 사이에 터를 잡아 집을 지었네
有石極峭屼[3]	바위가 지극히 높고 가파르고
有泉極淸寒	샘물이 지극히 맑고 차네
流觴與祓禊[4]	술잔을 띄우고 불계를 하고
終日堪盤桓[5]	종일 거닐며 즐길 만하네
此樂爲我設	이 즐거움을 나를 위해 베푸니
信哉居之安	참으로 거처가 편안하네

주석

1) 원래 2수임.
2) 卜築(복축): 터를 잡아 건물을 짓는 것.
3) 峭屼(초올): 높고 가파른 모양.

4) 流觴(유상): 상류의 물에 술잔을 띄워 흘러가게 하여 술잔이 멈추면 취하여 마시는 것. 祓禊(발계): 3월 3일에 물가에서 묵은 때를 씻어내고, 상서롭지 못한 것을 맑게 제거하는 풍속.

5) 盤桓(반환): 유락(遊樂).

왕적 王寂

왕적(1128-1194), 자는 원로(元老), 계주(薊州) 옥전(玉田: 하북성 옥전) 사람. 천덕(天德) 3년에 진사가 되었다. 태원기현령(太原祁縣令)·통주자사(通州刺史)·중도부유수(中都副留守)·중도로전운사(中都路轉運使) 등을 지냈다. 저서로 『졸헌집(拙軒集)』이 있다.

석양에 지팡이를 짚고 물가를 보다 日暮倚仗水邊

水國西風小搖落	수국의 가을바람에 낙엽이 작고
撩人羇緖亂如絲	나그네 심사를 실처럼 어지럽게 돋우네
大夫澤畔行吟處[1]	대부는 소택지에서 가면서 읊조리고
司馬江頭送別時[2]	사마가 강가에서 송별을 할 때이네
爾輩何傷吾道在	너희는 어찌 내가 길에 있음을 슬퍼하는가?
此心惟有彼蒼知	이 마음은 다만 저 푸른 하늘만 알리라
蒼顔華髮今如許	파리한 얼굴과 흰 머리는 지금 어떠한가?
便掛衣冠已是遲	의관을 걸어둠이 이미 늦었네

주석

1) 大夫(대부): 삼려대부(三閭大夫)를 지낸 초(楚)나라 굴원(屈原). 『초사(楚辭)·어부사(漁父辭)』에 "屈原旣放, 游於江潭, 行吟澤畔, 顔色憔悴, 形容枯槁"라고 했음.

2) 司馬(사마): 강군사마(江郡司馬)로 쫓겨났던 당나라 백거이(白居易). 백거이의 〈비파행(琵琶行)〉에 "尋陽江頭夜送客"이라 했고, 또 "江州司馬靑衫濕"이라 했음.

참고

• 왕작의 〈別高麗大使二首〉시: "萬里朝天禮告成, 歸途氷澌積崢嶸. 相從遽作春雲散, 款語何妨夜月傾. 兩地關河傷遠別, 一天風雪歎勞生. 他年幣玉重來日, 對立罘罳眼更明; 送迓都忘百日勞, 忽忽言別柰無聊. 渡江相見迎桃葉, 分馬能忘贈柳條. 煙抹雞林山隱隱, 雲橫鶴野路迢迢. 君侯此去應前席, 爲贊忠嘉事聖朝."

조풍 趙渢

조풍, 자는 문유(文孺), 호는 황산(黃山), 동평(東平: 산동성 동평) 사람. 대정(大定) 22년에 진사가 되었다. 응봉한림문자(應奉翰林文字)·예부랑중(禮部郎中) 등을 지냈다. 글씨에 뛰어나서 당회영(党懷英)과 함께 '당조(党趙)'라고 병칭되었다. 『황산집(黃山集)』이 있었으나 일실되었다.

황산 가는 중에 黃山道中[1]

小穀城荒路屈蟠[2]	소곡성은 황량하고 길은 굴곡진데
石根寒碧漲秋灣	석근은 차고 푸르고 가을 물굽이는 넘치네
千章秀木黃公廟[3]	천 장 수려한 나무들은 황공묘에 있고
一點飛雲白塔山	한 점 나는 구름은 백탑산에 있네
好景落誰詩句裏	좋은 경치가 누구의 시구 속에 떨어지는가?
蹇驢馱我畫圖間	절뚝이는 나귀가 나를 싣고 그림 속에 있네
膏肓泉石眞吾事	고황천석은 참으로 나의 일이니
莫厭乘間數往還	틈을 내어 여러 번 왕래함을 실증내지 않네

주석

1) 黃山(황산): 일명 곡성산(穀城山). 『금사(金史)·지리지(地理志)』에 "산동서로(山東西路) 동평부(東平府) 동아현(東阿縣: 지금의 산동성)에 곡성산이 있다"고 했음.
2) 小穀城(소곡성): 산동성 동아현 동성진(銅城鎭).
3) 章(장): 큰 재목(材木). 黃公廟(황공묘): 황석공(黃石公)을 모신 사당. 황석공은 한(漢)나라 장량(張良)에게 『태공병법(太公兵法)』을 가르쳤던 사람. 나중에 곡성산에서 황석으로 변했는데, 장량이 이를 얻어서 사당을 지어서 모셨다고 함.

평설

• 원나라 유기(劉祁)의 『귀잠지(歸潛志)』에 "황산(黃山)이 일찍이 황산(黃山)을 가던 중에 시를 짓기를 '好景落誰詩句裏, 蹇驢馱我畫圖中'이라 했는데, 세상에서 '조건려(趙蹇驢)'라고 불렀다"고 했다.

당회영 党懷英

당회영(1134-1211), 자는 세걸(世傑), 호는 죽계(竹溪), 조적(祖籍)은 동주(同州) 풍익(馮翊: 섬서성 大荔), 봉부(奉符: 산동성 泰安市)로 옮겨와 살았다. 어려서 신기질(辛棄疾)과 함께 박주(亳州)의 유첨(劉瞻)에게서 배웠다. 대정(大定) 10년에 진사가 되어서, 성양군사판관(成陽軍事判官)・여음령(汝陰令)・사관편수(史館編修)・응봉한림학사(應奉翰林學士)・태정군절도사(泰定軍節度使)・한림학사승지(翰林學士承旨)를 지냈다. 저서로『죽계집(竹溪集)』이 있다.

『중주집』에 "「예부한한공묘지(禮部閑閑公墓誌)」에 '공의 문은 구공(歐公: 歐陽修)과 같은데, 첨신기험(尖新奇險)한 말이 없고, 시는 도연명(陶淵明)과 사령운(謝靈運)과 같은데, 안에는 위진(魏晉)이 있다. 전주(篆籀)는 입신(入神)하여, 이양빙(李陽冰) 후의 일인자이다'고 했다"라고 했다.

사신을 가면서 고우로 가던 중에 奉使行高郵道中[1]

野雪來無際	들판의 눈이 내려 끝이 없고
風檣岸轉迷	바람 부는 돛은 언덕에서 더욱 헤매네
潮呑淮澤小[2]	조수가 삼킨 회택이 작고
雲抱楚天低[3]	구름이 껴안은 초천이 나직하네
蹚蹋船鳴浪[4]	찰랑찰랑 배엔 파도가 울고
聯翩路牽泥[5]	연이은 길엔 진흙이 당기네
林烏亦驚起	숲 까마귀도 또한 놀라 날아올라서
夜半傍人啼	한밤중에 사람 곁에서 우네

주석

1) 高郵(고우): 강소성에 있는 현(縣) 이름. 남송(南宋)으로 사행을 가면서 지은 시임.
2) 淮澤(회택): 회수(淮水)가의 습지.
3) 楚天(초천): 초(楚) 지역의 하늘.
4) 蹚蹋(당답): 물결치는 소리.
5) 聯翩(연편): 연속하여 끊이지 않은 모양.

어촌시화도 漁村詩話圖

江村淸境皆畵本	강촌의 맑은 지경이 모두 화본인데
畵裏更傳詩語工	그림 속에 전하는 시어가 공교롭네
漁父自醒還自醉	어부는 스스로 깨었다가 다시 스스로 취하며
不知身在畵圖中	자신이 그림 속에 있는 줄을 모르네

왕정균 王庭筠

왕정균(1151-1202), 자는 자단(子端), 호는 황화산주(黃華山主), 요동(遼東) 웅악(熊岳: 遼寧 蓋縣) 사람. 대정(大定) 16년에 진사가 되어서, 응봉한림문자(應奉翰林文字)를 지냈다. 저서로 『황화집(黃華集)』이 있다.

『중주집』에 "자단(子端)의 시문에는 사법(師法)이 있어서 시배(時輩)들보다 훨씬 높았다. 글씨와 그림은 미원장(米元章: 米芾)을 배웠는데, 그 득의처는 자못 비슷했다. 묵죽(墨竹)은 거의 천기(天機)가 이른 듯하여, 문호주(文湖州: 文同) 이하로 논할 수 없다"고 했다.

옥중에서 원추리를 읊다 獄中賦萱[1]

沙麓百戰場[2]	모래 기슭의 백전장이고
鳥鹵不敏樹[3]	염전의 민첩하지 못한 나무이네
況復幽圄中[4]	하물며 다시 감옥 안에 있으니
萬古結愁霧	만고의 근심의 안개를 묶었네
寸根不擇地	작은 뿌리가 땅을 선택하지 못하고
於此生意具	여기에서 생의를 갖추었네
婆娑綠雲抄[5]	파사한 초록 구름 끝에서
金鳳挈未去[6]	금봉이 이끌어도 가지 않네
晚雨沾濡之	저녁 비가 축축이 적시니
向我泣如訴	나를 향해 울며 호소하는 듯하네
忘憂定漫說	근심을 잊는 것은 진정 헛말이니
相對淸淚雨	서로 대하고 맑은 눈물을 흘리네

주석

1) 왕정균은 승안(承安) 원년(1196)에 조병문(趙秉文)의 상서(上書) 사건에 연루되어 하옥되었음. 이때에 지은 시임. 萱(훤): 원추리. 근심을 잊게 해준다고 하여 망우초(忘憂草)라고 함.
2) 沙麓(사록): 사구(沙丘).
3) 鳥鹵(석로): 소금기 있는 땅.
4) 幽圄(유어): 감옥을 말함.
5) 婆娑(파사): 춤추는 모양. 綠雲(녹운): 원추리의 초록 잎을 말함.
6) 金鳳(금봉): 원추리의 황금색 꽃을 말함.

평설

- 『중주집』에 "유주(柳州: 유종원)의 〈희제계전작약(戲題階前芍藥)〉, 동파(東坡)의 〈장춘여치녀(長春如稚女)〉·〈부왕백양소장조창화매화(賦王伯颺所藏趙昌畫梅花)〉·〈황규(黃葵)〉·〈부용(芙蓉)〉·〈산다(山茶)〉 4수의 시와 당승지(党承旨) 세걸(世傑)의 〈서호부용(西湖芙蓉)〉·〈만국(晚菊)〉, 왕내한(王內翰) 자단(子端)의 〈옥중부훤(獄中賦萱)〉 등 모두 9수는 내가 한한공(閑閑公)에게 요청하여 함께 한 축(軸)으로 만들어 베끼고, 스스로 그 뒤에 적기를 '유주(柳州)는 원망이 깊을수록 그 말은 더욱 완만하여서, 고시의 바름을 얻었다. 그 청신완려(淸新婉麗)함은 육조(六朝)의 사인(辭人)들도 미칠 수 있는 자가 적다. 동파(東坡)가 사랑하여서 그것을 배웠는데, 형사(形似)의 공교함을 지극히 했다. 그 원망은 스스로 가릴 수 없었다. 당승지(党承旨)는 두 사람에게서 나왔는데, 말은 부족하지만 뜻은 남음이 있다. 왕내한(王內翰)은 고인(古人)을 추배(追配)할 뜻이 없었는데, 우연히 그것과 합치되어 마침내 집중(集中)에서 제일이 되었다. 대략 유(柳)는 아(雅)에서 나왔고, 파(坡) 이하는 모두 소인(騷人)의 여운(餘韻)이 있다. 이른바 태어나서 세상을 함께 하지 못했지만 모두 명가(名家)들이다"라고 했다.

절구絶句

竹影和詩瘦	대 그림자는 시와 함께 수척하고
梅花入夢香	매화는 꿈에 들어와 향기롭네
可憐今夜月	오늘 밤의 달이 사랑스러운데
不肯下西廂	서쪽 행랑으로 내려가려 하지 않네

주앙 周昂

주앙(?-1211), 자는 덕경(德卿), 진정(眞定: 하북성) 사람. 나이 21세에 진사가 되어서, 남화주부(南和主簿)·낭향령(良鄉令)·감찰어사(監察御史)를 지냈다. 노택(路鐸)이 언사(言事)로써 배척받았을 때, 주앙이 시로써 전송했는데, 그 시가 비방죄로 걸려서 동해 가에서 10여 년 귀양살이를 했다. 변공(邊功)으로써 소환되어 삼사판관(三司判官)이 되었다. 나중에 완안승유(完顔承裕)의 군대에 종사하였는데, 원군(元軍)이 공격해오자, 모두 달아났지만 주앙은 끝까지 남았다. 성이 함락되어 그 종자(從子) 사명(嗣明)과 함께 죽었다. 저서로 『당산집(棠山集)』이 있었으나 일실되었다.

저녁에 조망하다 晚望

煙抹平林水退沙	안개는 너른 숲을 덮고 물은 모래가로 물러났는데
碧山西畔夕陽家	푸른 산 서쪽 가에 석양 속 집이 있네
無人解得詩人意	시인의 뜻을 알아 줄 사람이 없는데
只有雲邊數點鴉	다만 구름 가에 몇 점의 까마귀들이 있네

취병구 翠屛口[1)]

地擁河山壯	땅은 산하를 옹위하여 웅장하고
營關劍甲重	영관의 검갑이 무겁네
馬牛來細路	말과 소들이 오솔길로 내려오고
燈火出寒松	등불이 찬 솔숲에서 나오네
刁斗方嚴夜[2)]	조두소리 바야흐로 엄숙한 밤에
羔裘欲禦冬[3)]	고구로 추위를 막고자 하네
可憐天設險	하늘이 험요함을 배설한 것이 사랑스러운데
不入漢提封[4)]	한나라 경내로 들어오지 못했네

주석

1) **翠屛口(취병구)**: 하북성 만전현(萬全縣) 서쪽 취병산(翠屛山). 그 동북방에는 험준한 야호령(野狐嶺)이 있음. 대안(大安) 3년(1211) 2월에 원나라 성길사한(成吉思汗)이 금나라에 침범하여, 8월에 야호령(野狐嶺)에 이르렀다. 이때 완안승유(完顏承裕)가 참지정사(參知政事)가 되어서 40만 군을 거느리고 취병

구에 주둔하고 있었다. 주앙은 왕안승유를 수행하여 서북 변방을 지키고 있었다. 이때에 지은 시로 모두 7수임.

2) 刁斗(조두): 군대용의 구리로 만든 자루가 있는 취사도구. 밤에는 야경을 돌 때 두들기는 도구로 사용함.

3) 羔裘(고구): 염소가죽의 털옷.

4) 提封(제봉): 관할지역의 봉강(封疆).

수탁 帥拓

수탁(일명 尹拓), 자는 무기(無忌), 평량(平凉: 감숙성) 사람. 진사에 응시했으나 낙방했다. 명창(明昌) 연간에 유사(有司)가 그 재능을 천거했는데, 기주(嗜酒) 때문에 벼슬에 오르지 못했다. 작시(作詩)에 기상(氣象)이 있었고, 연구(鍊句)에서 공교로웠다.

동락원을 유람하다 游同樂園[1]

晴日明華構[2]	맑은 날 화려한 건물들이 밝고
繁陰蕩綠波	번다한 그늘은 초록 물결에서 움직이네
蓬丘滄海遠[3]	봉구의 창해는 먼데
春色上林多[4]	춘색은 상림원에 많네
流水時雖逝	흐르는 물은 때마다 흘러가 버리지만
遷鶯暖自歌	옮겨온 꾀꼬리는 따뜻하니 스스로 우네
可憐歡樂極	환락의 지극함이 사랑스러운데
鉦敲散雲和[5]	징고소리 운화로 흩어지네

주석

1) 同樂園(동락원): 『대금국지(大金國志)』에 "서쪽으로 옥화문(玉華門)을 나가면 동락원(同樂園)이다. 요지(瑤池)·봉영(蓬瀛)·유장(柳莊)·행림(杏林)이 모두 여기에 있다. 수탁(師拓)과 조병문(趙秉文) 모두에게 〈동락원시(同樂園詩)〉가 있다"고 했다.

2) 華構(화구): 화려한 건축물.

3) 蓬丘(봉구): 봉래(蓬萊).

4) 上林(상림): 상림원(上林苑).

5) 鉦敲(징고): 징과 북. 군대의 행군 때 징을 치면 조용히 하고, 북을 치면 움직임. 전쟁을 가리키는 말로 사용하였음. 雲和(운화): 산 이름. 금(琴)과 슬(瑟)의 생산지로 유명함. 보통 금슬의 대칭으로 쓰임.

평설

- 『귀잠지』에 "조한한(趙閑閑: 趙秉文)이 일찍이 나에게 말하기를, '내가 젊어서 처음 윤무기(尹無忌)를 알았을 때, 「오랫동안 선생의 작시는 소황(蘇黃: 蘇軾과 黃庭堅)을 좋아하시 않는다고 들었는데, 왜 그렇습니까?」라고 하니, 무기(無忌)가 대답하기를 「소황을 배우면 비외(卑猥)해진다」고 했다'고 했다. 그 시는 한결같이 이두(李杜)를 법으로 삼았다. 오언은 더욱 공교롭다. 한한(閑閑)이 일찍이 그 〈유동락원〉시 「晴日明華搆……」를 칭찬하기를 '몹시 소릉(少陵: 杜甫) 같다'고 했다"고 했다.

노탁 路鐸

노탁(?-1214), 자는 선숙(宣叔), 기주(冀州: 하북성 冀縣) 사람. 우습유(右拾遺)·섬서로안찰부사(陝西路按察副使)·한림시독(翰林侍讀) 등을 지내고, 정우(貞祐) 초에 맹주방어사(孟州防禦使)로 나갔다. 원군(元軍)이 성을 함락시키자, 심수(沁水)에 투신하여 죽었다. 저서로 『허주거사집(虛舟居士集)』이 있었으나 일실되었다.

『중주집』에 "선숙(宣叔)의 문은 가장 기특한데, 더욱 시에서 뛰어났다. 정치온윤(精緻溫潤)하여 자성일가(自成一家)했다"고 했다.

양성 가던 중에 襄城道中[1]

禾黍低風汝水長[2]	벼 기장에 나직이 바람 불고 여수가 긴데
遲遲驛騎困秋陽	느릿느릿한 역마는 가을볕에 노곤하네
病軀官事交相礙	병든 몸과 관청일이 서로 방해되는데
夢雨行雲肯借凉	몽우와 행운이 서늘함을 빌려주겠는가?
盡說秋蟲不傷稼	가을벌레는 벼를 헤치지 않는다고 모두 말하는데
却愁苛政苦于蝗	가혹한 정치가 메뚜기보다 괴로움을 근심하네
詩成應被西山笑[3]	시 지은 것은 서산의 비웃음을 당할 것인데
已炙眉頭尙否臧[4]	눈썹과 머리칼을 다 태우고도 비판을 섬기네

주석

1) 襄城(양성): 금나라 때는 남경로여주(南京路汝州)에 속했고, 태화(泰和) 7년에 허주(許州)에 속했고, 지금은 하남성에 속함. 원주에 "장관(長官) 중에 횡포한 자가 있다고 했다"라고 했다.
2) 汝水(여수): 하남성 북쪽의 여하(汝河).
3) 西山(서산): 수양산(首陽山). 백이(伯夷)와 숙제(叔齊)가 은거했던 산.
4) 否臧(부장): 품평(品評).

조병문 趙秉文

조병문(1159-1232), 자는 주신(周臣), 호는 한한(閑閑), 자주(磁州) 부양(滏陽: 하남성 磁縣) 사람. 대정(大定) 25년에 진사가 되었다. 예부상서(禮部尙書)·시독(侍讀)·동수국사(同修國史)·한림학사(翰林學士)등을 지냈다. 한때의 문단의 영수로서 저술이 몹시 많았다. 저서로『역총설(易叢說)』·『중용설(中庸說)』·『양자발미(揚子發微)』·『태현전찬(太玄箋贊)』·『문중자유설(文中子類說)』·『남화약석(南華略釋)』·『열자보주(列子補注)』등이 있었는데, 대부분 일실되었다. 문집으로『부수집(滏水集)』이 있다.
『중주집』에 "칠언장시(七言長詩)는 필세가 종방(縱放)하여 일률(一律)에 구속되지 않았다. 율시는 장려(壯麗)하고, 소시(小詩)는 정절(精絶)한데, 근체(近體)로 지은 것이 많다. 오언장시(五言大詩)의 침울돈좌(沈鬱頓挫)함은 사원종(阮嗣宗: 阮籍)을 배웠고, 진순간담(眞淳簡澹)함은 도연명(陶淵明)을 배웠는데, 다른 문과 비교하면 간혹 가깝지 않다"고 했다.

화산을 유람하고 원유지에게 부치다 游華山, 寄元裕之[1]

我從秦川來[2]	나는 진천에서 와서
遍歷終南游[3]	종남산을 두루 거쳐 유람하네
暮行華陰道[4]	저녁에 화음도를 가니
清快明雙眸	맑고 유쾌하여 두 눈동자가 밝네
東風一夜橫作惡	동풍이 하룻밤에 멋대로 모질게 부니
塵埃咫尺迷巖幽	먼지가 지척에서 바위 깊은 곳을 헤매게 하네
山神戲人亦薄相[5]	산신이 사람을 놀리고 또한 희롱하여
一杯未盡陰霾收	한 잔을 비우기 전에 어두운 흙비를 거두네
但見兩崖巨壁挿劍戟	양 언덕 큰 벽에 창검이 꽂혔음을 보는데
流泉夾道鳴琳璆[6]	흐르는 샘은 길을 끼고 옥 소리를 울리네
希夷石室綠蘿合[7]	희이의 석실엔 초록 담장이가 얽혀있고
金仙鶴駕空悠悠[8]	금선은 학을 타고 허공에서 유유하네
石門劃斷一峰出	석문이 절단된 곳에 한 봉우리가 나오니
婆娑石上爲遲留	파사한 바위 위에 머무네
上方可望不可到	위 방향은 바라볼 수 있지만 도달할 수 없고
崖傾路絶令人愁	벼랑이 기울어 길이 끊겨서 수심 짓게 하네
十盤九折羊角上	열 번 서리고 아홉 번 꺾어지는 양 뿔 같은 길에서
青柯平上得少休	푸른 나무 평평한 곳에 잠깐 휴식하네
三峰壁立五千仞	세 봉우리가 절벽으로 서서 오천 길인데
其下無址傍無儔	그 아래는 바닥이 없고 옆에는 짝이 없네
巨靈仙掌在霄漢[9]	거령의 선장이 하늘 은하수에 있고
銀河飛下青雲頭	은하수는 푸른 구름머리로 날아 내리네

或云奇勝在高頂	누군가가 승경이 높은 정상에 있다고 하는데
脚力未易供冥搜	발의 힘이 깊은 곳을 찾아가기 쉽지 않네
蒼龍嶺瘦苔蘚滑[10]	창룡령은 수척하여 이끼가 미끄럽고
嵌空石磴誰雕鎪[11]	영롱한 돌길은 누가 깎아 놓았던가?
每憐風自四山而下不見底	매번 바람이 사방 산에서 아래로 불어 감이 좋은데 아래를 볼 수 없고
惟聞松聲萬壑寒颼颼[12]	다만 솔바람이 만 골짜기에서 차갑게 부는 소리를 듣네
捫參歷井到絶頂[13]	참성을 만지고 정성을 지나 절정에 도달하여
下視塵世區中囚	속세 구역 안의 수인들을 아래로 내려다보네
酒酣蒼茫瞰無際	술에 취하여 아득히 끝없이 바라보며
塊視五岳芥九州[14]	오악을 쳐다보며 구주를 지푸라기로 여기네
南望漢中山[15]	남쪽으로 한중의 산들을 바라보니
碧玉簪亂抽[16]	벽옥잠들이 어지럽게 뽑혀있네
況復秦宮與漢闕	하물며 또 진궁과 한궐이
飄然聚散風中漚	표연히 모이고 흩어지는 바람 속에 거품임에랴!
上有明星玉女之洞天[17]	위에 명성과 옥녀의 동천이 있는데
二十八宿環且周[18]	이십팔수가 에워싸서 둘렸네
又有千歲之玉蓮	또 천년의 옥련이 있는데
花開十丈藕如舟	꽃이 피니 십 장의 연꽃이 배와 같네
五鬣不朽之長松[19]	오렵의 불후한 장송에는
流膏入地盤蛟虬	송진이 땅에 흘러들어 교룡 규룡으로 서렸네
采根食實可羽化[20]	채근식은 실로 우화할 수 있으니

方瞳綠髮三千秋[21]　　방동과 녹발이 삼천 세월이네
時聞笙簫明月夜　　때때로 밝은 달밤에 생황과 소 소리를 들으니
芝軿羽蓋來瀛洲[22]　　지병우개 수레로 영주로 왔네
乾坤不老靑山色　　건곤은 늙지 않아서 푸른 산의 색이고
日月萬古無停輈　　일월은 만고에 수레를 정지함이 없네
君且爲我挽回六龍轡[23]　　그대는 날 위해 육룡의 고삐를 되돌려주구려
我亦爲君倒却黃河流　　나도 그대 위해 황하 흐름을 되돌리리라
終朝汗漫遊八極[24]　　아침 내내 한만하게 팔극을 유람하고
乘風更覓元丹丘[25]　　바람 타고 다시 원단구를 찾네

주석

1) 華山(화산): 중국 오악(五嶽) 중의 하나. 높이는 해발 2154미터, 섬서성 서안시(西安市) 동쪽 120킬로미터의 위남(渭南) 화양현(華陽縣) 경내에 있음. 북쪽은 위하평원(渭河平原)과 황하(黃河)에 임했고, 남쪽은 진령(秦嶺)에 임했음. 元裕之(원유지): 원호문(元好問). 자는 유지(裕之).

2) 秦川(진천): 섬서성(陝西省)과 감숙성(甘肅省)의 진령(秦嶺) 이북의 평원지대.

3) 終南(종남): 종남산(終南山). 일명 태일산(太一山)·지폐산(地肺山)·중남산(中南山)·주남산(周南山)·남산(南山). 진령산맥(秦嶺山脉)의 한 부분으로서 서쪽은 섬서성 보계(寶鷄) 미현(眉縣)에서 일어나고, 동쪽은 섬서성 남전(藍田)에 이른다.

4) 華陰(화음): 섬서성 화음시(華陰市)

5) 薄相(박상): 희롱(戲弄). 소식(蘇軾)의 〈次韻黃魯直赤目〉시에 "天公戲人亦薄相, 略遣幻翳生明珠"라고 했음.

6) 琳璆(임구): 옥이 부딪히는 소리.

7) 希夷(희이): 당나라 말과 오대(五代) 때의 은자(隱者) 진단(陳搏: 871-989). 자는 도남(圖南), 자호는 부요자(扶搖子). 송나라 태종(太宗)이 희이선생(希夷先生)이란 호를 내렸음.

8) 金仙(금선): 도교(道敎)에서 말하는 신선.

9) 巨靈(거령): 신(神)의 이름. 천궁(天宮)의 천문(天門)을 담당함.

10) 蒼龍嶺(창룡령): 화산에 속하는 유명한 험도(險道)의 하나.

11) 嵌空(감공): 영롱(玲瓏). 石磴(석등): 바위를 깎아 만든 계단 길.

12) 颼颼(수수): 바람소리.

13) 參(참): 참성(參星). 井(정): 정성(井星).

14) 五岳(오악): 동악(東岳) 태산(泰山: 산동성 泰安市)·서악 화산(섬서성 화음시)·남악 형산(衡山:호남성 衡陽市)·북악 항산(恒山: 산서성 渾源縣)·중악(中岳) 숭산(嵩山: 하남성 登封市). 九州(구주): 중국 전체.

15) 漢中(한중): 섬서성 서남부 지역. 북쪽은 진령(秦嶺)에 의지하고, 남쪽은 파산(巴山)이 있음.

16) 碧玉簪(벽옥잠): 푸른 옥비녀. 산봉우리를 말함.

17) 화산의 서봉 위에 취운궁(翠雲宮)·연화동(蓮花洞)·거령족(巨靈足)·부벽석(斧劈石)·사리애(舍身崖) 등이 있음.

18) 二十八宿(이십팔수): 중국의 28분야를 담당하고 있다는 28개의 별.

19) 五鬣(오렵): 솔잎이 5개인 소나무를 말함.

20) 羽化(우화): 우화등선(羽化登仙). 신선이 되는 것.

21) 方瞳綠髮(방동록발): 검은 눈동자와 검은 머리.

22) 芝軿羽蓋(지병우개): 신선의 수레를 말함. 瀛洲(영주): 동해에 있다는 삼신산(三神山)의 하나.

23) 六龍(육룡): 태양의 수레를 몬다는 여섯 마리 용.

24) 八極(팔극): 팔방의 지극히 먼 지역.

25) 元丹丘(원단구): 선인(仙人)의 이름. 수(隋)나라 개황(開皇) 말년의 사람.

왕학사 자단에게 부치다 寄王學士子端[1]

寄語雪溪王處士	설계 왕처사에 말하니
年來多病復何如	연래에 병이 많다는데 또 어떠한지?
浮雲世態紛紛變	뜬 구름 같은 세태는 분분히 변하고
秋草人情日日疎	가을 풀 같은 인정은 날마다 소홀해지네
李白一杯人影月[2]	이백의 한 잔은 인영월이고
鄭虔三絶畵詩書[3]	정건의 삼절은 시서화이네
情知不得文章力	정이 문장력을 얻을 수 없음을 아니
乞與黃華作隱居[4]	황화를 얻어서 은거를 해야겠네

주석

1) 王學士子端(왕학사자단): 왕정균(王庭筠). 자는 자단(子端), 호는 설계(雪溪). 한림학사를 지냈고, 시인의 친구임.

2) 이백의 〈월하독작(月下獨酌)〉시에서 "擧杯邀明月, 對影成三人"이라 했음.

3) 鄭虔(정건): 당나라 시인 겸 학자. 자는 약재(若齋), 거의 모든 학문에 박통하고, 시서화에 능했음.

4) 黃華(황화): 국화. 은거자의 대표인 도연명이 사랑했던 꽃으로 은거의 상징이 되었음. 일명 은일화(隱逸花).

이순보 李純甫

이순보(1177-1223), 자는 지순(之純), 호는 병산거사(屛山居士), 홍주(弘州) 양음(襄陰: 하북성 陽縣) 사람. 승안(承安) 2년에 진사가 되었다. 경조부판관(京兆府判官)을 지냈다. 문장은 『장자(莊子)』·『열자(列子)』·『좌전(左傳)』·『전국책(戰國策)』 등을 법으로 삼았는데, 후진들이 그것을 종(宗)으로 삼았다. 저서로 성리(性理)와 노불(老佛) 3가(家)를 다룬 『내고(內藁)』와 그 밖의 것을 다룬 『외고(外藁)』·『중용집해(中庸集解)』·『명도집해(鳴道集解)』 등 다수가 있다.

이경을 전송하다 送李經[1]

髥張元是人中雄[2]	염장은 원래 사람들 중의 영웅인데
喜如俊鶻盤秋空	기쁘면 사나운 매처럼 가을 허공에 서리고
怒如怪獸拔古松	노하면 괴수가 고송을 뽑는 듯한데
老我不敢嬰其鋒	늙은 나는 감히 그 창날을 범할 수 없네
更著短周時緩頰[3]	다시 저명한 단주가 때때로 완협을 하는데
智囊無底眼如月	지혜주머니는 바닥이 없고 눈은 달과 같네
斫頭不屈面如鐵	머리를 잘라도 굴하지 않고 얼굴은 철과 같은데
一說未窮復一說	한 설이 다 끝나기 전에 다시 한 설을 말하네
勍敵相扼已錚錚	강한 적이 서로 누르며 쟁쟁한데
二豪同軍又連衡	두 호걸이 같은 군대에서 또 연이어 충돌하네
屛山直欲把降旌[4]	병산은 곧 항복 깃발을 잡으려 하는데
不意人間有阿經[5]	뜻밖에 세상에 아경이 있네
阿經瓌奇天下士[6]	아경은 괴기한 천하의 인사인데
筆頭風雨三千字	붓 머리엔 비바람 치는 삼천 글자이고
醉倒謫仙元不死[7]	취해 쓰러진 적선은 원래 죽지 않으니
時借奇兵攻二子	때때로 기병을 빌려서 두 사람을 공격하네
縱飮高歌燕市中	연시 안에서 마음껏 술 마시고 크게 노래하고
相視一笑生春風	서로 보고 한 번 웃으면 봄바람이 일어나네
人憎鬼妒愁天公	사람들과 귀신이 증오하니 천공이 근심하여
徑奪吾弟還遼東[8]	곧 우리 아우를 빼앗아서 요동으로 돌려보내네
短周醉別黙無語	단주는 취해 이별하며 말이 없고
髥張亦作衝冠怒[9]	염장 또한 머리칼이 관모를 찌르며 노하네

阿經老淚如秋雨	아경의 늙은 눈동자의 눈물이 가을비 같고
只有屛山拔劍舞	다만 병산이 검을 뽑아 춤을 추네
拔劍舞擊劍歌	검을 뽑아 춤을 추고 검으로 치며 노래하니
人非麋鹿將如何[10]	사람들은 사슴이 아닌데 장차 어찌하랴?
秋天萬里一明月	가을하늘 만 리에 한 밝은 달이 있고
西風吹夢飛關河	가을바람이 꿈을 불어 관하로 날리네
此心耿耿軒轅鏡[11]	이 마음 밝기가 헌원의 거울 같은데
底用兒女肩相摩	어찌 아녀자처럼 어깨를 서로 매만지랴?
有智無智三十里[12]	유지와 무지가 삼십 리인데
眉睫之間見吾弟[13]	미첩 사이에서 내 아우를 보네

주석

1) 李經(이경): 자는 천영(天英). 그는 당시 빼어난 시인으로서, 유기(劉祁)의 『귀잠지(歸潛志)』에서 그를 평하기를 "시를 짓는 것은 각고(刻苦)하고, 기쁘게 기어(奇語)를 내고, 전인(前人)을 답습하지 않았고, 묘처(妙處)는 남들이 미칠 수 없었다"고 했다. 그러나 2번의 과거를 실패하고, 고향으로 돌아가게 되었는데, 경사의 명류(名流)들이 모두 그에게 전별의 시를 주었다. 조병문(趙秉文)·주앙(周昂)·이순보(李純補) 등의 시가 있다. 이순보의 시는 전별의 주연상에서 지은 것인데, 동석했던 장곡(張轂)과 주사명(周嗣明)을 시 속에 등장시키고 있다.

2) 鬚張(염장): 수염이 긴 장곡(張轂)을 말함. 『귀잠지』에 "장곡(張轂) 백옥(伯玉)은 허주(許州) 사람으로서, 백영(伯英) 운사(運使)의 아우이다. 젊어서 준재(俊才)를 지니고, 아름다운 자태와 수염이 배까지 늘어졌다. 사람됨이 호매불기(豪邁不羈)한 기사(奇士)이다"라고 했다.

3) 短周(단주): 단소(短小)한 주사명(周嗣明)을 말함. 『중주집』에 "사명(嗣明)의

자는 회지(晦之)이다. 단소(短小)하고 정한(精悍)한데 옛 협사(俠士)의 풍이 있다. 나이 30살이 되기 전에 교유가 반 천하였다. 식견이 높고 뜻이 크고, 담론을 잘 했는데, 절도에 맞았다. 작시(作詩)는 간담(簡澹)함을 좋아하고, 악부는 더욱 온려(溫麗)했다. 의리지학(義理之學)에서 가장 뛰어났다"고 했다. 緩頰(완협): 완곡하게 설득하는 것. 남을 대신해 진정(陳情)하는 것.

4) 屛山(병산): 이순보(李純甫).

5) 阿經(아경): 이경(李經).

6) 瓊奇(괴기): 아름답고 특출한 것.

7) 謫仙(적선): 이백(李白). 여기서는 이경을 말함.

8) 還遼東(환요동): 이경은 금주(錦州) 사람임. 귀향함을 말함.

9) 衝冠(충관): 머리털이 곧추서서 관모를 찌르는 것.

10) 『오대사(五代史)・일행전론(一行傳論)』에 "산림에 처하여 사슴과 무리를 같이 하면, 비록 중도(中道)라고 할 수 없지만, 그 사람을 먹이는 봉록 때문에 고개 숙이고 수치를 품는 것과 무엇이 더 마음에 부끄러움이 없겠는가?"라고 했다.

11) 軒轅(헌원): 황제(黃帝).

12) 『세설신어(世說新語)・첩오(捷悟)』에 "위무(魏武: 曹操)가 일찍이 조아비(曹娥碑) 아래를 찾아갔는데, 양수(楊修)가 따라갔다. 비석의 뒷면을 보니, '황견(黃絹)・유부(幼婦)・외손(外孫)・제구(虀臼)' 8글자가 적혀있었다. 위무가 양수에게 '경(卿)은 해석을 했는가?'라고 하니, 답하기를 '이해했습니다'라고 했다. 위무가 '경은 말하지 말고, 내가 생각하기를 기다려라'라고 했다. 30리를 간 다음에, 위무가 곧 말하기를 '내 이미 깨달았다'라고 하고, 양수에게 별도로 적게 했다. 양수가 '황견(黃絹)은 색사(色絲)이니, 글자로는 절(絕)이 되고, 유부(幼婦)는 소녀(少女)이니, 글자로는 묘(妙)가 되고, 외손(外孫)은 여자(女子)이니, 글자로는 호(好)가 되고, 제구(虀臼)는 수신(受辛)이니 글자로는 사(辭)가 되므로, 이른바 절묘호사(絕妙好辭)라고 한 것입니다'라고 했다. 위무 또한 그것을 적어두었는데, 양수와 똑같았다. 곧 탄식하기를 '내 재능이 경에게 미치지 못함이 곧 30리임을 깨달았다'고 했다"고 했다.

13) 眉睫(미첩): 눈썹 털과 속눈썹 털. 사람의 형모(形貌)를 말함.『장자(莊子)·
경상초(庚桑楚)』에 "向吾見若眉睫之間, 吾因以得汝矣"라고 했다.

사숙 史肅

사숙, 자는 순원(舜元), 경조(京兆: 섬서성 西安) 사람. 부경(北京) 화중(和衆: 요녕성 凌源 서쪽)에서 살았다. 진사에 합격하고, 감찰어사(監察御使)·중도로전운부사(中都路轉運副使)·호부정랑(戶部正郞)·동지분주사(同知汾州事) 등을 지냈다.

『중주집』에 "천자(天資)가 정특(挺特)하고, 고재박학(高才博學)하고, 작시(作詩)는 정치(精緻)한데 이치가 있고, 용사(用事)를 더욱 잘했고, 고부(古賦) 또한 기초(奇峭)했다"고 했다.

춘설 春雪

豊年不救兩河飢[1]	풍년에도 양쪽 황하의 기한을 구하지 못하고
臘盡纔看小雪飛	섣달이 다 지나 겨우 작은 눈이 날림을 보네
漫說春來膏澤好[2]	봄이 오면 고택이 좋을 거라 멋대로 말했지만
其如壟上麥苗稀	밭이랑에는 보리 싹이 드무네
空花只解驚愁眼[3]	공화가 다만 벌어져 수심 어린 눈동자가 놀라고
濕絮寧堪補敗衣[4]	젖은 솜을 어찌 헤진 옷에 보충할 수 있겠는가?
頗笑西臺瘖御史[5]	자못 서대의 벙어리 어사가 우스운데
日斜騎馬踏泥歸	석양에 말을 타고 진창 밟으며 돌아가네

주석

1) 兩河(양하): 하북(河北)과 하동(河東) 지역.
2) 膏澤(고택): 작물을 적셔주는 빗물.
3) 空花(공화): 설화(雪花).
4) 濕絮(습서): 설화(雪花)를 말함.
5) 西臺(서대): 어사대(御史臺).

완안숙 完顔璹

완안숙(1172-1232), 본명은 수손(壽孫), 자는 중실(仲實)·자유(子瑜), 호는 저헌노인(樗軒老人). 세종(世宗)의 손자, 월왕(越王) 영공(永功)의 장자. 봉국상장군(奉國上將軍)·은청광록대부(銀靑光祿大夫)·개부의동삼사(開府儀同三司) 등을 지냈다. 밀국공(密國公)에 봉해졌다. 저서로 『여암소고(如庵小藁)』가 있다.

『중주집』에 "젊은 날에 주거관(朱巨觀)에게서 시를 배우고, 임군모(任君謨)에게서 글씨를 배웠는데, 마침내 청출어람이란 칭송이 있었다. 문필 또한 위곡(委曲)하여 하고자 하는 말을 할 수 있었다"고 했다.

귀향생각 思歸

四時唯覺漏聲長	사시에 다만 물시계소리가 긴 것을 깨닫는데
幾度吟殘蠟爐缸[1]	몇 번이나 읊조리며 밀랍 초를 다 태웠던가?
驚夢故人風動竹	꿈속의 벗에 놀라는데 바람이 대숲을 흔들고
催春羯鼓雨敲窓[2]	봄을 재촉하는 갈고소리에 비가 창을 두들기네
新詩淡似鵞黃酒[3]	새 시는 아황주처럼 묽은데
歸思濃如鴨綠江	귀향생각은 압록강처럼 무성하네
遙想翠雲亭下水[4]	취운정 아래의 물을 멀리서 생각하니
滿陂靑草鷺鷥雙	온 언덕의 푸른 풀에 해오라기가 쌍으로 날리라

주석

1) 缸(항): 등잔(燈盞).
2) 羯鼓(갈고): 고대 갈족(羯族)의 악기. 모양은 칠통(漆桶)과 같고, 아상(牙床)으로써 받들고, 두 막대로 두들기는데, 소리가 소나기소리 같음.
3) 鵞黃酒(아황주): 한주(漢州)에서 생산되는 술 이름.
4) 翠雲亭(취운정): 연경(燕京) 동락원(同樂園) 안에 있는 정자.

왕약허 王若虛

왕약허(1174-1243), 자는 종지(從之), 호는 용부(慵夫)・호남유로(滹南遺老), 고성(藁城: 하북성) 사람. 금나라 장종(章宗) 승안(承安) 2년(1197)에 경의진사(經義進士)가 되어서, 부주(鄜州: 섬서성 富縣) 녹사(錄事)를 지냈다. 관성(管城)・문산(門山) 현령을 지내고, 국사원편수관(國史院編修官)・응봉한림문학(應奉翰林文字)・저작랑(著作郞) 등을 지냈다. 일찍이 서하(西夏)에 사신을 갔다 왔고, 연주자사(延州刺史)를 거쳐 응봉한림직학사(應奉翰林直學士)를 지냈다. 금나라가 망한 후 출사하지 않고 고향으로 돌아가서 은거했다. 1243년 동쪽으로 태산(泰山)을 유람하던 중에 죽었다. 저서로『호남유로집(滹南遺老集)』이 있다.

가을을 감개하다 感秋

西風撼庭柯	서풍이 마당의 나무를 흔드니
疏葉鳴策策[1]	성근 잎이 쏴아쏴아 우네
天地一蕭條	천지가 온통 쓸쓸하니
羈懷亦岑寂[2]	나그네 회포 또한 적막하네
青春怳如昨	푸른 봄이 황홀히 어제 같은데
轉盼年半百	돌아보니 나이가 반백년이네
自從長大來	스스로 성장한 이래
轉覺日月迫	세월이 촉박함을 더욱 깨달았네
功名非所慕	공명은 사모할 바가 아니고
老大不足恤	늙음은 동정할 수 없네
怛然感時心	슬프게 시절에 감개하는 마음을
自亦不能釋	스스로 또한 풀 수가 없네
清晨理短髮	맑은 새벽에 짧은 머리를 빗으며
已見數莖白	몇 뿌리가 센 것을 이미 보네
刀鑷雖可施[3]	족집게로 뽑아낼 수는 있지만
殆似兒子劇	거의 애들의 장난만 같네
此身委蛻耳[4]	이 몸은 위태일 뿐인데
毀棄無足惜	망가진 잎은 애석해 할 수 없네
況於毛髮間	하물며 모발 사이에다
而乃強修飾	억지로 꾸밀 수가 있겠는가?
青青如陸展[5]	청청함은 육전과 같은데
星星行復出	성성함이 줄지어 다시 나오네

畢竟白滿頭　　끝내 백발이 머리에 가득할 것인데
復將何所摘　　다시 장차 뽑아낼 수가 있겠는가?

주석

1) 策策(책책): 나뭇잎이 바람에 팔랑이는 소리.

2) 羈懷(기회): 타향에서의 회포. 岑寂(잠적): 적막(寂寞).

3) 刀鑷(도섭): 족집게.

4) 委蛻(위태): 자연(自然)이 부여한 구각(軀殼). 『장자(莊子)·지북유(知北游)』에 "손자(孫子)는 너의 소유가 아니다. 이는 천지의 위태(委蛻)이다"고 했음.

5) 陸展(육전): 남조 유송(劉宋) 때의 문인. 하장유(何長瑜)의 〈조부료시(嘲府僚詩)〉에 "陸展染鬢髮, 欲以媚側室. 青青不解久, 星星行復出"이라 했음.

마구주 麻九疇

마구주(1185-1232), 자는 지기(知幾), 역주(易州: 하북성 易縣) 사람. 일설에는 막주(莫州: 하북성 任丘) 사람이라고 함. 3세에 글자를 알고, 7세에 초서에 능하여 신동(神童)이라 불렸다. 오경(五經) 등 경서에 박통했다. 과거에 응했으나, 정시(廷試)에서 불합격하고 은거했다. 나중에 추천으로 태축권태상박사(太祝權太常博士)・응봉한림문자(應奉翰林文字)를 지냈다.

〈우중행인선도〉에 적다 題雨中行人扇圖

幸自山東無賦稅	다행히 산동은 부세가 없는데
何須雨裏太倉皇	어찌 빗속에서 허둥댈 것인가?
尋思此箇人間世	이런 인간세상을 찾으려 생각하는데
畵出人來也著忙	그림으로 나오니 사람들이 오는 것이 바쁘네

평설

- 『귀잠지』에 "마징군(麻徵君) 지기(知幾)가 남주(南州)에 있을 때 시사(時事)가 어지러움을 보고, 그 부세 독촉을 깃털처럼 여기니, 백성들이 불안해했다. 〈제우중행인선도〉시에 "幸自山東無賦稅……"라고 했는데, 비록 한 때의 희어(戱語)지만 맛이 있다"고 했다.

전석 田錫

전석, 자는 영석(永錫), 완평(宛平: 北京 豊臺) 사람. 흥정(興定) 5년(1221)에 진사가 되었다. 신채주부(新蔡主簿)를 지내고, 남양(南陽) 기립산(驥立山) 아래에서 은거했다. 나중에 난리를 만나 남쪽으로 피난을 갔는데 병으로 죽었다.

목우도 牧牛圖

干戈擾擾徧中州	전쟁의 소란함이 중주에 가득하니
挽粟車行似水流	곡식수레를 끌고 가는 것이 물결 같네
何日承平如畵裏	언제나 그림속의 태평시절처럼
短蓑長笛一川秋	짧은 도롱이 장적 들고 한 가을 냇물에 있을 건가?

신원 辛願

신원, 자는 경지(敬之), 복창(福昌: 하남성 洛寧) 사람. 현의 서남쪽 여궤산(女几山) 아래로 옮겨 살았기 때문에 자호를 여궤야인(女几野人)이라 했다. 또 계남시로(溪南詩老)라고 했다. 육경(六經)과 백가(百家)에 통달했는데 『춘추』에 더욱 정통했다.

『중주집』에 "두시(杜詩)와 한필(韓筆: 韓愈의 글)을 하루라도 그 손에서 놓은 적이 없었다. 작문(作文)에 강목(綱目)이 있어서 어지럽지 않고, 시율(詩律)은 몹시 엄격하여, 자득한 아취가 있다"고 했다.

난리 후 亂後

兵去人歸日	병사들 물러가고 사람들 돌아오는 날
花開雪霽天	눈 갠 날에 꽃이 피었네
川原荒宿草	냇물과 들엔 묵은 풀만 거칠고
墟落動新煙	마을엔 새로 밥 짓는 연기 오르네
困鼠鳴虛壁	곤궁한 쥐는 빈 벽에서 울고
饑烏啄廢田	굶주린 까마귀는 황폐한 밭을 쪼네
似聞人語亂	사람들 말소리가 들리는가 싶은데
縣吏已催錢	현리가 이미 세금을 재촉하네

이분 李汾

이분(1192-1232), 자는 장원(長源), 평진(平晉: 산서성 太原) 사람. 성품이 광달불기(曠達不羈)하여, 즐겨 기절(奇節)로써 자허(自許)했다. 과거에 낙방하고 사관서사(史館書寫)로 종사했는데, 나중에 조병문(趙秉文)·뇌연(雷淵)·이헌능(李獻能) 등이 그 불경(不敬)함을 미워하였기 때문에 파직되어 떠나갔다. 항산공(恒山公) 무선(武仙)이 그를 상서성강의관(尙書省講議官)으로 임명했는데, 참지정사(參知政事) 완안사열(完顔思烈)이 그를 미워하여 제거하려 하자, 이분은 비양(泌陽)으로 도망치다가 붙잡혀 죽었다.

눈 내리는 중에 호뢰성을 방문하다 雪中過虎牢[1]

蕭蕭行李憂弓刀	쓸쓸한 행장에 활과 칼이 부딪치고
踏雪行人過虎牢	눈을 밟아가는 행인이 호뢰성을 찾아가네
廣武山川哀阮籍[2]	광무의 산천에서 완적을 슬퍼하는데
黃河襟帶控成皐	황하의 허리띠는 성고를 끌어당기네
身經戎馬心逾壯	몸소 전쟁을 겪으니 마음이 더욱 장쾌하고
天入風霜氣更豪	날이 풍상으로 들어가니 기운이 더욱 호방하네
橫槊賦詩男子事[3]	창을 비껴놓고 시를 읊는 것이 남자의 일인데
征西誰爲謝諸曹[4]	정서장군을 누가 조씨에게 양보했던가?

주석

1) 虎牢(호뢰): 옛 성의 이름. 하남성 사수현(汜水縣) 서북. 일명 성고(成皐). 본래 고대 동괵국(東虢國)으로서 춘추시대 중요한 전장이었음. 나중에 항우(項羽)와 유방(劉邦)이 여기에서 서로 대치하였음.

2) 廣武(광무): 광무산(廣武山). 하남성 하양현(河陽縣) 북쪽 5리에 있음. 일찍이 완적(阮籍)이 광무산에 올라서 탄식하기를, 당시에 영웅이 없어서, 어린애들(항우와 유방)에게 명성을 이루게 했다고 했음.

3) 橫槊賦詩(횡삭부시): 행군 중에 말 위에서 창을 걸쳐놓고 시를 읊는 것. 주로 조조(曹操)를 지칭하는 말임.

4) 征西(정서): 『삼국지(三國志)·무제기(武帝紀)』에 "국가를 위하여 적을 토벌하여 공을 세우고, 봉후(封侯)를 바라고 정서장군(征西將軍)이 된 연후에 묘(墓)에 '고한정서장군(漢故征西將軍) 조후지묘(曹侯之墓)'라고 적으려고 했다. 이것이 그 뜻이었다"고 했다.

주혁수 珠赫邃

주혁수(?-1233), 초명은 현(玹), 자는 온백(溫伯), 여진족(女眞族), 회양(淮陽)에서 유기(劉祁)와 강학하며 수창했다. 하남(河南)으로 원군(元軍)이 쳐들어오자 남쪽으로 피난했는데, 전란 속에서 죽었다. 그의 시는 당인(唐人)의 풍치(風致)가 있었다.

휴양으로 가던 중에 睢陽道中[1]

又渡溵江二月時[2]	또 은강을 건너는 이월인데
淮陽東下思依依	회양 동쪽 아래에 그리움이 끊임없네
丘園寂寞生春草	구원은 적막히 봄풀이 돋았고
城闕荒涼對落暉	성궐은 황량하게 석양빛을 대했네
去國十年初避亂[3]	고국을 떠난 지 십년 만에 처음 피난하여
投荒萬里正思歸[4]	황폐한 만 리 끝에 머무니 진정 고향생각 나네
臨岐却羨春來雁	갈림길에서 도리어 봄이 되어 기러기가 부러우니
亂逐東風向北飛	어지럽게 봄바람을 좇으며 북쪽으로 날아가네

주석

1) 睢陽(휴양): 원명은 송성(宋城). 금나라 승안(承安) 5년에 휴양으로 고치고, 남경로(南京路) 귀덕부(貴德府)에 소속시켰음. 지금의 하남성 상구시(商丘市) 남쪽.

2) 溵江(은강): 은수(溵水). 하남성 등봉(登封) 소실산(少室山)에서 발원하여 동쪽으로 영수(潁水)로 들어감.

3) 去國十年(거국십년): 금나라 정우(貞祐) 2년(1214)에 중도(中都)를 버리고, 변경(汴京)으로 남천한 지 10년을 말함. 금나라 애종(哀宗) 정대(正大) 원년(1224)에 해당함.

4) 投荒(투황): 황량한 먼 지역으로 유랑하는 것.

원호문 元好問

원호문(1190-1257), 자는 유지(裕之), 호는 유산(遺山), 태원(太原) 수용(秀容: 산서성 忻州) 사람. 조계(祖系)는 북위(北魏) 탁발씨(拓跋氏). 7·8세에 시를 지어서 신동으로 지목되었다. 14세에 육천(陵川) 학천정(郝天挺)에게서 수학했다. 6년 만에 경사(經史)와 백가(百家)에 박통했다. 금나라 선종(宣宗) 흥정(興定) 3년에 진사가 되고, 정대(正大) 원년에 굉사과(宏史科)에 합격하고, 국사원편수관(國史院編修官)이 되었다. 시문으로써 조병문(趙秉文)에게서 격찬을 받았다. 남양령(南陽令) 등을 지내고, 상서성연(尙書省掾)·좌사도사(左司都事)·좌사원원외랑(左司員員外郎)·한림지제고(翰林知制誥)를 지냈다. 금나라가 망한 후 출사하지 않았다. 저서로『중주집(中州集)』·『임진잡편(壬辰雜編)』·『두시학(杜詩學)』·『동파시아(東坡詩雅)』『금기(錦機)』·『시문자경(詩文自警)』『당시고취(唐詩鼓吹)』·『원유산집(元遺山集)』등 다수가 있다.

『원시선』에 "선생은 천재(天才)가 청섬(淸贍)하고, 수완고고(邃婉高古)와 침울태화(沈鬱太和)를 힘써 의외(意外)에서 냈다. 채색에 공을 들였지만 부착(斧鑿)의 흔적을 드러내지 않았고, 새롭고 화려하지만 완전히 부미

(浮靡)함을 제거했다. 금벽(金碧)을 섞어서 넣었고, 단소(丹素)로 수식하여, 기이한 향기가 이채로워서 심백(心魄)을 동탕(動蕩)시킨다. 오언(五言)은 아정(雅正)하면서 기이함을 내었다. 장구(長句)·잡언(雜言)·악부(樂府)는 고제(古題)를 사용하지 않고, 신의(新意)를 특별히 내었다. 가요(歌謠)는 강개(慷慨)하여 유주(幽州)·병주(幷州)의 기(氣)를 끼고 있다"고 했다.

『원사(元史)』에서 원호문을 '금원일대문종(金源一代文宗)'이라 했다.

조선 홍세태(洪世泰)의 〈독원호문시집(讀元好問詩集)〉 시에 "송나라에서 태어나지 못하고 금나라에서 태어났으나, 하늘이 웅장한 소리를 빌려주어 새소리를 덮어버렸네. 당시의 유개부(庾開府: 庾信)에게 물어볼 수 없는데, 북조의 금일에 또 다시 상심하네(不生於宋却生金, 天借雄鳴掩鳥音. 莫問當時庾開府, 北朝今日亦傷心)"라고 했다.

조선 황현(黃玹)의 〈제중주집(題中州集)〉 시에 "중주의 사곡이 무르익어 새롭게 피었는데, 꿈속에 의관을 보니 북쪽기운이 어둡네. 때때로 없어져서 좋은 것을 알지 못하고, 재인들은 이 이름의 근본을 몹시 한스러워 하네(中州詞曲爛新鱻, 夢裏衣冠朔氣昏. 不識時堪湮減好, 才人通患是名根)"라고 했다.

기양 岐陽[1]

百二關河草木橫[2]	백이관하엔 초목들 넘어지고
十年戎馬暗秦京[3]	십년의 전쟁에 진경이 어둡네
岐陽西望無來信	기양을 서쪽으로 바라보니 오는 편지가 없고
隴水東流聞哭聲[4]	농수는 동으로 흐르는데 통곡소리를 듣네
野蔓有情縈戰骨[5]	들풀 덩굴은 정이 있어 전골에 얽혔는데
殘陽何意照空城	남은 햇빛은 무슨 뜻으로 빈 성을 비추는가?
從誰細向蒼蒼問[6]	누구를 좇아 자세하게 하늘에게 물어보나?
爭遣蚩尤作五兵[7]	어찌 치우를 보내어 오병을 만들었는지?

주석

1) 원래 3수임. 岐陽(기양): 기주(歧州). 지금의 섬서성 봉상(鳳翔). 수문제(隋文帝)가 개황(開皇) 원년(561)에 이곳에 기양궁(岐陽宮)을 건설했기 때문에 붙여진 이름임. 당나라 때 봉상부(鳳翔府)가 되었다. 정대(正大) 8년(1231) 정월에 원나라 안찰아군(按察兒軍)이 봉상을 포위하여 공격했는데, 금나라 완안합달(完顔合達)은 동관(潼關) 동쪽에다 자포아둔병(刺蒲阿屯兵)을 이동시켰다. 2월에 원군이 봉상을 함락시켰다. 원호문은 이 해 4월에 남양현령(南陽縣令)으로 부임했는데, 봉상이 함락되었다는 소식을 듣고 비분강개하여 이 시를 지었다.

2) 百二關河(백이관하): 진(秦) 지역을 말함. 『사기(史記)·고제본기(高帝本紀)』에 "진(秦)은 형승(形勝)의 나라이다. 산하의 험요함을 지니고, 멀리 천리에 격해 있고, 창을 지닌 백만인데, 진이 백이(百二)를 얻었다"고 했다. 백이(百二)는 '1백분의 2'라는 의미. 일설에는 '백의 두 배'라고 함.

3) 秦京(진경): 진(秦)의 수도 함양(咸陽). 여기서는 금나라 경조부(京兆府) 장안(長安)을 말함.

4) 隴水(농수): 위수(渭水)의 상류. 감숙성 동부를 지나감.

5) 강엄(江淹)의 〈한부(恨賦)〉에 "試望平原, 蔓草縈骨"이라 했음.

6) 蒼蒼(창창): 푸른 하늘. 『장자(莊子)·소요유(逍遙遊)』에 "天之蒼蒼, 其政色邪?"라고 했음.

7) 蚩尤(치우): 전설 속의 동방의 구려족(九黎族)의 수령의 이름. 금속병기로써 황제(黃帝)와 탁록(涿鹿)의 들에서 전쟁을 했으나 실패하고 죽임을 당했음.
 五兵(오병): 과(戈)·수(殳)·극(戟)·추모(酋矛)·이모(夷矛) 등 5가지 병기.

영정에서 이별시를 남기다 潁亭留別[1]

故人重分携[2]	벗이 이별을 중시하여
臨流駐歸駕	강물 앞에서 귀향의 수레를 세웠네
乾坤展淸眺	건곤이 맑은 조망을 펴게 하니
萬景若相借[3]	온 경치가 서로 의지한 듯하네
北風三日雪	북풍에 삼일 간 눈이 내리니
太素秉元化[4]	태소가 원화를 쥐었네
九山鬱崝嶸[5]	구산은 첩첩하게 드높아서
了不受陵跨[6]	끝내 능과함을 받지 않네
寒波淡淡起	찬 물결은 담담히 일어나고
白鳥悠悠下	흰 새는 유유히 내려오네
懷歸人自急	귀향생각에 사람은 스스로 다급한데
物態本閑暇	물태는 본래 한가롭네
壺觴負吟嘯	술병이 읊조림과 노래를 저버리니
塵土足悲咤[7]	진토에서 슬퍼할 만하네
迴首亭中人	머리 돌려 정자 안의 사람들을 보니
平林澹如畫	너른 숲이 그림처럼 담박하네

주석

1) 자주(自注)에 "이야(李冶) 인경(仁卿)·장숙(張肅) 자경(子敬)·왕원량(王元亮) 자정(子正)과 함께 운(韻)을 나누었는데 '화(畫)'자를 얻었다"고 했다. 이야(李冶)는 자가 인경(仁卿), 진정(眞定: 하북성 正定 欒城) 사람. 금나라 정대(正大) 말에 진사에 올랐다. 장숙(張肅)은 자가 자경(子敬). 제형(提刑) 관

직을 지냈다. 왕원량(王元亮)은 자가 자정(子正), 평주(平州: 하북성 盧龍) 사람. 潁亭(영정): 하남성 등봉현(登封縣) 영수(潁水)의 상류에 있음.

2) 分携(분휴): 분수(分手). 이별을 말함.

3) 相借(상차): 빙자(憑藉). 만물과 사람이 서로 연계되는 것을 말함.

4) 太素(태소): 천지만물을 형성하는 소질(素質). 『열자(列子)·천단(天端)』에 "태소라는 것은 질(質)의 처음이다"라고 했음. 元化(원화): 천지만물의 본원(本原)이 발전변화(發展變化)하는 것.

5) 九山(구산): 하남성 서부의 9개 산, 환원(轘轅)·영곡(潁谷)·고성(告成)·소실(少室)·대기(大箕)·대형(大陘)·대웅(大熊)·대무(大茂)·구자(具茨) 등을 말함. 崢嶸(쟁영): 산이 높고 험준한 모양.

6) 陵跨(능과): 함부로 올라오는 것.

7) 悲咤(비타): 비탄(悲嘆).

평설

- 청나라 조익(趙翼)의 『구북시화(甌北詩話)』에 "(유산(遺山)의 고체시는) 구사(構思)가 요묘(窅渺)하고, 십보구절(十步九折)한데, 꺾어질수록 뜻이 더욱 깊고, 맛이 더욱 기름지다. 비록 소식(蘇軾)과 육유(陸游)일지라도 또한 미칠 수 없다"고 했다.

- 청나라 왕국유(王國維)의 『인간사화(人間詞話)』에 "'采菊東籬下, 悠然見南山'과 '寒波淡淡起, 白鳥悠悠下'는 무아지경(無我之境)이다. 유아지경(有我之境)은 나로써 사물을 보는 것이기 때문에 사물이 모두 나의 색채를 띠게 된다. 무아지경은 사물로써 사물을 보기 때문에 무엇이 사물이고, 무엇이 나인지를 알 수 없다. 옛사람이 지은 사(詞)에는 유아지경을 묘사함이 많은데, 그러나 무아지경을 묘사하지 않은 적이 없다. 이는 호걸지사(豪杰之士)만이 스스로 수립할 수 있을 뿐이다"고 했다.

황화산을 유람하다 遊黃華山[1]

黃華水簾天下絶[2]	황화산의 수렴이 천하의 절경인데
我初聞之雪溪翁[3]	나는 처음 설계옹에게서 들었네
丹霞翠壁高歡宮[4]	붉은 놀빛 바위와 푸른 절벽은 고환의 궁인데
銀河下濯青芙容[5]	은하수가 내려와 푸른 부용을 씻네
昨朝一遊亦偶爾	어제 아침의 한 유람이 또한 우연이었는데
更覺摹寫難爲功[6]	곧 모사의 공을 이루기 어려움을 깨달았네
是時氣節已三月	이때 계절이 이미 삼월인데
山木赤立無春容	산의 나무들은 붉게 서서 봄의 용모가 없네
湍聲洶洶轉絶壑[7]	여울소리 콸콸 깊은 골짜기에서 돌고
雪氣凜凜隨陰風[8]	구름기운 늠름히 음풍을 따라가네
懸流千丈忽當眼[9]	매달린 물줄기 천 길이 갑자기 시야에 마주치니
芥蔕一洗平生胸[10]	평생의 흉금 속 개체를 한 차례 씻어주네
雷公怒擊散飛雹	뇌공이 노하여 나는 우박을 쳐서 흩뜨리고
日脚倒射垂長虹[11]	일각은 뒤집혀 긴 무지개 쏘아 드리우네
驪珠百斛供一瀉[12]	여주 백곡이 한꺼번에 쏟아져서
海藏翻倒愁龍公[13]	해장이 뒤집히니 용공이 수심 짓네
輕明圓轉不相礙[14]	경명과 원전이 서로 방해되지 않고
變見融結誰爲雄[15]	변현과 융결 중 누가 더 으뜸인가?
歸來心魄爲動蕩	돌아오니 심백이 동탕하고
曉夢月落春山空	새벽꿈에 달 지고 봄 산이 비었네
手中仙人九節杖[16]	손에 선인의 구절장을 들고
每恨勝景不得窮	항상 승경을 다 찾아갈 수 없음이 한스러워

携壺重來巖下宿　　술 가지고 다시 와서 바위 아래 묵으니
道人已約山櫻紅[17]　도인이 산앵의 붉은 꽃을 이미 약속했네

주석 ∽

1) 黃華山(황화산): 본명은 융려산(隆慮山). 동한(東漢) 상제(殤帝) 유융(劉隆)의 이름을 피하여 임려산(林慮山)으로 개명했다. 하남성 임현(林縣) 서북 25리.

2) 水簾(수렴): 폭포(瀑布)를 말함. 산의 북암(北巖)에 있음.

3) 雪溪翁(설계옹): 왕정균(王庭筠). 자는 자단(子端), 호는 설계(雪溪). 공봉한림(供奉翰林)을 지내고, 융려(隆慮)에 은거했음.

4) 丹霞(단하): 붉은 놀빛의 바위를 말함. 高歡(고환): 동위(東魏) 때의 사람. 일명 하륙혼(賀六渾). 동위의 대승상(大丞相)을 지냈음. 그 아들 고양(高洋)이 동위를 찬탈하여 제제(齊帝)라고 칭하고, 고환을 신무제(神武帝)로 추존했음. 고환은 일찍이 황화산 삽천봉(挿天峰) 아래에 궁실을 세우고 피서를 했다고 함. 또 전설에 고환이 죽은 후 이 산에 장례를 했다고 함.

5) 銀河(은하): 폭포를 말함. 青芙容(청부용): 산봉우리를 형용한 말.

6) 摹寫(모사): 시가(詩歌)를 짓는 일.

7) 洶洶(흉흉): 물이 세게 흐르는 소리.

8) 凛凛(늠름): 차가운 모양.

9) 懸流(현류): 폭포.

10) 芥蔕(개체): 작은 장애물. 울적한 심중의 원한을 말함.

11) 日脚(일각): 나직한 해, 또는 햇살을 말함.

12) 驪珠(여주): 전설에 여룡(驪龍)의 턱 아래 있다는 진주. 百斛(백곡): 천두(千斗).

13) 海藏(해장): 해신이 진보(珍寶)를 보관한 부(府). 용궁(龍宮)을 말함. 龍公(용공): 용왕(龍王).

14) 輕明圓轉(경명원전): 물방울이 밝고 둥근 것을 말함.

15) 變見融結(변현융결): 물방울이 변하고 서로 합치는 것.
16) 仙人九節杖(선인구절장): 『열선전(列仙傳)』에 "왕렬(王烈)이 일찍이 적성노인(赤城老人)에게 구절창등장(九折蒼藤杖)을 받았는데, 그것을 집고 다니면 달리는 말도 쫓아오지 못한다"고 했음.
17) 山櫻(산앵): 산앵화(山櫻花).

임진년 12월 거가가 동수한 후 목격한 사건을 즉석에서 짓다
壬辰十二月, 車駕東狩後即事[1)

1
慘憺龍蛇日鬪爭[2) 참담하게 용사가 매일 싸우니
干戈眞欲盡生靈[3) 간과가 참으로 생령을 다 죽이고자 하네
高原水出山河改[4) 고원에 물이 흘러 산하가 바뀌고
戰地風來草木腥   전장에 바람 불어 초목이 비리네
精衛有寃塡瀚海[5) 정위는 원한 품고 한해를 메우고
包胥無淚哭秦庭[6) 포서는 눈물이 마르도록 진정에서 통곡했네
幷州豪傑知誰在[7) 병주의 호걸 중에 누가 남았는가?
莫擬分軍下井陘[8) 군대를 나누어 정형으로 내려옴을 본받지 않네

주석

1) 원래 5수임. 금나라 애종(哀宗) 원년 임진년(1232) 3월에 원나라 군이 변경(汴京)을 공격하자, 애종은 인질과 진보(珍寶)를 주고 화의(和議)를 맺었다. 7월에 화의가 깨지고, 변경은 재차 포위되었다. 12월에 식량이 바닥나자, 애제는

친히 병력을 거느리고 변경을 떠났다. 이듬해 정월에 황하 북쪽 연안에서 금군과 원군이 전투를 했는데, 금군이 대패를 당했다. 애종은 귀덕(歸德)으로 도망쳤다. 이때 원호문은 좌사도사(左司都事)로서 변경을 수비하고 있었는데, 원군의 포위 속에서 목격한 참담한 광경을 묘사한 시이다.

2) 龍蛇(용사): 금나라와 원나라 군대를 말함.

3) 干戈(간과): 방패와 창. 전쟁을 말함. 生靈(생령): 백성들.

4) 『시경・소아(小雅)・시월지교(十月之交)』에 "百川沸騰, 山冢崒崩, 高岸爲谷, 深谷爲陵"이라 했음.

5) 精衛(정위): 전설에 황제(黃帝)의 딸 여와(女媧)가 바다에 빠져죽었는데, 그 혼령이 정위새가 되어 돌과 나뭇가지를 물어다가 바다를 메우려고 했다고 함. 瀚海(한해): 대해(大海).

6) 包胥(포서): 초(楚)나라 대부(大夫) 신포서(申包胥). 오(吳)나라가 여러 나라와 연합하여 초나라에 쳐들어오자, 진(秦)나라로 가서 구원을 요청했는데, 진왕이 거절했다. 이에 신포서는 진나라 궁정에서 여러 날 동안 눈물이 마르도록 통곡을 했다. 이에 감동한 진왕이 구원병을 보내어 초나라를 구원하게 했다. 秦庭(진정): 진나라 궁정.

7) 并州(병주): 산서성 일대 지역. 역대에 걸쳐 유목민족의 침공을 받아서 사람들의 기질이 무(武)를 숭상하여, 많은 영웅을 배출했음.

8) 井陘(정형): 태행산맥(太行山脈) 중부 동쪽에 있는 관(關) 이름. 군사적 험요지로 유명함. 이 구에 사용된 전고(典故)에 대해서는 몇 가지 설이 있다. 한(漢)나라 한신(韓信)이 정형에서 배수진을 친 사건, 한(漢)나라 곽자의(郭子儀)가 이광필(李光弼)에게 군대를 나눠주고 정형으로 진격시킨 사건, 오대(五代) 때의 유지원(劉知遠)이 진주(晉主) 소제(少帝)를 구원하기 위해 정형에 군대를 파견하려 했던 사건 등이다.

2

萬里荊襄入戰塵[1]	만 리 형양에 전쟁먼지가 들어가니
汴州門外卽荊榛[2]	변주의 문밖은 온 가시덤불이 우거졌네
蛟龍豈是池中物[3]	교룡이 어찌 못 속의 생물이던가?
蟣蝨空悲地上臣[4]	서캐와 이가 공연히 지상의 신하를 슬프게 하네
喬木他年懷故國[5]	교목으로 훗날 고국을 생각하리니
野煙何處望行人[6]	들 연기는 어디에서 행인을 바라보는가?
秋風不用吹華髮[7]	추풍은 사용하지 않아도 화발에 불고
滄海橫流要此身	창해는 횡류하여 이 몸을 요구하네

주석

1) 荊襄(형양): 지금의 호북성 강릉(江陵)과 양양(襄陽) 일대 지역.

2) 荊榛(형진): 가시나무(모형나무)와 개암나무. 황무지(荒蕪地)를 말함.

3) 『삼국지(三國志)·오서(吳書)·주유전(周瑜傳)』에 "주유가 아뢰기를 '유비(劉備)는 효웅(梟雄)의 자질로서, 오래 굴복하여 남에게 쓰일 사람이 아닙니다. 교룡이 풍우를 얻으면 못 속의 생물이 아닐 것입니다"라고 했다.

4) 당나라 노동(盧仝)의 〈월식(月蝕)〉시에 "地上蟣虱臣仝, 告訴天帝皇"이라고 했음.

5) 喬木(교목): 『맹자·양혜왕(梁惠王)』에 "이른바 고국(故國)이란 것은 교목(喬木)이 있는 것을 말하는 것이 아니라, 세신(世臣)이 있는 것을 말합니다"라고 했다. 교목은 도성 밖에 심는 나무로서 고국(故國)을 상징함.

6) 당나라 말 소종(昭宗)이 주전충(朱全忠)에게 붙잡혀 있을 때 흥원(興元)에서 지은 〈보살만(菩薩蠻)〉사(詞)에 "野烟生碧樹, 陌上行人去. 何處有英雄, 迎儂歸故宮?"이라 했음.

7) 華髮(화발): 반백의 머리.

외가의 남사에서 外家南寺[1]

鬱鬱楸梧動晚煙[2]	울창한 오동나무에 저녁연기 날리고
一庭風露覺秋偏	한 마당의 바람 이슬에 가을 깊음을 깨닫네
眼中高岸移深谷[3]	시야의 높은 언덕은 깊은 골짜기로 옮겨가고
愁裏殘陽更亂蟬	수심 어린 남은 햇살에 다시 매미소리 어지럽네
去國衣冠有今日	고국을 떠난 의관에 오늘에 있는데
外家棃栗記當年	외가의 배와 밤은 당년을 기억나게 하네
白頭來往人間徧	백발로 세상을 두루 오가며
依舊僧窗借榻眠	의구한 승창에서 걸상을 빌려 잠을 자네

주석

1) 원주에 "지효사(至孝社)가 있는데, 내가 아이 때 독서하던 곳이다"라고 했음. 금나라가 망한 후 원호문이 고향 수용(秀容)으로 돌아와서 지은 시임. 이후 원호문은 20년 동안 금나라의 유민(遺民)으로 살았다.
2) 楸梧(추오): 개오동나무와 벽오동나무.
3) 『시경·소아(小雅)·시월지교(十月之交)』에 "高岸爲谷, 深谷爲陸"이라 했음.

버드나무 楊柳

楊柳靑靑溝水流	버들 푸릇푸릇 도랑물이 흐르고
鶯兒調舌弄嬌柔	꾀꼬리는 울며 아름다움을 떨치네
桃花記得題詩客[1]	복사꽃은 시를 적었던 객을 기억하는가?

斜倚春風笑不休　　봄바람에 기대어 웃음을 그치지 않네

주석

1) 당나라 맹계(孟棨)의 『본사시(本事詩)』에 "박릉(博陵) 최호(崔護)가 청명날에 혼자 도성 남쪽으로 놀러갔다가 주민의 농장에서 술을 얻어서 마시고 갈증이 나서 한 집의 문을 두드리며 물을 청했다. 한 여자가 물그릇을 건네고 작은 복숭아나무에 기대어 서서 기다리면서 뜻이 몹시 은근했다. 이듬해 청명날에 그 집을 찾아가보니 예전과 같았는데 문이 잠겨 있었다. 그래서 시를 짓기를 '去年今日此門中, 人面桃花相映紅. 人面不知何處去, 桃花依舊笑春風'이라고 했다"고 했다.

아이들과 아직 피지 않은 해당을 읊다 同兒輩賦未開海棠

枝間新綠一重重　　가지 사이 신록이 한결같이 무성한데
小蕾深藏數點紅　　작은 꽃봉오리는 깊게 잠겨 몇 점만 붉네
愛惜芳心莫輕吐[1]　애석하게 꽃술을 가볍게 열지 않으니
且敎桃李鬧春風　　장차 복사꽃 오얏꽃을 봄바람 속에 떠들게 하리라

주석

1) 芳心(방심): 화예(花蕊). 꽃술.

논시 30수 論詩三十首[1]

1

漢謠魏什久紛紜[2]	한요와 위십이 오랫동안 분분했는데
正體無人與細論[3]	정체를 함께 자세히 논할 사람이 없네
誰是詩中疏鑿手[4]	누가 시 중의 소착수인가?
暫教涇渭各淸渾[5]	잠시 경수와 위수의 청탁을 각각 구분해 보오

주석

1) 모두 30수임. 한위(漢魏)부터 당송(唐宋)까지의 중요한 시인과 유파에 대해 칠언절구로 평론을 가한 작품임. 두보(杜甫)의 〈희위육절구(戲爲六絶句)〉를 본받았지만, 보다 다룬 범위가 넓고 비평이 정심(精深)하여 후대의 논시절구에 막대한 영향을 미쳤다.
2) 漢謠魏什(한요위십): 한나라 가요와 위나라의 시편.
3) 正體(정체): 풍아(風雅)에 부합한 시체(詩體)를 말함.
4) 疏鑿手(소착수): 산언덕을 뚫고 강물을 소통하게 하는 솜씨.
5) 涇渭(경위): 경수(涇水)와 위수(渭水). 섬서성에 있음. 『시경・패풍(邶風)・곡풍(谷風)』에 "涇以渭濁"이라 하였기 때문에 옛 사람들은 경수가 탁하고, 위수가 맑다고 생각했지만, 실제로 조사한 결과 경수가 맑고 위수가 탁하다고 함.

평설

- 청나라 『옹방강(翁方綱)』의 『석주시화(石州詩話)』에 "정체(正體)라는 것은 그 발원(發源)이 길다. 한(漢)나라 위(魏)나라 이상에서 그 발원을 찾아보면 실로 『삼백편(三百篇)』으로부터 얻을 수 있다. 대개 두릉(杜陵: 杜甫)이 '위체(僞體)를 따로 짓고', '법이 본래 유가(儒家)이다'라고 말한

이후 다시 하원(河源)을 소착(疏鑿)할 수 있는 자가 없었다"고 했다.

- 청나라 종정보(宗廷輔)의 『고금논시절구집주(古今論詩絶句輯注)』에 "이는 스스로 그 논시의 종지를 편 것이다. 사초백(査初白: 査愼行)이 '분명히 소착수를 자임했다'고 했다"고 했다.

- 중국 곽소우(郭紹虞)의 『원호문논시삼십수소전(元好問論詩三十首小箋)』에 "이는 종(宗)을 열고 뜻을 밝힌 제일장이다. 아래서 논량(論量)한 바는 진정 그 소착한 종지(宗旨)를 엿볼 수 있다. 이는 두보(杜甫)의 〈희위육절구(戱爲六絶句)〉가 시와 이치를 널리 논한 것과는 비록 동궤(同軌)가 아니지만, 다만 작가를 형량(衡量)하는 중에 스스로 그 논시의 표준이 있어서, 일반의 논시절구가 임의대로 자황(雌黃)하고, 소착을 망령되게 베푸는 것과는 같지 않다"고 했다.

2

曹劉坐嘯虎生風[1]	조류가 앉아 읊조리니 호랑이가 바람을 불고
四海無人角兩雄	사해엔 두 영웅과 겨룰 사람이 없네
可惜幷州劉越石[2]	애석하게도 병주의 조월석에게
不敎橫槊建安中[3]	건안 중에 횡삭부시를 못하게 했네

주석

1) 曹劉(조류): 조식(曹植: 192-232)과 유정(劉楨). 조식은 삼국 위(魏)나라 시인으로서 자가 자건(子建), 조조(曹操)의 셋째 아들. 종영(鍾嶸)의 『시품(詩品)』에서 조식을 평하여 "골기(骨氣)가 기고(奇高)하고, 사채(詞彩)가 화무(華茂)하다"고 했다. 유정은 한말(漢末)의 시인으로 건안칠자(建安七子) 중의 한 사

람. 자는 공간(公幹). 『시품』에서 그를 평하여 "진골(眞骨)이 서리를 이기고, 고풍(高風)이 세속을 초월했다"고 했다. 虎生風(호생풍): 『회남자(淮南子)·천문(天文)』에 "호랑이가 울부짖으니 골짜기 바람이 이르고, 용이 오르니 경운(景雲)이 이어진다"고 했음.

2) 幷州劉越石(병주류월석): 병주자사(幷州刺史)를 지닌 서진(西晉) 유곤(劉琨: 271-318). 자는 월석(越石). 『시품』에서 그를 평하여 "서려(棲戾)한 말을 잘 지었고, 스스로 청발(清拔)한 기(氣)를 지녔다"고 했다.

3) 橫槊(횡삭): 『남사(南史)·환영조전(桓榮祖傳)』에 "조조(曹操)와 조비(曹丕)는 말을 타면 창을 횡으로 들고, 말을 내리면 담론을 했다"고 했다. 이른바 횡삭부시(橫槊賦詩)를 말함. 建安(건안): 한(漢)나라 헌제(獻帝)의 연호. 기간은 196년에서 220년까지. 이때 '삼조(三曹)'와 '칠자(七子)'가 활약하며 강개웅건(慷慨雄建)한 시가를 창작했는데, 이를 건안풍골(建安風骨)이라 함.

평설

- 『석주시화』에 "논시가 건안재자(建安才子)로부터 시작했다. 이는 참으로 시 중의 소착수이다. 이태백(李太白: 이백) 또한 '蓬萊文章建安骨'이라 했고, 한문공(韓文公: 韓愈) 또한 '건안에서 능한 자는 일곱 명이었다'고 했다. 여기서는 조식과 유정 후에 특히 유월석 한 명을 거론했는데, 또한 시가(詩家)의 한 커다란 관렬(關捩)이다"고 했다.

- 『고금논시절구집주』에 "월석의 창혼(蒼渾)함이 선생과 함치하고, 게다가 북인(北人)이기 때문에 건안(建安)의 열(列)로 올리려고 했다. 자건(子建: 曹植)과 공간(公幹: 劉楨)은 건안 중에 가장 표저(標著)한 자들이다"라고 했다.

3

一語天然萬古新[1] 한마디가 천연스러워 만고에 참신한데
豪華落盡見眞淳[2] 호화로움은 다 버리고 진실하고 순박함을 보였네
南窓白日羲皇上[3] 남창의 해가 희황 시대에 있으니
未害淵明是晉人[4] 도연명이 진나라 사람인 것도 무방하리라

주석

1) 天然(천연): 자연(自然).

2) 豪華落盡(호화낙진): 송나라 황정견(黃庭堅)의 〈별양명수(別楊明秀)〉 시에 "皮毛剝落盡, 惟有眞實在"라 했음. 사조(詞藻)와 전고(典故)를 남용하지 않고, 평담(平淡)함을 드러내는 것. 眞淳(진순): 질실(眞實)하고 순박(淳朴)함. 송나라 주희(朱熹)의 『주자어류(朱子語類)』에 "연명(淵明)의 시는 자연스러움에서 평담함이 나왔다"고 했다. 송나라 엄우(嚴羽)의 『창랑시화(滄浪詩話)』에 "연명의 시는 질박하면서 자연스럽다"고 했다.

3) 도연명의 「여자엄등소(與子儼等疏)」에 "항상 5·6월에는 북창(北窓) 아래에 누워서, 시원한 바람이 잠시 부는 것을 맞으며, 스스로 희황(羲皇) 시대의 사람이라고 여깁니다"라고 했음. 羲皇(희황): 복희씨(伏羲氏). 태고(太古) 때 사람.

4) 未害(미해): 무방(無妨). 도연명은 동진(東晋) 사람으로서 유유(劉裕)가 동진을 찬탈하여 송(宋)을 세운 후 동진의 유민(遺民)으로 자처하며 은거했음. 원호문의 자주(自注)에 "유자후(柳子厚: 柳宗元)는 진(晉)의 사령운(謝靈運)이고, 도연명(陶淵明)은 당(唐)의 백락천(白樂天: 白居易)이다"고 했음.

평설

● 『석주시화』에 "이 장(章)은 도시(陶詩)를 논한 것이다. 후장(後章) '謝客風容' 1수 시는 그 의미를 갖추었다. 도(陶: 陶淵明)·사(謝: 謝靈運)의

체격(體格)은 모두 육조(六朝)에서 높이 벗어났는데, 천연한적(天然閑寂)한 것을 도연명에게 해당시키고, 온양신수(醞釀神秀)한 것을 사령운에게 해당시켰다"고 했다.

- 『고금논시절구집주』에 "도연명을 제출하여 진인(晉人)들에게 불만스러운 뜻을 드러냈다. 말구를 음미해보면 이 시의 뜻이 더욱 분명해진다"고 했다.

4

慷慨歌謠絶不傳	강개한 가요가 끊어져 전하지 않는데
穹廬一曲本天然¹⁾	궁로 한 곡이 본래 천연스럽네
中州萬古英雄氣²⁾	중주 만고의 영웅 기운이
也到陰山敕勒川³⁾	또한 음산 칙륵천에 이르렀네

주석

1) **穹廬一曲**(궁려일곡): 〈칙륵가(敕勒歌)〉를 말함. 〈칙륵가〉: "敕勒川, 陰山下, 天似穹廬, 籠蓋四野, 天蒼蒼, 野茫茫, 風吹草低見牛羊." 〈칙륵가〉는 원래 선비족(鮮卑族)의 말로 되어 있는 것을 북제(北齊) 곡률금(斛律金)이 제언(齊言)으로 옮긴 것임. **穹廬**(궁려): 양탄자로 만든 천장이 하늘처럼 둥근 유목민의 천막.

2) **中州**(중주): 중원(中原) 지역. 고대에는 예주(豫州: 하남성 일대)를 구주(九州)의 중심으로 삼았음.

3) **陰山**(음산): 내몽고자치구(內蒙古自治區) 중부. 산맥이 동서로 1천 2백 리로 뻗어있음. **敕勒**(칙륵): 북조(北朝) 때 산서성 북부에 살았던 북방 부족 이름.

평설

- 『고금논시절구집주』에 "북제(北齊) 곡률금(斛律金)의 〈칙륵가〉는 지극히 호망(豪莽)한데, 또한 본래 북음(北音)이기 때문에 선생이 깊이 취한 것이다"고 했다.

5

望帝春心託杜鵑[1]	망제의 춘심은 두견새에 붙였고
佳人錦瑟怨華年[2]	가인의 금슬은 화년을 원망했네
詩家總愛西崑好[3]	시가에서 모두가 서곤의 좋음을 사랑하는데
獨恨無人作鄭箋[4]	다만 정전을 지을 사람이 없음을 한스러워하네

주석

1) 만당(晚唐) 이상은(李商隱)의 〈금슬(錦瑟)〉시에 "錦瑟無端五十絃, 一絃一柱思華年. 莊生曉夢迷蝴蝶, 望帝春心託杜鵑, 滄海月明珠有淚, 藍田日暖玉生煙. 此情可待成追憶, 只是當時已惘然"이라 했음. 望帝(망제): 주(周)나라 말 서촉(西蜀)의 군왕 두우(杜宇). 재상 별령(鱉靈)에게 치수사업을 시킨 후 그의 아내와 사통하고는, 덕이 그에게 미치지 못한다고 여겨서 별령에게 왕위를 위임하고 떠나갔는데, 나중에 죽어서 두견새가 되었다고 함.

2) 錦瑟(금슬): 화려하게 장식한 슬(瑟). 華年(화년): 청춘시절 아름다웠던 때.

3) 西崑(서곤): 이상은의 시를 서곤체(西崑體)라고 함. 또 송나라 초에 양억(楊億)·유균(劉筠)·전유연(錢惟演) 등이 이상은의 시를 추구했는데, 나중에 그들 시는 『서곤수창집(西崑酬唱集)』으로 편집되었다. 이를 서곤체라고 하고, 또한 이들 시인들을 서곤파(西崑派)라고 부른다.

4) 鄭箋(정전): 동한(東漢)의 경학가(經學家) 정현(鄭玄)의 전(箋).

단극기 段克己

단극기(1196-1254), 자는 복지(復之), 호는 둔암(遯庵)·국장(菊莊), 하동(河東) 사람. 대대로 강주(絳州) 직산(稷山: 산서성 직산현)에서 살았다. 어려서 아우 성기(成己)와 함께 재명(才名)이 있었는데, 예부상서(禮部尙書) 조병문(趙秉文)이 '이묘(二妙)'라고 칭찬했다. 금나라 말에 진사공(進士貢)으로서, 금나라가 망한 후 아우 성기와 함께 용문산(龍門山)으로 피난하여 은거했다. 평생 출사하지 않고 시에만 몰두했다. 하분제로시파(河汾諸老詩派)의 중요 시인이다.

계묘년 중추 밤에 제군들과 함께 산중에 모여서 술을 마시며,
시사에 감개하여 옛일을 생각하는 정을 말에다 드러내다
癸卯中秋之夕, 與諸君會飮山中, 感時懷舊情見乎辭[1]

少年著意作中秋	젊은이가 뜻을 붙여 중추시를 지으려고
手卷珠簾上玉鉤	손으로 주렴을 옥고리에 거네
明月欲上海波闊	밝은 달이 올라오려는데 바다 물결이 넓고
瑞光萬丈東南浮	서광이 만 길 높이 동남에 떠 있네
樓高一望八千里	누대 높아서 한 번 조망이 팔천 리인데
翠色一點認瀛洲[2]	푸른색 점 하나가 영주임을 알겠네
桂華徘徊初泛灩[3]	계수꽃과 배회화가 처음 가득 출렁이고
冷溢杯盤河漢流	차갑게 넘치는 술잔엔 은하수가 흐르네
一時賓客盡豪逸	한때의 빈객들이 모두 호일했는데
擁鼻不作商聲謳[4]	코를 막아도 상성의 노래를 부르지 못하네
無何陵谷忽遷變	어찌하여 언덕과 골짜기가 갑자기 바뀌어 변했던가?
殺氣黯慘纏九州	살기가 어둡고 참혹하게 구주를 얽었네
生民冤血流未盡	생민들의 원혈이 다 흐르기 전에
白骨堆積如山丘	백골이 쌓이어 산언덕과 같네
比來幾見中秋月	근래 몇 번이나 중추의 달을 보았던가?
悲風鬼哭聲啾啾[5]	슬픈 바람 귀신들 통곡소리만 울려나네
遺黎縱復脫刀几[6]	남은 백성들 설령 살육을 벗어났다지만
憂思離散誰與鳩	이별을 근심하며 누가 갈매기와 짝했던가?
回思少年事	젊은 시절의 일을 회상하니

刺促生百憂	갑자기 온갖 근심이 생겨나네
良辰不可再	좋은 날은 다시 올 수 없는데
尊酒空相對	술동이를 쓸쓸히 마주했네
明月恨更多	밝은 달은 한이 더욱 많아서
故使浮雲礙	일부러 뜬 구름으로 가리게 하네
照見古人多少愁	옛사람의 다소의 수심을 비춰 보이고
懶與今人照興廢	더불어 지금 사람들에게 흥폐를 비춰주네
今人古人俱可憐	지금 사람과 옛사람이 모두 불쌍하니
百年忽忽如流川	백년이 홀홀 지나감이 흐르는 냇물 같네
三軍鞍馬閑未得[7]	삼군의 안마가 한가로움을 얻지 못하니
鏡中不覺摧朱顔[8]	거울 속 주안이 꺾임을 깨닫지 못하네
我欲排雲叫閶闔[9]	내 구름을 밀치고 창합에 외쳐서
再拜玉皇香案前	옥황의 향안 앞에 재배하고자 하는데
不求羽化爲飛仙	우화하여 비선이 되기를 구하지 않고
不願雙持將相權[10]	장상의 권한을 둘 다 갖기를 원하지 않고
願天早賜太平福	하늘이 빨리 태평의 복을 내리어
年年人月長團圓	해마다 사람과 달이 오래 단란하기를 바라네

주석

1) 1234년 금나라가 망한 후 계묘년(1243)에 지은 시임. 계묘년이 계축년(1253)으로 된 판본도 있음.

2) 瀛洲(영주): 동해에 있다는 삼신산(三神山) 중의 하나.

3) 桂華徘徊(계화배회): 계수나무 꽃과 해당화. 배회는 해당화의 별칭.

4) 擁鼻(옹비): 옹비음(擁鼻吟). 『진서(晉書)·사안전(謝安傳)』에 "사안이 낙하(洛下)의 서생(書生)을 위하여 노래를 불러주었는데, 콧병이 있었기 때문에 그 소리가 탁했다. 명류(名流)들이 그 노래를 사랑했으나, 미칠 수 없었다. 어떤 이는 손으로 코를 막고 그 소리를 흉내를 내었다"고 했음. 商聲(상성): 가을소리로서 슬픈 소리를 말함.

5) 啾啾(추추): 여럿이 시끄럽게 웅얼대는 소리.

6) 遺黎(유서): 유민(遺民). 刀几(도궤): 칼질하는 안석. 살육을 말함.

7) 三軍(삼군): 황제의 군대. 鞍馬(안마): 안장과 말. 전투를 말함.

8) 朱顔(주안): 청춘의 고운 얼굴.

9) 閶闔(창합): 전설 속의 천궁(天宮)의 남문.

10) 將相(장상): 장군과 정승.

단성기 段成己

단성기(1199-1279), 자는 성지(誠之), 호는 국헌(菊軒), 강주(絳州) 직산(稷山: 산서성 직산현) 사람. 극기(克己)의 아우. 금나라 정대(正大) 연간에 진사에 합격하고 의양주부(宜陽主簿)가 되었다. 금나라가 망한 후 형과 함께 용문산(龍門山: 산서성 하진(河津) 황하(黃河) 강변)에 은거했다. 원나라 세조(世祖)가 평양로유학제거(平陽路儒學提擧)로 불렀으나 나가지 않았다.

목암 영수중에게 화답하다 和答木庵英粹中[1]

四海疲攻戰	사해가 전쟁으로 괴로우니
餘生寄寂寥	여생을 적막함에 붙였네
花殘從雨打	꽃 시듦은 빗발의 타격에 따르고
蓬轉任風飄[2]	쑥대가 떠돎은 바람의 날림에 맡기네
有興歌長野	흥이 있으면 긴 들에서 노래하고
無言立短橋	말없이 짧은 다리에 서있네
敝廬獨在眼[3]	폐려가 홀로 시야에 있는데
殊覺路途遙	다만 길이 먼 것을 깨닫네

주석

1) 英粹中(영수중): 금나라 말의 유명한 시승(詩僧). 호는 목암(木庵).
2) 蓬(봉): 한국에서는 쑥대를 의미하는 글자이지만, 중국에서는 망초(莽草)를 가리키는 글자임.
3) 敝廬(폐려): 고향집을 말함.

이준민 李俊民

이준민(1176-1260), 자는 용장(用章), 호는 학명노인(鶴鳴老人), 택주(澤州) 진성(晉城: 산서성) 사람. 장종(章宗) 승안(承安) 5년(1200)에 경의진사 제일(經義進士第一)로 합격하여, 응봉한림문자(應奉翰林文字)를 지냈다. 오래지 않아서 정치에 환멸을 느끼고 벼슬을 버리고, 숭산(嵩山)에 은거했다. 금나라가 망한 후, 원나라 정부의 부름을 받았으나 나가지 않았다. 저서로 『장정집(莊靖集)』이 있다.

채주가 격파 당했다는 소식을 듣고 聞蔡州破[1]

不周力摧天柱折[2]	부주산의 힘이 꺾이니 천주가 부러지고
陰山怨徹青冢骨[3]	음산의 원망이 청총의 해골에 통하네
方將一擲賭乾坤[4]	바야흐로 한 번 내던져서 건곤을 도박하니
誰謂四面無日月	누가 사면에 해와 달이 없다고 하는가?
石馬汗滴昭陵血[5]	석마는 소릉의 피를 흘리고
銅人淚泣秋風客[6]	동인은 추풍객을 슬퍼하며 우네
君不見	그대는 보지 못했는가?
周家美化八百年	주나라의 아름다운 문화 팔백 년에
遺恨黍離詩一篇[7]	남긴 한이 <서리>시 한 편임을!

주석

1) 蔡州(채주): 금나라 남경로(南京路)에 속하는 회수(淮水) 지류인 여수(汝水) 가에 있음. 남쪽으로 송나라 땅과 접했음. 금나라 천흥(天興) 2년(1233) 6월에 원나라 대군이 압박하자, 금나라 애종(哀宗)은 채주로 도망하여 최후의 결전을 감행했다. 8월에 원군과 송나라 군의 연합군이 채주를 공격하니, 금나라는 3개월 동안 저항했다. 결국 성이 함락되자 애종은 유란헌(幽蘭軒)에서 스스로 목을 매어 자살하고, 금나라는 멸망했다.

2) 『회남자(淮南子)·천문편(天文篇)』에 "옛날 공공(共工)과 전욱(顓頊)이 제위(帝位)를 다투다가, 노하여 부주산(不周山)을 건드리니, 천주(天柱)가 부러지고, 지유(地維)가 끊어졌다"고 했음.

3) 陰山(음산): 곤창산(昆倉山)의 북쪽 지맥. 예로부터 중원(中原)의 병폐(屏蔽)로서, 흉노(匈奴) 등 북방민족과 통하는 중요한 교통로였음. 青冢(청총): 흉노에게 시집간 한(漢)나라 왕소군(王昭君)의 묘. 내몽고(內蒙古) 자치구 호

화호특시(呼和浩特市) 남쪽에 있음. 전설에 그곳 지역에는 백초(白草)가 많은데, 왕소군의 묘만 푸른 풀이 돋아났다고 함.

4) 금나라 애종(哀宗)이 최후의 일전을 거룬 것을 말함.

5) 昭陵(소릉): 당태종(唐太宗) 이세민(李世民)의 묘. 섬서성 예천현(醴泉縣) 동북. 그 묘 앞에 6마리 준마의 석상이 있음.

6) 銅人(동인): 묘지 앞에 세우는 말이나 사자 등의 동상. 秋風客(추풍객): 한무제(漢武帝) 유철(劉徹)을 말함. 한무제가 일찍이 〈추풍사(秋風辭)〉를 지었는데, 당나라 이하(李賀)의 〈금동선인사한가(金銅仙人辭漢家)〉 시에서 "武陵劉郎秋風客"이라 했음.

7) 黍離(서리): 『시경』의 편명. 주(周)나라 대부(大夫)가 종주(宗周)로 행역을 가다가 주나라 종묘와 궁실이 모두 벼와 기장 밭이 된 것을 보고 슬퍼하며 지은 시임.

원시 元詩

야율초재 耶律楚材

야율초재(1190-1244), 자는 진경(晉卿), 호는 담연거사(湛然居士), 거란(契丹) 사람. 요동단왕(遼東丹王) 탁운(托雲)의 8세손. 부친 이(履)는 학행(學行)으로써 금(金)나라 세조(世祖)를 섬기며, 상서우승(尙書右丞)을 지냈음. 초재가 3세 때 부친이 죽어서, 모친 양씨(楊氏) 밑에서 교육을 받았다. 금나라에 출사하여 좌우사원외랑(左右司員外郞)을 지냈다. 금나라가 망한 후, 원(元)나라 태조(太祖)와 대종(太宗) 때 중서령(中書令)을 지냈다. 원나라 건국 초기에 많은 공적을 쌓아서, 사후 광녕왕(廣寧王)에 봉해졌고, 시호는 문정(文正)이다. 시에도 뛰어나서 원나라의 '일대사신(一代詞臣)'으로 불렸다. 『담연거사집(湛然居士集)』・『서유록(西遊錄)』 등이 있다.

서역 하중 십영 西域河中十詠[1]

1

寂寞河中府	적막한 하중부
連甍及萬家	이어진 용마루가 만가에 이르네
蒲萄親釀酒	포도로 친히 술을 빚고
杷欖看開花[2]	파람이 꽃을 피움을 보네
飽啖雞舌肉	계설육을 배불리 먹고
分餐馬首瓜[3]	마수과를 나누어 먹네
人生唯口腹	인생은 오직 구복이니
何礙過流沙[4]	어찌 사막 건넘을 막을 것인가?

주석

1) 야율초재가 원나라 태조 성길사한(成吉思汗: 칭기즈칸)의 서정(西征)을 호종할 때 서역(西域)의 하중부(河中府)의 풍물을 보고 지은 시임.

2) 杷欖(파람): 비파(枇杷)와 감람(橄欖). 감람은 올리브. 모두 겨울에 꽃이 핀다.

3) 원주에 "토산품 참외가 말머리[馬首]처럼 크다"고 했음.

4) 流沙(유사): 사막.

2

寂寞河中府	적막한 하중부
遐荒僻一隅	먼 황무지 한 모퉁이에 있네
葡萄垂馬乳	포도가 마유를 드리우고

杷欖燦牛酥[1]	파람이 우수에서 빛나네
釀酒無輸課	술을 빚어도 세금이 없고
耕田不納租	경작을 해도 세금이 없네
西行萬餘里	서행 만여 리를
誰謂乃良圖[2]	누가 좋은 경치라고 했는가?

주석

1) 牛酥(우수): 우유를 응고하여 만든 식품.
2) 良圖(량도): 미경(美景).

3

寂寞河中府	적막한 하중부
頹垣遶故城	무너진 담이 옛 성을 둘렀네
園林無盡處	원림은 우거지지 않은 곳이 없는데
花木不知名	꽃과 나무들의 이름을 모르겠네
南岸獨垂釣	남쪽 언덕에서 홀로 낚시 드리우고
西疇自省耕	서쪽 밭에서 스스로 경작을 살피네
爲人但知足	사람들이 다만 만족함을 아니
何處不安生	어딘들 평안한 생이 아니겠는가?

4

寂寞河中府	적막한 하중부

西流綠水傾	서쪽으로 흐르는 초록 물이 기울었네
衝風磨舊麥[1]	바람을 맞아 묵은 보리를 갈고
懸碓杵新粳[2]	매단 방아로 새 벼를 찧네
春月花渾謝	봄 달에 꽃이 모두 졌는데
冬天艸再生	겨울에 풀이 다시 돋아나네
優游聊卒歲	즐거운 유람으로 세월을 보내니
更不望歸程	다시 돌아갈 길을 바라보지 않네

주석

1) 원주에 "서인(西人)들은 맷돌을 갈 때, 바람이 기축(機軸)을 움직여서 보리를 간다"고 했음.
2) 원주에 "서인들은 모두 매단 절굿공이로 찧는다"고 했음.

음산 陰山[1]

八月陰山雪滿沙	팔월 음산엔 눈이 사막에 가득하고
淸光凝目眩生花	맑은 빛이 눈동자에 어려서 시리게 꽃을 피우네
插天絶壁噴晴月	하늘에 꽂힌 절벽에선 밝은 달을 분출하고
擎海層巒吸翠霞[2]	구름바다를 받든 봉우리는 푸른 놀을 흡입하네
松檜叢中疏畎畝[3]	소나무 전나무 숲 속에 밭이랑이 열려 있고
藤蘿深處有人家	등나무 담쟁이 깊은 곳에 인가가 있네
橫空千里雄西域	허공을 가로질러 서역에서 웅장하니

江左名山不足誇[4]　강좌의 명산들은 자랑할 수가 없네

주석

1) 陰山(음산): 곤륜산(崑崙山)의 북쪽 줄기. 지금의 하투(河套) 이북과 대막(大漠) 이남의 산맥의 총칭. 동서로 수천 리에 이른다.
2) 海(해): 운해(雲海)를 말함.
3) 疏(소): 개(開). 열리다.
4) 江左(강좌): 강동(江東). 장강(長江) 하류의 동쪽 지역.

제원을 방문하여, 배공정에 올라서 한한노인의 운을 사용하다
過濟源, 登裵公亭, 用閑閑老人韻[1]

山接晴霄水浸空　산은 맑은 하늘에 접하고 물은 허공에 침투하니
山光灧灧水溶溶[2]　산 빛이 출렁이고 물은 넘실대며 흐르네
風迴一鏡揉藍淺[3]　바람이 도는 한 거울엔 풀어진 쪽빛이 옅고
雨過千峰潑黛濃[4]　비가 지나는 천 봉우리엔 뿌려진 청흑색이 짙네

주석

1) 濟源(제원): 현(縣) 이름. 지금의 하남성에 속함. 裵公亭(배공정): 제원현(濟源縣) 서북쪽 제독묘(濟瀆廟)에 있음. 당(唐)나라 배휴(裵休)가 거처했던 곳이다. 閑閑老人(한한노인): 금나라 시인 조병문(趙秉文: 1159-1232). 자는 주신(周臣), 호는 한한거사(閑閑居士). 만년에 한한노인(閑閑老人)이라 칭했음. 금나라 선종(宣宗) 때 예부상서(禮部尙書) 등을 역임했음. 이 시는 모두 12수임.

2) **灩灩**(염염): 햇살이 비추는 산 빛이 출렁이는 모양. **溶溶**(용용): 물의 형세가 큰 모양.

3) **鏡**(경): 맑은 물의 표면을 말함.

4) **黛**(대): 청흑색(青黑色)의 안료(顔料).

허형 許衡

허형(1209-1281), 자는 중평(仲平), 호는 노재(魯齋). 회주(懷州) 하내(河內: 河南省 焦作市) 사람. 빈농가의 출신으로서 정주학(程朱學)에 전력하여, 요추(姚樞)·두묵(竇默) 등과 함께 저명한 도학자가 되었다. 세조(世祖) 때 국자좨주(國子祭酒)와 집현대학사(集賢大學士) 등을 역임했다. 저서에 『노재집(魯齋集)』이 있다.

청나라 고사립(顧嗣立)이 편찬한 『원시선(元詩選)』에 "선생은 개국대유(開國大儒)로서 문장(文章)으로써 세상에 명성을 드러내진 않았으나, 그 고시(古詩) 또한 자성일가(自成一家)하였고, 근체(近體)에도 때때로 수구(秀句)가 있었다"고 했다.

오행보의 〈우포〉운에 화답하다 和吳行甫雨雹韻[1]

山光突起凌碧虛	산 빛이 갑자기 일어나 푸른 허공에 닿으니
怪狀奇態成須臾	괴기한 모습이 순간에 이루어지네
驚風急雨迸飛雹	센 바람과 급한 비가 우박을 흩어 날리니
飄驟散落千萬珠	휘날려서 흩어져 떨어지는 천만 개의 구슬이네
半空光冷掣電火	반 허공엔 빛이 차가운 번갯불을 끌어오고
平地聲走轟雷車[2]	평지엔 소리가 내달리는 뇌거가 요란하네
神龍奮怒乃若此	신룡의 분노가 이와 같은데
不識造化將何如	조화가 장차 어찌할지 모르겠네
默知嘉禾半漂沒	좋은 나락의 반은 물에 잠길 것을 묵묵히 깨닫고
坐看積潦橫穿窬	쌓인 빗물이 문을 횡으로 뚫어 감을 앉아서 보네
小民咨嗟復愁歎	소민들은 탄식하고 근심하면서
漫執俗議尤當途[3]	공연히 의론하며 재상을 탓하네
當途於今藐房杜[4]	지금의 재상은 방현령이나 두여회를 멸시하고
機畧自知天下無[5]	기략이 천하에 없음을 스스로 아네
有才足使人羨慕	재능을 지녀서 사람들을 선모하게 할 수 있고
有勢足使人奔趨	권세를 지녀서 사람들을 달려오게 할 수 있네
暇考陰陽論調爕[6]	한가히 음양을 살피며 조섭을 논하고
暇紓徵斂矜號呼[7]	한가히 세금을 덜어서 백성을 동정하는데
今年金繒滿千駄[8]	금년엔 비단이 천 태에 가득하니
明年好上登封書[9]	내년엔 등봉서를 기쁘게 올리리라

주석

1) 吳行甫(오행보): 작자의 친구. 생평 미상. 『노재유서(魯齋遺書)』에 「여오행보(與吳行甫)」 서찰 1편이 있음.
2) 雷車(뇌거): 뇌신(雷神)의 수레.
3) 俗議(속의): 백성들의 의론. 當途(당도): 대권을 장악하고 있는 재상(宰相)을 말함. 여기서는 당시의 권력을 전횡했던 아합마(阿合馬)를 지적한 것임. 『원사(元史)·간신전(奸臣傳)』에서 "아합마(阿合馬)는 지혜가 많고 말을 교묘하게 하고, 공리(功利)로써 성취를 이룬 것을 자부(自負)했다"고 했다. 또 「허형전(許衡傳)」에서 아함마를 언급하기를 "권세로써 조야(朝野)를 뒤엎어서, 한 때의 대신들이 아부함이 많았다"고 했음.
4) 房杜(방두): 당나라 태종(太宗) 때의 명신(名臣)들인 방현령(房玄齡)과 두여회(杜如晦). 현상(賢相)들을 말한 것임.
5) 機畧(기략): 모략(謀略).
6) 調爕(조섭): 원기(元氣)를 조화롭게 하는 것.
7) 徵斂(징렴): 세금을 징수하는 것. 號呼(호호): 굶주림과 추위로 울부짖는 백성들을 말함.
8) 金繒(금증): 금백(金帛)과 같음. 馱(태): 수량의 단위.
9) 登封書(등봉서): 태산(泰山)에 올라가서 봉선(封禪)하는 제문(祭文).

탁수에서 묵다 宿卓水[1]

寒釭挑盡火重生	찬 등불심지를 돋우니 불이 다시 피어나고
竹有淸聲月有明	대숲에 맑은 소리가 있고 달은 밝네
一夜客窓眠不穩	한 밤의 객창에서 잠을 못 이루는데
却聽山犬吠柴荊	도리어 산개가 사립문에서 짖는 소리를 듣네

주석

1) 원래 5수임. 『명일통지(明一統志)』에 "탁수천(卓水泉)은 휘현(輝縣) 치소의 서쪽 평지에서 용출(湧出)한다"고 했음.

유병충 劉秉忠

유병충(1216-1274), 자는 중회(仲晦), 초명은 간(侃), 자호는 장춘산인(藏春散人). 출가하여 승려가 되어서, 법명을 자총(子聰)이라고 했음. 나중에 홀필렬(忽必烈: 世祖)의 남정(南征)을 수행하여 많은 공을 세웠다. 홀필렬이 즉위하자, 광록대부(光祿大夫) 태보(太保)가 되었다.

『원시선』에 "사서(史書)에서 말하기를, '그 시는 소산한담(蕭散閒澹)한데, 그 사람됨과 같다. 대개 좌명원신(佐命元臣)으로서 정을 붙여 읊었는데, 그 풍치(風致)가 다름을 상상할 수 있다'고 했다"고 했다.

강변에서 석양에 바라보다 江邊晚望

沙白江青落照紅	모래 희고 강 푸른데 낙조가 붉고
滄波老樹動秋風	푸른 물결 늙은 나무에 가을바람이 부네
天光與水渾相似	하늘빛과 물빛이 완전히 서로 같은데
山面如人了不同	산면은 사람처럼 서로 같지가 않네
千古周郞餘事業[1]	천고의 주랑은 사업을 남기고
一時曹孟漫英雄[2]	한 때의 조맹은 멋대로 영웅이라 했네
東南幾許繁華地[3]	동남에서 번화한 곳이 어디인가?
長在元戎指畫中[4]	원융이 가리키는 곳 안에 오래 있었네

주석

1) 周郞(주랑): 삼국시대 오(吳)나라 주유(周瑜). 주유는 24세 때 중랑장(中郞將)이 되었는데, 오중(吳中)에서 주랑이라고 불렀음. 주유는 삼국의 통일을 이루지 못하고 요절하였음.

2) 曹孟(조맹): 위(魏)나라 조조(曹操). 자는 맹덕(孟德). 적벽대전(赤壁大戰)에서 주유에게 대패하였음.

3) 東南(동남): 남송(南宋) 땅을 말함.

4) 元戎(원융): 원수(元帥). 나중에 원나라 세조(世祖)가 된 홀필렬(忽必烈)을 말함. 이 시는 작가가 홀필렬의 남정(南征)을 수행했을 때, 1259년 장강(長江) 가에서 지은 작품임. 指畫(지화): 지점(指點).

청명날 하루 뒤에 회래를 방문하다 淸明後一日, 過懷來[1]

居庸春色限燕臺[2]	거용의 봄 색이 연대로 막혀서
山杏凝寒花未開	산 살구나무는 엉긴 추위로 꽃이 피지 않았네
驛馬蕭蕭雲日晚[3]	역마가 소소히 울고 구름 낀 해가 저무는데
一川風雨過懷來	한 냇물의 비바람이 회래로 지나가네

주석

1) 懷來(회래): 지금의 하북성 북경시(北京市) 연경현(延慶縣)의 경계에 있음.

2) 居庸(거용): 관(關)의 이름. 북경시 창평현(昌平縣) 서북에 있음. 燕臺(연대): 황금대(黃金臺). 대도(大都: 북경시) 부근에 있음.

3) 蕭蕭(소소): 말이 우는 소리.

학경 郝經

학경(1223-1275), 자는 백상(伯常), 택주(澤州) 육천(陸川: 산서성) 사람. 유학자 조복(趙復)의 제자이면서, 원호문(元好問)의 문하에 종유하여 시문을 배웠다. 원나라 세조(世祖)가 그를 한림시독학사(翰林侍讀學士)로 삼아서, 국신사(國信使)에 충당하여 남송(南宋)으로 사신을 가서 화의(和議)를 하게 했다. 가사도(賈似道)가 그를 의진(儀眞)에 16년 동안 가두어 두었는데, 끝까지 굴복하지 않았다. 백안(伯顔)이 송나라를 평정한 후, 겨우 석방되어서 돌아왔다.

『원시선』에 "사서(史書)에서 말하기를 '그 문(文)은 풍울호탕(豊蔚豪宕)하고, 시는 기굴(奇崛)함이 많다'고 했다. 지금 그 문집을 보니 믿을 만하다. 그러나 진주(眞州)에서의 여러 작품은 더욱 지극히 처완(悽惋)하다"고 했다.

숙주의 밤비 宿州夜雨[1]

飛電穿窓滿室光	나는 번개가 창을 뚫고 방 가득히 빛나니
却從陡黑見昏黃[2]	도리어 순간의 어둠에서 등불을 보네
雷霆半夜翻龍窟	천둥소리가 한밤중에 용굴을 뒤집고
風雨終宵撼客牀	비바람이 밤 내내 객의 침상을 요동시키네
塞上詩懷尤索莫[3]	변새에서 시상이 더욱 삭막하고
天涯壯氣獨昂藏[4]	하늘 끝에서 웅장한 기운이 드높네
星麾何日平康了[5]	성휘가 언제나 평강해져서
兩國長令似一王	두 나라가 오래 한 왕실처럼 되게 할 것인가?

주석

1) 宿州(숙주): 안휘성 숙현(宿縣).
2) 陡黑(두흑): 순간적인 어둠. 『유양잡조(酉陽雜俎)・뇌(雷)』에 "有頃雷電入室中, 黑氣陡暗"이라 했음. 昏黃(혼황): 어둡고 모호한 황색. 등불을 말함.
3) 詩懷(시회): 시상(詩想).
4) 昂藏(앙장): 헌앙(軒昂). 고준(高峻).
5) 星麾(성휘): 별 문양이 그려진 깃발. 전쟁을 말함.

갑자년 가을 회포 甲子秋懷[1]

江館無家久似家[2]	강관엔 집이 없지만 오래되니 집과 같고
西風院落老天涯	서풍 부는 원락의 하늘 끝에서 늙어가네

黃纏薯蕷猶多葉[3]	노란 줄기가 얽힌 마엔 아직 잎이 많고
綠擁芙蓉尙未花[4]	초록 잎이 둘러선 부용은 오히려 꽃이 안 피었네
紗幕墜塵歸晩燕	비단 장막에 먼지 떨어지니 저녁 제비들 돌아오고
窨池生草窟秋蛙	옴팍한 못에 풀 자라니 가을 개구리가 굴을 팠네
枯腸欲斷誰濡沫	마른 창자가 끊기려는데 누가 적혀줄 것인가?
擊柝聲中夜煮茶	딱따기 치는 소리 속 밤중에 차를 끓이네

주석

1) 甲子(갑자): 1264년. 원나라 세조(世祖) 지원(至元) 원년.
2) 江館(강관): 작자가 1260년 남송과 강화(講和)하기 위하여 사신으로 갔다가, 포로로 역류되어 갇혔던 곳. 장강(長江) 가에 있기 때문에 강관이라고 했음. 남송의 승상 가사도(賈似道)가 자신이 허위로 보고한 전공이 드러날 것이 두려워 사신으로 온 학경을 의진(儀眞: 강소성 儀征)에 가둬 두었음.
3) 薯蕷(서여): 마. 덩굴식물. 고구마와 같은 뿌리는 약용하거나 식용함.
4) 芙蓉(부용): 연꽃의 이칭.

낙화 落花

彩雲紅雨暗長門	채색구름 붉은 비에 장문이 어둡고
翡翠枝餘萼綠痕	비취빛 가지에는 초록 꽃받침 흔적이 남아있네
桃李東風蝴蝶夢[1]	복사꽃 오얏꽃 봄바람은 호랑나비의 꿈이고
關山明月杜鵑魂	관산의 밝은 달은 두견새의 혼이네
玉闌煙冷空千樹	옥난간의 안개 차가운데 천 나무가 비었고

金谷香銷漫一尊[2]　금곡의 향기 사라지니 한 술동이가 어지럽네
狼籍滿庭君莫掃　낭자하게 마당에 가득한데 그대는 쓸지 말고
且留春色到黃昏　춘색을 남겨서 황혼에 이르게 하오

주석

1) **蝴蝶夢**(호접몽): 『장자(莊子)·제물론(齊物論)』에서 장자가 호랑나비 꿈을 꾸었는데, 깨어나서는 자신이 호랑나비를 꿈꿨는지, 아니면 호랑나비가 자신을 꿈꾸고 있는지 몰랐다고 했음.
2) **金谷**(금곡): 서진(西晉) 석숭(石崇)이 낙양(洛陽)에 조성했던 금곡원(金谷園).

왕운 王惲

왕운(1227-1304), 자는 중모(仲謀), 호는 추간(秋澗), 위주(衛州) 급현(汲縣: 하남성) 사람. 한림수찬(翰林修撰)·국사원편수관(國史院編修官)·감찰어사(監察御使)·한림학사(翰林學士) 등을 역임했다. 원나라 초의 저명한 문신(文臣) 중의 한 사람이었다. 『추간집(秋澗集)』이 있다.

『원시선』에 "추간의 시는 재기(才氣)가 횡일(橫溢)하여 당송(唐宋)의 대가(大家) 사이로 내달리려고 한다. 그러나 남겨놓은 것은 과다한데, 선발한 것은 자못 적다. 반드시 통렬하게 삼삭(芟削)을 가한다면, 정채(精彩)가 더욱 드러날 것이다"라고 했다.

사구점을 방문하다 過沙溝店[1]

高柳長塗送客吟	높은 버들 긴 길에서 객을 전송하며 읊으니
時驚時序變鳴禽[2]	때때로 시절의 새소리가 변했음에 놀라네
淸風破暑連三日	맑은 바람이 더위를 물리친 지 연 삼일인데
好雨依時抵萬金	좋은 비가 때를 맞추니 만금에 해당하네
遠嶺抱枝圍野色	먼 고개는 가지를 껴안고 들 빛을 두르고
行雲隨馬弄輕陰	가는 구름은 말을 따르며 가벼운 그늘을 짓네
搖鞭喜入肥城界[3]	채찍을 흔들며 비성의 경계로 기쁘게 들어가니
桑柘陰濃麥浪深[4]	뽕나무 녹음 짙고 보리물결이 깊네

주석

1) 沙溝店(사구점): 산동성 장청현(長淸縣) 남쪽에 사구수(沙溝水)가 있는데, 사구점은 한 마을에 있던 진(鎭)의 이름.
2) 동진(東晋) 사령운(謝靈運)의 〈등지상루(登池上樓)〉시에 "池塘生春草, 園柳變鳴禽"이라고 했음.
3) 肥城(비성): 산동성 장청현(長淸縣) 남쪽에 있음.
4) 桑柘(상자): 뽕나무와 산뽕나무. 뽕나무의 총칭으로 쓰임.

여름밤 夏夜

庭竹影扶疏[1]	정원의 대나무 그림자 무성하고
淸風晚騷屑[2]	맑은 바람이 저녁에 서걱거리네

夜涼人未眠　　　밤 서늘하여 사람은 잠 못 이루고
臥看窓間月　　　누워서 창문의 달을 보네

주석 ᒼ

1) 扶疏(부소): 무성한 모양.

2) 騷屑(소설): 바람이 부는 소리.

방회 方回

방회(1227-1307), 자는 만리(萬里), 호는 허곡(虛谷), 휘주(徽州) 흡현(歙縣: 안휘성) 사람. 송나라 이종(理宗) 경정(景定) 3년에 진사가 되어, 지엄주(知嚴州)를 지냈다. 원병(元兵)이 오자, 투항하여 건덕로총관(建德路總管)이 되었으나 곧 파직되었다. 이후 오직 독서와 작시 및 저술로 만년을 보냈다. 저술에 『동강집(桐江集)』과 『영규율수(瀛奎律髓)』가 있다. 『원시선』에 "일찍이 당송(唐宋) 이래의 근체시(近體詩)를 선발하여 평론했는데, 이름을 『영규율수(瀛奎律髓)』라고 했다. 정경(情景)과 허실(虛實) 사이에 삼치의(三致意)를 한 것이다. 더욱 산곡(山谷: 黃庭堅)·후산(后山: 陳師道)·간재(簡齋: 陳與義)를 표준(標準)으로 삼았다. 해우(海虞) 풍정원(馮定遠)이 말하기를 '방군(方君)이 힘쓴 바는 단지 서강(西江) 일파(一派)에 있다. 그 논의(議論)를 살펴보면, 완전히 자기의 견해를 고집하여, 옛사람의 막힘없는 재능과 원변(圓變)의 학(學)을 구방판부(拘方板腐)의 무리에다 완곡히 합해 놓았다. 나는 그 설이 상세하면 할수록 더욱 어긋남이 많지 않나 싶다'고 했다. 이 말은 허곡(虛谷)의 병(病)을 깊이 지적했다고 할 만하다"고 했다.

비오는 밤에 눈이 내리려 하다 雨夜雪意

洶湧風如戰[1]	세차게 솟아나는 바람이 전쟁과 같은데
蕭騷雨欲殘[2]	쓸쓸한 비가 그치려고 하네
遙峰應有雪	먼 봉우리엔 마땅히 눈이 내리리라
半夜不勝寒	한밤중에 추위를 견딜 수 없네
吾道孤燈在	우리 도가 외로운 등불에 있는데
人寰幾枕安	세상에서 누가 잠자리에서 편안할 것인가?
何當眩銀海[3]	언제나 은해에 현혹되며
淸曉倚樓看	맑은 새벽에 누대에 기대어 볼 것인가?

주석

1) 洶湧(흉용): 바람이 맹렬하게 일어나는 모양.
2) 蕭騷(소소): 쓸쓸한 모양.
3) 何當(하당): 언제. 銀海(은해): 설원(雪原)을 말함. 소식(蘇軾)의 〈雪後書北臺壁〉시에 "光搖銀海眩生花"라고 했음.

유감 有感[1]

今沿古泝醉眉攢[2]	고금이 흘러가니 취한 눈썹을 치키고
堪轉輿旋老眼寒[3]	천지가 도니 늙은 눈동자가 차갑네
晝靜倚楹常獨立	낮이 고요하면 기둥에 기대어 항상 홀로 서있고
夜深撫几忽長嘆	밤이 깊으면 궤안을 만지며 문득 길게 탄식하네

關張運去金刀絶[4]	관우와 장비의 운명이 떠나가니 금도가 단절되고
王謝聲沈玉樹殘[5]	왕도와 사안의 소리가 잠기니 옥수가 없어졌네
欲淬筆鋒刳鬼膽	필봉을 담금질하여 귀신의 쓸개를 파내려는데
生寃死恨海漫漫	산 자의 원망과 죽은 자의 한이 바다처럼 넘실대네

주석

1) 원래 2수임.
2) 今沿古泝(금연고소): 세월이 흘러가는 것.
3) 堪轉輿旋(감전여선): 천지가 도는 것. 시대가 바뀜을 말함.
4) 關張(관장): 삼국 촉한(蜀漢)의 관우(關羽)와 장비(張飛). 運去(운거): 운명이 떠나간 것. 죽음을 말함. 金刀(금도): 금착도(金錯刀). 일종의 패도(佩刀).
5) 王謝(왕사): 동진(東晉)의 재상이었던 왕도(王導)와 사안(謝安). 聲沈(성침): 죽음을 말함. 玉樹(옥수): 자질이 준수한 사람을 말함.

중춘의 밤비 속에 급히 쓰다 春半夜雨走筆[1]

萬事心空口亦箝	만사에 마음 비우고 입도 다물었는데
如何感事氣猶炎	어찌하여 일에 감개하며 기운이 오히려 불타는가?
落花滿硯慵磨墨	낙화가 벼루에 가득한데 게을리 먹을 갈고
乳燕歸梁急捲簾	어린 제비 대들보로 돌아오니 급히 주렴을 걷네
詩句妄希敲月賈[2]	시구는 망령되게 월고의 가도를 바라고
郡符深愧釣灘嚴[3]	군부는 조탄의 엄자릉에게 몹시 부끄럽네
千愁萬恨都消處	천만의 근심과 한이 모두 소멸되는 곳으로

笑指鄰樓一酒帘　이웃 누대의 한 술집깃발을 웃으며 가리키네

주석

1) 원래 5수임.
2) 敲月賈(고월가): 당나라 가도(賈島)의 "僧敲月下門"구를 말함. 추고(推敲)의 고사로 유명한 구임.
3) 郡符(군부): 군수(郡守). 釣灘嚴(조탄엄): 한(漢)나라 때 출사하지 않은 엄자릉(嚴子陵). 부춘산(富春山)에 은거하여 여울에 낚시를 했는데, 후인들이 그 낚시터를 자릉조대(子陵釣臺), 혹은 엄탄(嚴灘)이라고 불렀음.

중양절에 읊다 重陽吟[1]

戰塵漠漠草荒荒　전장의 먼지는 끝없고 풀만 우거졌는데
兵過村空菊自黃　전쟁으로 마을은 비었는데 국화가 스스로 노랗네
死盡親知身偶在　친지들은 다 죽었는데 나만 우연히 살아남아
干戈叢裏見重陽　전쟁 속에서 중양절을 보네

주석

1) 원래 5수임. 그 자서(自序)에 "흥(興)에는 같지 않음이 있으나, 모두 천하의 감개를 지극히 했다. 군자(君子)들은 그것으로써 명심(冥心)해야 한다. 도연명(陶淵明)은 '閒居愛重九之名'이라 했는데, 이는 한적(閑寂)의 지극한 감개이다. 소장옹(蘇長翁: 蘇軾)이 '菊花開時卽重陽'이라 했는데, 이는 광달(曠達)의 지극한 감개이다. 반빈로(潘邠老: 潘大臨)가 '滿城風雨近重陽'이라 했는데, 이는 쇠사(衰謝)의 지극한 감개이다. 여거인(呂居仁: 呂本中)이 '亂山深處

過重陽'이라 했는데, 이는 기려(羈旅)의 지극한 감개이다. 나는 불초(不肖)한데, 어찌 전인(前人)을 따를 수가 있겠는가? 일찍이 시를 짓기를 '干戈叢裏見重陽'이라고 했는데, 이는 또한 난리(亂離)의 지극한 감개이다. 세상 사람들은 단순히 반로(邠老)의 구(句)를 감상하는데, 이 구의 뜻을 전혀 터득하지 못하고, 소리만 좇아서 부화(附和)할 뿐이다. 나는 계미년에 마침 한거(閒居)에서 중구절을 만났는데, 속으로 평생의 오감(五感)이 모두 모였다고 여겼다. 마침내 읊어서 오해(五解)를 짓고, 적막하게 그것으로써 노래했다. 중구(重九) 전오일(前五日) 방회(方回)가 쓰다"고 했다.

호구를 방문하여 여산을 바라보다 過湖口, 望廬山[1]

江行初見雪中梅	강 길에서 설중매를 처음 보았는데
梅雨霏微棹始迴[2]	매우가 흩날릴 때 노를 비로소 돌렸네
莫道無人肯相送	기꺼이 전송해주는 사람이 없다고 말하지 마오
廬山猶自過湖來	여산이 오히려 스스로 호수를 건너오네

주석

1) 湖口(호구): 현(縣) 이름. 강소성 파양호(鄱陽湖)의 호구(湖口)에 있음. 廬山(여산): 강서성 구강시(九江市) 남쪽에 있음. 동남쪽은 파양호이고, 북쪽은 장강(長江)을 굽어봄.

2) 梅雨(매우): 매실이 익을 때 내리는 초여름의 비. 霏微(비미): 보슬비가 흩날리는 모양.

진부 陳孚

진부(1240-1303), 자는 강중(剛中), 호는 홀재(笏齋), 태주(台州) 임해(臨海: 절강성 임해현) 사람. 한림대제(翰林待制)·태주로총관부시중(台州路總管府侍中) 등을 역임했다. 『진강중집(陳剛中集)』이 있다.

『원시선』에 "강중(剛中)은 천재(天材)가 남보다 뛰어나고, 인성(人性)이 임협불기(任俠不羈)했다. 시문을 지은 바는 대개 뜻에 맡겨서 곧 지어냈고 조착(雕斲)을 섬기지 않았다"고 했다.

문을 나서며 친우들과 이별하다 出門別親友[1]

停君漢水浮鴨之翠杓[2]	그대의 한수부압의 취표를 멈추고
聽我嶧山栖鸞之綠桐[3]	나의 역산의 난새가 깃든 녹동소리를 들어 주시오
男兒拂衣出門去	남아가 옷을 털고 문을 나가 떠나가니
龍泉三尺光如虹[4]	용천검 삼척의 빛이 무지개 같네
君不見	그대는 보지 못했는가?
磻溪鶴髮釣魚者[5]	반계에서 백발로 낚시하던 자가
偶擲魚竿來牧野[6]	우연히 낚싯대를 던지고 목야로 와서
白旄麾開炮烙煙[7]	백모로 포락의 연기를 휘둘러 열고
桓圭朱芾侯青社[8]	항규와 주불 차림으로 청사의 제후가 되었음을?
又不見	또 보지 못했는가?
南陽臥龍人不識[9]	남양의 와룡을 사람들이 알지 못했는데
一朝佐漢坐狼石[10]	하루아침에 촉한을 보좌하며 한석에 앉아
羽扇輕搖蛇鳥驚[11]	백우선을 가볍게 흔드니 뱀과 새가 놀라고
火精焰焰天西極[12]	불길이 활활 하늘 서쪽 끝까지 타올랐네
旗亭四月柳如藍[13]	기정은 사월에 버들이 쪽빛이고
紫騮嘶風黃金驂[14]	자류마가 우는 바람 속에 황금장식의 곁말이네
豈無叩牛歌[15]	어찌 고우가가 없겠는가?
亦有捫蝨談[16]	또한 문슬담이 있네
天生嶔巖崒嵂骨[17]	하늘이 험준한 바위의 고준한 뼈를 내었는데
蒿萊槁死誰能甘	쑥과 명아주처럼 말라 죽음을 누가 달게 여기겠는가?

我欲登泰山	내 태산에 올라가서
扶筇欵天關	지팡이 짚고 천관을 두들기리니
東溟若木如可攀[18]	동명의 약목에 올라갈 수 있고
手弄日月靑雲間	푸른 구름 사이로 일월을 손으로 놀릴 수 있네
我欲渡黃河	내 황하를 건너가리니
赤脚凌秋波	맨발로 가을 물결을 넘을 수 있네
水仙樓閣銀嵯峨	수선의 누각이 은빛으로 드높은데
徑叱海若笞蛟鼉[19]	곧 해약을 질타하고 교룡과 악어를 매질하네
停君翠杓	그대의 취표를 멈추고
聽我綠桐	나의 녹동소리를 들어주구려
眞人開天[20]	진인이 하늘을 여니
六合同風[21]	육합이 같은 바람이네
騶虞鳳皇[22]	추우와 봉황이
飛舞鎬宮[23]	호궁에서 날며 춤추고
有線五色[24]	오색실이 있으니
獻于重瞳[25]	중동에게 바쳐서
補舜衣裳	순의 의상에 수를 놓으니
山龍華蟲[26]	산과 용과 화충이네
虎豹九關兮不可以達[27]	호표의 구관에 다다를 수 없으면
吾則脫冠歸來兮丹丘之靑峰[28]	나는 관모를 벗고 단구의 푸른 봉우리로 돌아오려네
長揖二三子	두세 벗에게 길게 읍하니
日送西征鴻	해가 서쪽으로 가는 기러기를 전송하네

주석

1) 진부는 〈대일통부(大一統賦)〉를 올리고, 하남(河南) 상채서원산장(上蔡書院山長)에 임명되었는데, 임기가 차서 떠날 때 지은 작품임.

2) 漢水浮鴨(한수부압): 술을 말함. 이백(李白)의 〈양양가(襄陽歌)〉에 "遙看漢水鴨頭綠, 恰似葡萄初醱醅"라고 했음. 翠杓(취표): 푸른 술 국자.

3) 嶧山(역산): 산동성 추현(鄒縣) 동남쪽에 있는 산. 전설에 산 남쪽에 오동나무가 많이 생산되는데 금(琴)의 좋은 재료였다고 함. 綠桐(녹동): 금(琴)을 말함.

4) 龍泉(용천): 용천검(龍泉劍). 고대 보검의 이름.

5) 磻溪(반계): 섬서성 보란시(寶鷄市) 서남쪽에 있음. 전설에 여상(呂尙: 姜太公)이 출사하기 전에 낚시했던 곳이라고 함. 여상은 50살에 극진(棘津)에서 매식(賣食)했고, 70살에 조가(朝歌)에서 소를 도살했고, 80살에 반계에서 낚시를 했고, 90살에 문왕(文王)을 만났다고 함. 鶴髮(학발): 백발(白髮).

6) 牧野(목야): 지명. 하남성 기현(淇縣) 남쪽. 여상은 무왕(武王)을 보좌하여, 목야에서 맹세하고 상(商)나라 주왕(紂王)을 정벌하였음.

7) 白旄(백모): 깃대에 백색 모우(旄牛)의 고리를 장식한 깃발. 炮烙(포락): 상나라 주왕이 사용했던 혹형(酷刑). 구리기둥을 숯불 위에 걸쳐놓고 불로 달군 다음, 사람을 그 위로 지나가게 하여, 떨어져서 죽는 것을 즐겼다고 함.

8) 桓圭(항규): 작질(爵秩: 官爵)의 등급을 표시하는 일종의 옥. 朱芾(주불): 고대 관복 중의 폐슬(蔽膝). 복부 아래와 무릎 위에 걸치는 복식. 侯青社(후청사): 동방(東方)의 제후(諸侯)를 말함. 여상은 제후(齊侯)에 봉해졌는데, 제(齊)는 동방에 있었음. 동방은 청색이기 때문에 청사(青社)라고 했음.

9) 南陽臥龍(남양와룡): 삼국 촉한(蜀漢)의 제갈량(諸葛亮). 일찍이 남양군(南陽郡) 융중(隆中)에 은거했는데, 사람들이 와룡선생(臥龍先生)이라 불렀음.

10) 狠石(한석): 형상이 양(羊)의 석두(石頭)와 같은 바위. 경구(京口) 북고산(北古山)의 감로사(甘露寺)에 한석이 있는데, 제갈량이 그 위에 앉아서, 손권(孫權)과 함께 조조(曹操)에 대하여 의논했다고 함.

11) 羽扇(우선): 백우선(白羽扇). 새의 흰 깃으로 만든 부채.

12) 火精(화정): 큰 불길을 말함. 焰焰(염염): 불이 치열하게 타는 모양. 天西極(천서극): 적벽대전(赤壁大戰)에서 화공으로 공격할 때 조조군은 상류에 있었기 때문에 서쪽이라고 했음.
13) 旗亭(기정): 주루(酒樓).
14) 紫騮(자류): 고대 준마의 이름. 驂(참): 네 필의 말이 끄는 마차에서 곁말을 말함.
15) 叩牛歌(고우가): 반우가(飯牛歌) 또는 남산가(南山歌)라고도 함. 영척(寧戚)이 집이 가난하여 남의 수레를 끌고 소를 먹였는데, 하루는 소의 뿔을 두들기며 노래를 하다가 제환공(齊桓公)을 만나서, 상경(上卿)에 임명되었다고 함.
16) 捫蝨談(문슬담): 전진(前秦)의 왕맹(王猛)이 젊어서 빈곤했는데, 동진(東晋)의 대장군 환온(桓溫)이 관중(關中)으로 쳐들어왔을 때, 그를 알현하니, 한편으로는 천하사를 논하고, 한편으로는 이를 잡으면서 방약무인이었다고 함.
17) 巉巖(참암): 고준(高峻)한 바위. 崒嵂(줄률): 산이 높은 모양. 골상(骨相)을 형용한 것임.
18) 東溟(동명): 동해(東海). 若木(약목): 부상(扶桑)과 같음. 신화 속의 신목(神木). 태양이 떠오르는 곳이라고 함.
19) 海若(해약): 해신(海神). 蛟鼉(교타): 교룡과 악어.
20) 眞人(진인): 선인(仙人). 도교(道敎)에서 득도한 사람을 말함.
21) 六合(육합): 천지사방.
22) 騶虞(추우): 전설 속의 인수(仁獸).
23) 鎬(호): 호경(鎬京). 서주(西周)의 국도(國都). 섬서성 서안(西安) 서남에 있었음. 여기서의 호궁(鎬宮)은 원나라 대도(大都)의 황궁을 말한 것임.
24) 당나라 두목(杜牧)의 〈군재독작(郡齋獨酌)〉시에 "平生五色線, 願補舜衣裳"이라고 했음.
25) 重瞳(중동): 한 눈동자에 동공이 두 개 있는 것. 순(舜)이 중동이었다고 함.
26) 山龍華蟲(산룡화충): 천자의 예복에 수로 놓는 산과 용과 꿩. 화충(華蟲)은 꿩의 별칭.
27) 虎豹(호표): 사나운 궁궐문의 문지기를 말함. 九關(구관): 구중궁궐(九重宮

闕)을 말함.

28) 丹丘(단구): 신화 속의 신선이 사는 곳.

동작대 銅雀臺[1]

古臺百尺生野蒿	옛 대가 백 척으로 높은데 쑥대 우거지고
昔誰築此當塗高	옛날 누가 이것을 도로 옆에 높이 세웠던가?
上有三千金步搖[2]	위엔 삼천 개의 금보요가 있고
滿陵寒柏圍鳳綃[3]	능에 가득한 차가운 측백나무를 봉초가 둘렀네
西飛燕子東伯勞	서쪽엔 나는 제비이고 동쪽엔 나는 백로인데
塵間泉下路迢迢	진토의 황천길은 아득히 머네
龍帳銀箏紫檀槽[4]	용장 안의 은쟁의 기둥은 자단인데
怨入漳河翻夜濤	원망의 가락이 장하로 들어가 밤 파도가 뒤집히네
人生過眼草上露	인생은 시야에 지나가는 풀잎의 이슬인데
白骨何由見歌舞	백골이 어떻게 가무를 볼 것인가?
獨不念	홀로 생각하지 못했던가?
漢家長陵一抔土[5]	한나라 장릉 일배토에
玉柙珠襦鎖秋雨[6]	옥갑주유가 가을비에 삭았음을!

주석

1) 銅雀臺(동작대): 위무제(魏武帝) 조조(曹操)가 업중(鄴中)에 세운 대. 자신이 죽은 후 매달 15일에 자신의 처와 기인(伎人)들로 하여금 동작대에 올라 자

신의 묘소 서릉(西陵)을 향해 연희를 베풀도록 유언하였음. 하북성 임장현(臨漳縣) 경내에 있음.

2) 金步搖(금보요): 금으로 수식한 보요관(步搖冠). 동작대 위에서 춤을 추는 기녀들을 말함.

3) 柏(백): 능에 심은 측백나무. 鳳綃(봉초): 봉황을 수놓은 기녀들의 비단 옷.

4) 龍帳(용장): 용을 수놓은 장막. 銀箏(은쟁): 은으로 수식한 화려한 쟁(箏). 쟁은 현악기의 일종. 紫檀(자단): 상록교목. 목재가 단단하고, 자홍색인데 악기나 가구를 만든다. 槽(조): 현(絃)을 받히는 기둥.

5) 長陵(장릉): 한고조(漢高祖) 유방(劉邦)의 능묘. 一抔土(일배토): 일봉토(一捧土). 분묘를 말함.

6) 玉柙珠襦(옥합주유): 한(漢)나라 제왕의 장례복식. 옥갑은 하반신에 입히고, 금실로 옥조각을 꿰어서 이어붙인 장식을 한 저고리를 상반신에 입혔음.

강 하늘의 저녁 눈발 江天暮雪[1]

長空卷玉花[2]	긴 허공에 옥화가 흩날리니
汀洲白浩浩[3]	강섬에 흰빛 드넓네
鴈影不復見	기러기 그림자는 다시 보이지 않고
千崖暮如曉	천 기슭의 저녁이 새벽 같네
漁翁寒欲歸	어옹은 추워서 돌아오려는데
不記巴陵道[4]	파릉 길을 기억하지 못하네
坐睡船自流	앉아서 조는데 배가 스스로 흘러가고
雲深一蓑小[5]	구름 깊은 곳에 한 도롱이가 작네

주석

1) 소상팔경(瀟湘八景) 중의 1수임. 소상팔경은 평사안락(平沙鴈落)·원포범귀(遠浦帆歸)·산시청람(山市晴嵐)·강천모설(江天暮雪)·동정추월(洞庭秋月)·소상야우(瀟湘夜雨)·원사만종(煙寺晚鍾)·어촌낙조(漁村落照) 등임.
2) 玉花(옥화): 설화(雪花). 눈발.
3) 汀洲(정주): 강안에 있는 섬. 浩浩(호호): 넓은 모양.
4) 巴陵(파릉): 강소성 악양(岳陽) 부근. 동정호(洞庭湖) 가에 있음.
5) 蓑(사): 도롱이. 짚 같은 것으로 엮어서 만든 우장(雨裝).

연사만종 烟寺晚鐘[1]

山深不見寺	산이 깊어 절은 보이지 않고
藤陰鎖修竹	등나무그늘이 긴 대숲을 덮었네
忽聞疎鐘聲	문득 성근 종소리를 듣는데
白雲滿空谷	흰 구름이 빈 골짜기에 가득하네
老僧汲水歸	노승은 물 길러 돌아오는데
松露墮衣綠	소나무 이슬이 옷에 떨어져 푸르네
鐘殘寺門掩	종소리 그치고 절 문이 닫혔는데
山鳥自爭宿	산새들이 스스로 다투어 깃드네

주석

1) 소상팔경 중의 1수임.

악주의 강섬에서 저녁에 조망하다 鄂渚晚眺[1]

黃鶴樓前木葉黃[2]	황학루 앞엔 나뭇잎이 노랗고
白雲飛盡鴈茫茫	흰 구름 다 날아가고 기러기 아득하네
櫓聲搖月歸巫峽	노 소리는 달빛 흔들며 무협으로 돌아가고
燈影隨潮過漢陽	등불 그림자는 조수 따라 한양을 지나가네
庾令有塵汙簡冊[3]	유령은 먼지 있어 간책을 더럽히고
禰生無土蓋文章[4]	예생은 땅이 없지만 문장으로 세상을 덮어버리네
闌干只有當年柳[5]	난간엔 다만 당년의 버들만 있는데
留與行人記武昌	행인에게 남겨주어 무창을 기억하게 하네

주석

1) 鄂渚(악저): 악주(鄂州)의 강섬. 원나라 대덕(大德) 5년에 악주로(鄂州路)를 무창로(武昌路)로 바꾸었음. 치소(治所)는 강하(江夏: 지금의 武漢市)에 있었음.

2) 黃鶴樓(황학루): 호북성 무창시에 있는 5층 누대. 호남(湖南)의 악양루(岳陽樓), 강서(江西)의 등왕각(滕王閣)과 함께 '강남삼대명루(江南三大名樓)'라고 불림. 황학루는 삼국 오(吳)나라 황무(黃武) 2년(223)에 군사목적으로 건립되었음. 역대에 걸쳐 읊어진 〈황학루〉시 가운데, 당나라 최호(崔顥)의 〈黃鶴樓〉시 "昔人已乘黃鶴去, 此地空餘黃鶴樓. 黃鶴一去不復返, 白雲千載空悠悠. 晴川歷歷漢陽樹, 芳草萋萋鸚鵡洲. 日暮鄕關何處是? 煙波江上使人愁"가 가장 회자되는 시이다.

3) 庾令(유령): 진(晉)나라 유량(庾亮). 자는 원규(元規). 유량은 한 때 권세가 대단했는데, 왕도(王導)는 그에게 불만을 지니고 있었다. 『진서(晉書)』에 "왕도는 속으로 평상(平常)으로 대할 수 없었다. 서풍에 먼지가 일어나자, 부채를 들어서 자신을 가리면서 말하기를 '원규(元規)가 남에게 먼지로 더럽히는 것이다'라고 했다"고 했다. 簡冊(간책): 사책(史冊)을 말함.

4) 禰生(예생): 삼국 예형(禰衡). 높은 재능을 지녔으나, 조조(曹操)에게 미움을 받아 쫓겨나서, 26세 때 강하(江夏)에서 황조(黃祖)에게 살해당했음. 〈앵무부(鸚鵡賦)〉를 지었음. (無土)무토: 봉후(封侯)가 아니라는 것.
5) 闌干(난간): 난간(欄干).

평설

- 명나라 호응린(胡應麟)의 『시수(詩藪)』에 "3·4구는 구격(句格)이 장엄(莊嚴)하고, 사조(詞藻)가 괴려(瑰麗)하다"고 했다.

금산사 金山寺[1]

萬頃天光俯可吞	만 이랑 천광을 구부려 삼킬 수 있고
壺中別有小乾坤[2]	병 속에 별도의 작은 건곤이 있네
雲侵塔影橫江口	구름은 탑 그림자에 침범하여 강 입구에 비껴있고
潮送鐘聲過海門[3]	조수는 종소리를 보내며 해문을 지나가네
僧榻夜隨鮫室湧[4]	승탑은 밤에 교실을 따라 솟아나고
佛燈秋隔蜃樓昏	불등은 가을에 신기루에 격하여 어둡네
年年只有中泠水[5]	해마다 단지 중령수가 있어서
不受人間一點塵	인간세상의 한 점 티끌도 받아들이지 않네

주석

1) 金山寺(금산사): 강소성 진강시(鎭江市) 금산(金山) 위에 있음. 금산의 원명

은 저부산(氐父山)이고, 금오령(金鰲嶺)·부옥산(浮玉山)이라고도 한다. 금산사는 동진(東晋) 때 건립되었고, 원명은 택심사(澤心寺)였는데, 당나라 때 금산사로 개명되었다. 송나라 소식(蘇軾)의 유명한 〈유금산사(遊金山寺)〉 시가 있다.

2) 壺中(호중): 전설에 적선(謫仙) 호공(壺公)이 시장에서 약을 팔았는데 항상 빈병을 매달아 놓고 있다가, 시장이 파하면 그 병속으로 들어갔다고 함. 그 병속은 곧 선경(仙境)이었다고 함.

3) 海門(해문): 강소성 남통(南通) 장강(長江) 입구에 있음.

4) 鮫室(교실): 전설 속의 교인(鮫人)의 거실.

5) 中泠水(중령수): 중령천(中泠泉). 금산사 북쪽 양자강(揚子江) 안에 있었으나 지금은 인멸되었음. 물이 맑아서 차를 끓이는데 천하제일이었다고 함.

박랑사 博浪沙[1]

一擊車中膽氣豪[2]   수레 안을 한 번 가격하니 담기가 웅호하고
祖龍社稷已驚搖[3]   조룡의 사직이 이미 놀라서 요동치네
如何十二金人外[4]   어찌하여 열두 금인 외에
猶有民間鐵未銷   오히려 민간의 쇠가 녹지 않았던가?

주석

1) 博浪沙(박랑사): 지금의 하남성 신향시(新鄕市) 원양현(原陽縣) 동쪽. 진(秦)나라 때 장량(張良)이 진시황을 저격했던 곳.

2) 기원전 218년, 진시황이 동쪽으로 박랑사를 지나갈 때, 한(韓)나라 귀족의 후예인 장량이 역사(力士)를 시켜서 철추(鐵錘)로 진시황의 수레를 습격하게 했는데, 실패하고 유방(劉邦)에게 투항했음.

3) 祖龍(조룡): 진시황(秦始皇).

4) 十二金人(십이금인): 진시황이 천하를 통일한 후 민간의 모든 쇠를 모아다가 악기와 1천 석(石) 무게의 금인(金人) 12개를 만들었음.

평설

- 조선 이수광의 『지봉유설』에 "원나라 진강중(陳剛中)의 〈박랑사〉 시에 '如何十二金人外, 猶有民間鐵未銷'라고 했는데, 용의(用意)는 비록 좋으나, 구(句)는 비속(鄙俗)함으로 떨어져서 칭찬할 만하지 못하다"고 했다.

대표원 戴表元

대표원(1244-1310), 자는 수초(帥初)·증백(曾伯), 자호는 섬원선생(剡源先生). 경원(慶元) 봉화(奉化: 절강성) 사람. 남송(南宋) 말에 진사가 되어 건강부교수(建康府教授)를 지냈다. 원나라 대덕(大德) 8년(1304), 61세 때 신주교수(信州教授)로 추천되었는데, 오래지 않아서 병으로 사직한 후, 다시 관직에 나가지 않았다. 『섬원집(剡源集)』이 있다.

『원시선』에 "그 문은 청심아결(淸深雅潔)한데, 진부(陳腐)함을 신기(神奇)함으로 변화시켜서 온축한 후에 비로소 펴냈다. ……수초(帥初)는 상시민란(傷時閔亂), 비우감분(悲憂感憤)의 말이 많은데, 독자 또한 그것으로써 그 마음을 헤아릴 수 있다"고 했다.

행부원을 이편교의 운에 차운하다 行婦怨次李編校韻[1]

赤城岩邑今窮邊[2]	적성산의 암읍이 지금 궁벽한 변방이 되었는데
路傍死者相枕眠	길가엔 죽은 자들이 서로를 베고서 잠 들었네
惟餘婦女收不殺	나머지 부녀자들은 잡아가고 죽이지 않으니
馬上娉婷多少年[3]	말 위엔 아리따운 젊은 여인들이 많네
蓬頭垢面誰氏子	쑥대머리의 먼지 낀 얼굴은 누구네 딸인가?
放聲獨哭哀聞天	방성통곡하며 하늘에 애원하네
傳聞門閥多輝赫[4]	듣자니 문벌들이 몹시 혁혁했는데
誰家避匿山南崩	어느 집이 산 남쪽 무너진 곳으로 피신했는가?
蒼黃失身遭惡辱	창황하게 자유를 잃고 악욕을 만나니
鳥畜羊麋驅入燕[5]	새와 양떼처럼 연 땅으로 몰아갔네
平居隣墻不識面	평소엔 이웃집도 알지 못했는데
豈料萬里從征鞭	어찌 만 리 길의 채찍을 따라갈 줄 알았으랴?
酸風吹蒿白日短	매운 바람이 쑥대에 불고 대낮이 짧고
天地濶遠誰當憐	천지는 넓고 먼데 누가 동정하랴?
君不見	그대는 보지 못했는가?
居延塞下明妃曲[6]	거연새 아래의 <명비곡>은
惆悵令人三過讀	슬프게 사람에게 세 번이나 읽게 함을?
又不見	또 보지 못했는가?
蔡琰十八胡笳詞[7]	채염의 <십팔호가사>는
慚貌千年有餘戮	참담한 모습이 천년 뒤에도 욕됨이 있네
偸生何必婦人身	목숨을 구함이 어찌 반드시 부인들뿐이겠는가?
男兒無成同碌碌	남아들 또한 이루지 못하고 함께 노고롭네

주석

1) 원주에 "병자년(1276) 태주(台州)에서 짓다"라고 했음.
2) 赤城(적성): 산 이름. 지금의 절강성 천태현(天台縣) 북쪽 6리에 있음. 岩邑(암읍): 험요한 도읍(都邑).
3) 娉婷(빙정): 자태가 아름다운 모양.
4) 門閥(문벌): 구시대의 귀족집안을 말함. 輝赫(휘혁): 혁혁(赫赫).
5) 鳥畜羊縻(조축양미): 가축들처럼 속박된 것.
6) 居延塞(거연새): 지금의 감숙성에 있었던 옛 변새의 이름. 明妃曲(명비곡): 명비(明妃)는 왕소군(王昭君). 본명은 왕장(王嬙). 한(漢)나라 원제(元帝) 때 흉노(匈奴)와의 화친을 위해 흉노로 시집갔다. 떠나기 전에 원가(怨歌)를 불렀는데, 이를 〈소군원(昭君怨)〉이라고 함.
7) 蔡琰(채염): 삼국 위(魏)나라 채옹(蔡邕)의 딸. 자는 문희(文姬). 전란 중에 포로가 되어 흉노 좌현왕(左賢王)에게 시집을 갔다. 12년 동안 흉노에 있다가, 나중에 조조(曹操)가 속량시켜서 데려왔다. 다시 동사(董祀)에게 시집갔다. 十八胡笳詞(십팔호가사): 채염의 시 〈호가십팔박(胡歌十八拍)〉을 말함. 전쟁의 참담함을 묘사한 작품임.

섬 땅 백성의 기근 剡民饑[1]

剡民饑	섬 땅 백성들 기근드니
山前山後尋蕨萁[2]	산 앞과 뒤에서 고사리 순을 찾네
劚萁得粉不滿匊	고사리 꺾어 얻은 분말이 한줌도 못되는데
皮膚皴裂十指秃	피부가 터지고 열손가락 뭉개졌네
皮皴指秃不敢辭	피부 터지고 손가락 뭉개져도 그만 둘 수 없으니
阿翁三日不供糜	노인에게 삼일 동안 죽도 올리지 못했네

不如抛家去作挽船士[3]　집을 떠나가서 배를 끄는 인부가 되는 것이 나으니
却得家人請官米　도리어 집안 식구들이 관미를 얻을 수 있으리라

주석

1) 剡(섬): 지금의 절강성 승형(嵊縣) 서남 일대.
2) 蕨萁(궐기): 궐묘(蕨苗). 고사리 순.
3) 挽船士(만선사): 관선(官船) 위의 건부(縴夫).

초계 苕溪[1]

六月苕溪路	유월의 초계 길은
人言似若耶[2]	사람들이 약야계 같다고 하네
漁罾挂椶樹[3]	어망은 종려나무에 걸려있고
酒舫出荷花[4]	술 실은 배는 연꽃 속에서 나오네
碧水千塍共[5]	푸른 물은 천 밭두둑을 두르고
青山一道斜	푸른 산은 한 길에 비껴 있네
人間無限事	인간 세상의 무한한 일에서
不厭是桑麻[6]	싫증나지 않은 것은 뽕과 삼농사이네

주석

1) 苕溪(초계): 초수(苕水)라고도 함. 절강성 북부에 있음. 동서의 초계로 나뉘는데, 천목산(天目山) 남북에서 흘러나와서 항주(杭州)를 지나 호주(湖州)에 이른다.
2) 若耶(약야): 약야계(若耶溪). 절강성 소흥시(紹興市) 약야산(若耶山) 아래에 있음. 일명 오운계(五雲溪), 서시(西施)가 비단을 빨던 곳이라 하여서 완사계(浣紗溪)라고도 함.
3) 漁罾(어증): 어망(漁網). 椶樹(종수): 종려나무.
4) 酒舫(주방): 술을 파는 작은 배.
5) 千塍(천승): 많은 밭두둑. 共(공): 공(拱). 껴안다. 두르다.
6) 桑麻(상마): 뽕과 삼. 널리 농사를 말함.

옛 가수에게 감개하다 感舊歌者[1]

牡丹紅豆艷春天[2]　　모란과 홍두가 아름다운 봄 하늘에
檀板朱絲錦色牋[3]　　단판과 주사와 비단색의 악보를 놓고
頭白江南一樽酒　　　백발로 강남에서 한 동이 술을 마시는데
無人知是李龜年[4]　　이구년임을 아는 사람이 없네

주석

1) 舊歌者(구가자): 남송 시절의 궁정가수(宮廷歌手)를 말함.
2) 紅豆(홍두): 콩과식물의 교목(喬木). 봄에 꽃이 피는데, 빨간 열매가 열림. 일명 상사자(相思子). 그 붉은 열매를 지니고 있으면 서로를 그리워하게 한다고 함. 당나라 왕유(王維)의 〈상사(相思)〉시에 "紅豆生南國, 秋來發故枝. 勸

君休采擷, 此物最相思"라고 했음.
3) 檀板(단판): 박달나무로 만든 박자판. 朱絲(주사): 주현(朱絃). 금(琴)의 붉은 현. 錦色牋(금색전): 오색 종이의 악보를 말함.
4) 李龜年(이구년): 당나라 현종(玄宗)때의 유명한 궁정악공. 안사(安史)의 난 이후 강남에서 유락했음. 두보(杜甫)의 〈강남봉이구년(江南逢李龜年)〉시에 "歧王宅裏尋常見, 崔九堂前幾度聞. 正是江南好風景, 落花時節又逢君"이라 했음.

구원 仇遠

구원(1247-1326), 자는 인근(仁近)·인보(仁父), 자호는 산촌민(山村民). 항주(杭州) 전당(錢塘: 절강성) 사람. 송나라 말에 시명(詩名)으로써 백정(白珽)과 제명(齊名)하여, '仇白'이라 불렸다. 원나라 지원(至元) 연간에 표양교수(漂陽敎授)를 지내고, 나중에 항주지사(杭州知事)를 지냈다. 『금연집(金淵集)』과 『산촌유집(山村遺集)』이 있다.

『원시선』에 "그 시에 대하여, 일찍이 말하기를 '근체(近體)에 있어서, 나는 당나라를 위주로 하고, 고체(古體)에 있어서, 나는 『문선(文選)』을 위주로 한다'고 했다. 종종 융창원미(融暢圓美)함 중에 문득 처초온결(悽楚蘊結)하여서, 〈이소(離騷)〉의 삼치의(三致意)의 여운(餘韻)이 있다"고 했다.

봉황산 고궁 鳳凰山故宮[1]

漸無南渡舊衣冠[2]	점차 남도의 옛 의관들이 없어지는데
尚有西湖風雨寒	오히려 서호의 비바람이 차갑네
鳳鳥不來山寂寂	봉황이 오지 않으니 산이 적적하고
鴟夷何在海漫漫[3]	치이는 어디 있는지 바다가 넘실대네
荒陵樵採官猶禁	황폐한 능은 나무하는 것을 관청에서 금하여
故苑烟花客自看[4]	옛 원림의 연화를 객이 몸소 바라보네
惟恨餘杭門外柳[5]	다만 한스러운 것은 여항문 밖 버들이
長年不了送征鞍	여러 해 동안 나그네를 전송하지 않는 것이네

주석

1) 鳳凰山(봉황산): 절강성 항주시(杭州市) 남쪽에 있음. 故宮(고궁): 송나라 고종(高宗)이 남도(南渡) 후에 봉산산에 건설한 궁실(宮室)들.

2) 南渡(남도): 남송(南宋)을 말함. 舊衣冠(구의관): 남송의 사대부들을 말함.

3) 鴟夷(치이): 『사기(史記)·월왕구천세가(越王句踐世家)』에 "범려(范蠡)는 바다를 건너 제(齊)를 떠나서, 성명(姓名)을 바꾸고, 스스로 치이자피(鴟夷子皮)라고 하고, 바닷가에서 밭을 갈면서 온 힘을 다하여, 부자(父子)가 재산을 모았다"고 했다. 사마정(司馬貞)의 색은(索隱)에 "범려가 스스로 말한 것이다. 대개 오왕(吳王)이 자서(子胥)를 죽여서, 치이(鴟夷: 革囊)에다 넣었는데, 지금 범려가 스스로에게 죄가 있다고 여겼기 때문에 호(號)로 삼은 것이다"라고 했다. 이 구에서 말하는 치이는 범려를 말함인지, 오자서(伍子胥)를 말함인지 알 수 없음. 다만 충신을 말한 것임.

4) 烟花(연화): 널리 봄 경치를 말함.

5) 餘杭(여항): 항주(杭州).

백구지 가에 터를 잡고 살다 卜居白龜池上[1]

一琴一鶴小生涯	금 하나 학 한 마리의 작은 생애가
陋巷深居幾歲華	누추한 거리 깊은 거처에서 몇 세월을 보냈던가?
爲愛西湖來卜隱	서호를 사랑해서 와서 터 잡아 은거한 것인데
却憐東野又移家	도리어 동쪽 들을 사랑하여 다시 이사를 했네
荒城雨滑難騎馬	황량한 성은 빗길 미끄러워 말을 타기 어려운데
小市天明已賣花	작은 시가엔 날이 밝아 이미 꽃을 파네
阿母抱孫閒指點	할미가 손자 안고 한가히 가리키니
疎林盡處是棲霞[2]	성근 숲 끝난 곳이 곧 서하령이네

주석

1) 白龜池(백구지): 항주(杭州) 전당문(錢塘門) 옆에 있던 못의 이름.
2) 棲霞(서하): 서하령(棲霞嶺). 서호(西湖) 가에 있는 고개 이름. 옛날 복사꽃이 많아서, 꽃이 피면 놀처럼 보인다고 하여 이름 붙여진 것임.

조송설의 〈미금죽석도〉에 적다 題趙松雪迷禽竹石圖[1]

錦石傾欹玉樹荒	금석 기울고 옥수는 황량한데
雪兒無語戀斜陽[2]	설아는 말없이 석양을 사랑하네
百年花鳥春風夢	백년의 화조가 봄바람 속의 꿈인데
不是錢唐是汴梁[3]	전당이 아니고 변량이네

주석

1) 趙松雪(조송설): 조맹부(趙孟頫). 호는 송설도인(松雪道人). 조맹부와 그 아들 조중목(趙仲穆)은 모두 유명한 화가인데, 구원은 그들 그림에 여러 번 칠언절구로 제화시(題畵詩)를 썼음. 그 중 1수임.

2) 雪兒(설아): 본래 이밀(李密)의 애희(愛姬). 노래를 잘 불렀음. 이 구는 사람을 새로 비유했음.

3) 汴梁(변량): 북송의 도성(都城). 지금의 하남성 개봉(開封).

백 정 白珽

백 정(1248-1328), 자는 정옥(廷玉), 호는 담연(湛淵)·서하산인(棲霞山人), 항주(杭州) 전당(錢塘: 절강성) 사람. 송나라 말에 구원(仇遠)과 함께 시명(詩名)이 있었음. 송나라가 망한 후, 원나라에서 태평로유학정(太平路儒學正)·난계주판관(蘭溪州判官) 등을 지냈다. 『담연집(湛淵集)』이 있었으나 일실되었다.

『원시선』에 "섬원(剡源) 대수초(戴帥初: 對表元)가 그 시를 평하기를 '몹시 도강(渡江) 후의 진거비(陳去非: 陳與義)와 같은데, 항상 거비를 기휘하여 말했다. 그가 읊은 〈동구부(銅浮漚)〉 1편은 더욱 청순(淸馴)하여 외울 만하다'고 했다. 자양(紫陽) 방만리(方萬里: 方回)가 칭찬하기를 '고금에서 관절(冠絶)한데, 영웅대장부의 기(氣)를 지녔다'고 했다. 여릉(廬陵) 유회맹(劉會孟)이 '조탁가쇄(雕刻苛碎)를 하지 않고 창연(蒼然)한 것이 지극히 진외(塵外)의 취(趣)가 있을 뿐만이 아니고, 겸하여 운산소호(雲山韶濩)의 음(音)을 지녔다'고 했다. 모두 확론(確論)이다"라고 했다.

봄날 전원의 잡흥 春日田園雜興

雨後散幽步[1]	비온 후 한가히 걸으니
村村社鼓鳴[2]	마을마다 춘사의 북소리 울리네
陰晴雖不定	흐림과 맑음이 비록 정해지지 않았지만
天地自分明[3]	천지는 도리어 분명하네
柳處風無力	버들 있는 곳엔 바람이 힘이 없고
蛙時水有聲	개구리소리가 때때로 물속에서 들리네
幾朝寒食近	몇 날이면 한식날이 되는가?
吾事及躬耕	내 일이 몸소 밭을 갈게 되리라

주석

1) 散幽步(산유보): 평안히 산보하는 것.
2) 社鼓(사고): 춘사(春社)의 북소리. 춘사는 토지신에게 올리는 봄 제사.
3) 自(자): 각(却). 도리어.

평설

• 「월천음사평(月泉吟社評)」에 "전연(前聯)은 제목에 구속되지 않았고, 유처(柳處)와 와시(蛙時) 1연은 제의(題意)가 모두 충족하고, 격조(格調)가 몹시 높다. 결(結) 또한 부(浮)하지 않다"고 했다. 원주에 "월천음사(月泉吟社)는 18명인데, 당초우(唐楚友)는 곧 담연선생(湛淵先生)이다"라고 했다.

유인 劉因

유인(1249-1293), 자는 몽길(夢吉), 호는 정수(靜修). 원명은 인(駰), 자는 몽기(夢驥), 자호는 뇌계진은(雷溪眞隱)·초암(樵庵). 보정(保定) 용성(容城: 하북성) 사람. 원나라 세조(世祖) 지원(至元) 19년(1282)에 승덕랑우찬선대부(承德郞右贊善大夫)에 임명되었다. 이학명유(理學名儒)로서 허형(許衡)과 제명했다. 원나라 초의 북방시인 가운데 가장 성취가 컸다.『정수집(靜修集)』이 있다.

『원시선』에 "그가 시를 논하기를 '위진(魏晉) 이후, 시학(詩學)이 날로 성대했는데, 조식(曹植)·유정(劉楨)·도연명(陶淵明)·사령운(謝靈運)이 가장 뛰어난 자들이다. 수당(隋唐) 이후는 시학이 날로 변했는데, 변화 속에서 바름을 얻은 것은 이백(李白)·두보(杜甫)·한유(韓愈)가 가장 뛰어난 자들이다. 주송(周宋) 이후의 시학은 날로 약해졌는데, 약함 속에서 강한 것은 구양수(歐陽修)·소식(蘇軾)·황정견(黃庭堅)이 가장 뛰어난 자들이다'라고 했다. 정수(靜修)의 시재(詩才)는 초탁(超卓)하고, 호매불기(豪邁不羈)한 기(氣)가 많은데, 유파사승(流派師承)을 그 말에서 볼 수 있다"고 했다.

진주 융흥사 누각에 오르다 登鎭州隆興寺閣[1]

太行鱗甲搖晴空[2]	태행산의 인갑이 맑은 허공을 흔들고
層樓一夕蟠白虹	높은 누대의 한 석양에 흰 무지개가 서렸네
天光物色驚改觀	하늘빛과 물색에 경관이 바뀜에 놀라는데
少微今在靑雲中[3]	소미성은 지금 푸른 구름 속에 있네
初疑平地立梯磴	처음엔 평지에 사다리와 돌다리를 세웠나 싶었는데
淸風西北天門通	맑은 바람이 서북으로 천문에 통하네
又疑三山浮海至[4]	또 삼신산이 바다에 떠서 와서
載我欲去扶桑東[5]	나를 싣고 부상 동쪽으로 가는가 싶었네
雯華寶樹忽當眼[6]	채색구름과 보수가 문득 눈에 당도하니
拍肩愛此金仙翁[7]	어깨를 치며 이 금선옹을 사랑하네
金仙一夢一千載	금선의 한 꿈은 일천 년인데
騰擲變化天無功[8]	위로 날아오르는 변화엔 하늘이 공을 들임이 없네
萬象繞口恣噴吐	만상을 입에 둘러 마구 뿜어 토해놓고
坐令四海皆盲聾	앉아서 사해를 모두 벙어리 귀머거리로 만들었네
千池萬沼盡明月	천만의 못과 늪이 모두 밝은 달이고
長天一碧無遺踪	긴 하늘엔 한 푸름도 자취를 남기지 않네
我生玄感非象識[9]	내 생애의 현감이 상식이 아니니
此眼此臂將安庸[10]	이 눈과 이 팔을 장차 어찌 쓰겠는가?
海岳神光埋禹鼎[11]	바다와 산악의 신광이 우정을 매몰하고
人間詭態何由窮[12]	인간 세상의 궤탄한 자태가 어찌 다할 것인가?
金天月窟爾鄕國[13]	금천의 월굴이 그대의 향국인데
玉毫萬丈須彌峰[14]	옥호는 만 장의 수미봉에 있네

一杯徑欲呼與語[15]	한 술잔 타고 가서 불러서 얘기 하려는데
爲我返駕隨西風	나를 위해 수레 돌려 서풍을 따르네
堂堂全趙思一豁[16]	당당한 전체 조땅이 한 번 열림을 생각하니
江山落落吾心胷[17]	강산은 낙락한 내 심흉이네
中原左界此重鎭[18]	중원의 좌측 경계는 이 중진인데
形勢彷彿餘兵衝[19]	형세는 방불하게 병충이 남아있고
歌舞遺臺土花碧[20]	가무하던 남겨진 누대엔 이끼가 푸르고
旗幟西山霜葉紅	깃발 날리던 서산엔 서리 맞은 잎이 붉네
乾坤割裂萬萬古	천지가 개벽하던 만만의 고대에
烏鳶螻蟻爲誰雄[21]	오연과 누의 중 누가 영웅이었던가?
滹水悠悠自東注[22]	호수는 유유히 절로 동쪽으로 흐르고
落日渺渺明孤鴻	지는 햇살에 아득히 외로운 기러기가 밝네

주석

1) 鎭州(진주): 하북성 정정(正定)에 치소가 있었음. 隆興寺(융흥사): 정정현(正定縣) 동문 안에 있었음. 일명 용흥사(龍興寺) 또 대불사(大佛寺)라고도 함. 수(隋)나라 개황(開皇) 6년에 건설했음 본명은 용자사(龍藏寺)였음.

2) 太行(태행): 산서성 고원(高原)과 하북성 평원(平原) 사이에 있는 산맥. 鱗甲(인갑): 산세가 뻗어가는 모양을 용과 같다고 여기고, 산석이나 수풀을 인갑이라고 비유한 것임.

3) 少微(소미): 별 이름.

4) 三山(삼산): 삼신산(三神山). 『습유기(拾遺記)』에 "바다 안에 삼산(三山)이 있는데, 그 모양이 호(壺)와 같다. 방장(方丈)은 방호(方壺)이고, 봉래(蓬萊)는 봉호(蓬壺)이고, 영주(瀛洲)는 영호(瀛壺)이다"라고 했음.

5) 扶桑(부상): 전설 속의 동해에 있다는 신목(神木). 해가 뜨는 장소라고 함.

6) 雯華(문화): 운채(雲彩).

7) 拍肩(박견): 친밀함을 표시하기 위해 어깨를 치는 것. 곽박(郭璞)의 〈유선시(遊仙詩)〉에 "左把浮丘袖, 右拍洪崖肩"이라 했음. 金仙翁(금선옹): 신선(神仙).

8) 天無功(천무공): 『장자(莊子)·소요유(逍遙遊)』에 "神人無功"이라고 했음.

9) 玄感非象識(현감비상식): 당나라 진자앙(陳子昂)의 〈감우(感遇)〉시에 "玄感非象識, 誰能測深冥?"이라고 했음. 현감(玄感)은 깊은 감응. 상식(象識)은 구체(具體).

10) 安庸(안용): 하용(何用).

11) 禹鼎(우정): 전설 속의 우(禹)가 구정(九鼎)을 주조하여 구주(九州)를 상징했는데, 주(周)나라에 전해졌다고 함. 진(秦)이 주나라를 침공하여 구정을 탈취해갔는데, 그 중 하나가 사수(泗水)에 빠져서 없어졌고, 나중에 나머지도 사라졌다고 함.

12) 詭態(궤태): 온갖 궤탄한 자태.

13) 金天(금천): 서천(西天)을 말함. 月窟(월굴): 전설 속의 달이 뜨는 곳. 爾(이): 금선(金仙)을 말함.

14) 玉毫(옥호): 불교어. 불광(佛光). 須彌峰(수미봉): 불경 속의 제석천(帝釋天)이 산다는 수미산(須彌山).

15) 남북조 송(宋)나라 때의 배도선사(杯渡禪師)가 나무 술잔을 타고 물을 건너다녔다는 고사를 사용했음.

16) 全趙(전조): 전국시대 조(趙)나라 강토였던, 진주(鎭州) 일대를 말함.

17) 落落(낙락): 빼어남이 평범하지 않는 것.

18) 左界(좌계): 태행산 동쪽을 말함. 重鎭(중진): 진주(鎭州)를 말함.

19) 兵衝(병충): 군사 요충지.

20) 土花(토화): 이끼.

21) 烏鳶螻蟻(오연루의): 오연(烏鳶)은 연(鳶). 솔개. 누의(螻蟻)는 땅강아지와 개미.

22) 滹水(호수): 호타하(滹沱河). 산서성에서 하북성으로 흘러감.

평설

- 명나라 호응린(胡應麟)의 『시수(詩藪)』에 "유몽길(劉夢吉: 유인)의 고선(古選)은 도연명의 충담(沖澹)함을 배웠는데, 구(句)만 있고 편(篇)은 없다. 가행(歌行)은 두보(杜甫)를 배웠는데, 〈용흥사(龍興寺)〉・〈명원당(明遠堂)〉 등의 작품은 노필(老筆)이 종횡(縱橫)했다. 간혹 송인(宋人)을 추구하기는 했지만 유생(儒生)의 각색(脚色)을 드러내지 않았다. 원(元)의 칠언시로 창경(蒼勁)한 것은 겨우 이 한 사람이다. 율시와 절구의 경우 종종 두건기(頭巾氣)가 있어서, 특히 싫증날 수 있다"고 했다.

명비곡 明妃曲[1]

初聞丹靑寫明眸	처음 그림으로 맑은 눈동자를 그린 것을 듣고
明妃私喜六宮羞[2]	명비는 홀로 기뻤고 육궁은 부끄러웠네
再聞北使選絶色[3]	북쪽 사신이 절색을 뽑는다는 것을 다시 듣고
六宮無慮明妃愁	육궁은 염려함이 없는데 명비는 걱정이었네
妾身只有愁可必	첩의 몸은 다만 수심만 가득한데
萬里今從漢宮出	만 리 길을 지금 한궁에서 나서네
悔不別君未識時	임금이 알지 못했을 때 이별 못함을 후회하니
免使君心憐玉質[4]	임금 마음이 옥질을 연모하지 못하게 하오
君心有憂在遠方[5]	임금 마음의 근심이 먼 곳에 있는데

但恨妾身是女郞	첩의 몸이 여랑임이 단지 한스럽네
飛鴻不解琵琶語	나는 기러기는 비파가락을 이해하지 못하고
秪帶離愁歸故鄕	단지 이별의 근심 띠고 고향으로 돌아가네
故鄕休嗟妾薄命	고향에선 첩의 박명함을 한탄하지 마오
此身雖死君恩重	이 몸은 비록 죽더라도 임금 은혜 중하다오
來時無數後宮花	떠나올 때 무수했던 후궁의 꽃들이
明日飄零成底用6)	내일엔 날려 떨어지리니 어디에 쓰겠는가?
宮花無用妾如何	궁화도 무용한데 첩은 어떠한가?
傳去哀弦幽思多	전하는 슬픈 비파가락엔 깊은 생각이 많네
君王要聽新聲譜	군왕께선 새 가락의 악보를 들어야 하니
爲譜高皇猛士歌7)	악보는 고황제의 〈맹사가〉라네

주석

1) 明妃曲(명비곡): 고악부(古樂府)에 〈소군원(昭君怨)〉이 있었음. 『금곡보록(琴曲譜錄)』에 "중고(中古)의 금롱(琴弄)의 이름에 〈소군원〉이 있는데, 명비(明妃)가 지은 것이다"라고 했음. 또 『금조(琴操)』에 "제국왕(齊國王) 양(穰)이 그 딸 소군(昭君)을 원제(元帝)에게 바쳤는데, 원제가 그녀를 총애하지 않았다. 나중에 한 여자를 선우(單于)에게 주려고 했는데, 소군이 가기를 자청했다. 가게 되었을 때, 선우가 크게 기뻐했다. 소군은 원제가 처음부터 총애해주지 않았음을 원망하여, 원사(怨思)의 노래를 지었다"고 했다. 『후한서(後漢書)・남흉노전(南匈奴傳)』에 "소군(昭君)은 자가 장(嬙)이고, 남군(南郡) 사람이다. 처음 원제(元帝) 때 양가의 자녀로서 액정(掖庭)에 뽑혀 들어갔다. 그때 호한야(呼韓邪)가 내조(來朝)하자, 황제가 궁녀 5인을 내려주도록 했다. 소군은 입궁하여 여러 해 동안 은총을 받지 못하여 원망이 쌓여있었다. 이에 액정령(掖庭令)에게 가기를 요청했다. 호한야가 떠나려 할 때의 큰 연회에서

황제가 5명의 여인을 불러서 보여주도록 했다. 소군은 아리따운 용모에 단정하게 꾸며서, 한나라 궁중을 밝게 비추며, 그림자를 돌아보며 배회하며 좌우를 놀라게 했다. 황제가 보고서 크게 놀라며 속으로 머물러 두려고 했다. 그러나 신의를 잃을 것에 곤란하여, 마침내 흉노에게 주었다. 두 자식을 낳았는데, 호한아가 죽자, 그 전의 알씨(閼氏)의 아들이 즉위하여 그녀를 처로 삼으려고 했다. 소군은 글을 올려 귀환하기를 구했다. 성제(成帝)가 칙령으로 호속(胡俗)을 따르도록 했다. 마침내 다시 후선우(後單于)의 알씨가 되었다"고 했다. 『서경잡기(西京雜記)』에 "원제(元帝: 기원전48-기원전33)의 후궁은 매우 많아서 다 만나볼 수가 없었다. 그래서 화공들에게 그들 초상화를 그리게 하여 그림을 살펴보고 불러서 총애하였다. 궁인들은 모두 화공에게 뇌물을 주었는데 많게는 10만 금이고, 적은 것도 5만 금 이상이었다. 소군(昭君)은 스스로 용모를 믿고 홀로 뇌물을 주려고 하지 않았다. 화공은 이에 추하게 초상화를 그려서 끝내 총애를 받을 수 없었다. 나중에 흉노가 입조(入朝)하였을 때 미인을 구하여 알씨(閼氏)로 삼고자 하였다. 황제는 그림을 살펴보고 소군을 가도록 하였다. 떠나갈 때 불러서 보니 용모가 후궁 가운데 제일이었고, 응대(應對)를 잘 하였고 거동도 아름다웠다. 황제는 후회하였으나 명적(名籍)이 이미 정해졌고, 외국에 신의를 중시해야 하였기 때문에 다른 사람으로 바꾸지 못하고, 곧 그렇게 된 사정을 알아보았다. 화공 가운데 두릉(杜陵) 모연수(毛延壽)가 있었는데 초상화를 그리면 아름다움과 추악함, 늙음과 젊음을 반드시 사실대로 그려내었다. 안릉(安陵) 진창(陳敞)과 신풍(新豊) 유백(劉白)·공관(龔寬)은 모두 소, 말, 나는 새를 잘 그렸다. 그러나 여러 화공들은 초상화의 아름다움과 추악함을 그려내는 데 있어서는 모연수에게 미치지 못하였다. 하두(下杜) 양망(陽望)·번청(樊靑)은 색칠을 더욱 잘하였다. 이들 모두는 같은 날 기시(棄市)되었다. 그들 재산을 몰수하였는데 모두 거만(巨萬)금이었다. 경사의 화공이 이로부터 약간 희소해졌다"고 했다.

2) 六宮(육궁): 황후와 비빈 및 여러 후궁들이 거주하는 궁궐의 총칭.

3) 北使(북사): 흉노(匈奴)의 사신.

4) 玉質(옥질): 아름다운 자질. 소군 자신을 말함.

5) 遠方(원방): 흉노. 흉노의 침공을 근심한다는 것.

6) 底用(저용): 하용(何用).
7) 高皇猛士歌(고황맹사가): 한고조(漢高祖) 유방(劉邦)의 〈대풍가(大風歌)〉 "大風起兮雲飛揚, 威加海內兮歸故鄕, 安得猛士兮守四方!"을 말함.

옛 성을 지나다 經古城

我行常山尾[1]	내 상산 기슭으로 가니
高城下吾前	높은 성이 내 앞을 내려다보네
按轡覽形勢	고삐를 매만지며 형세를 둘러보니
依依見全燕	변함없는 온 연땅을 보네
易水開前襟[2]	역수는 앞가슴을 열고
飛狐連右肩[3]	비호구는 우측 어깨에 이어졌네
遙想豪傑場	호걸들의 전장을 아득히 상상하며
撫已增慨然	자신을 어루만지니 더욱 감개하네
薪人過我傍	나무꾼이 내 옆을 지나다가
一笑如相憐	웃는 것이 동병상련과 같네
指城前問余	성을 가리키며 앞에서 나에게 묻기를
考古今幾年	고금을 살펴보면 몇 세월입니까?
沈思未及答	깊은 생각에 대답하기도 전에
行歌入蒼烟	노래 부르며 푸른 안개 속으로 들어가네

주석

1) 常山(상산): 항산(恒山). 산서성과 하북성에 걸쳐있음.
2) 易水(역수): 역하(易河). 하북성 역현(易縣) 경내에 있음.
3) 飛狐(비호): 비호구(飛狐口). 고대 군사요충지. 하북성 내원현(淶源縣) 북쪽, 울현(蔚縣) 남쪽에 있음.

백구白溝[1]

寶符藏山自可攻[2]	보부를 산에 감춰도 스스로 찾을 수 있으니
兒孫誰是出羣雄	아손들 중에 누가 출중한 영웅인가?
幽燕不照中天月[3]	유연엔 중천의 달이 비추지 않고
豊沛空歌海內風[4]	풍패엔 공연히 해내의 바람을 노래하네
趙晉元無四方志[5]	조진은 원래 사방에 대한 뜻이 없었고
澶淵堪笑百年功[6]	단연에선 백년의 공을 웃네
白溝移向江淮去	백구는 강해로 향해 흘러가는데
止罪宣和恐未公[7]	선화에게만 죄를 물으면 공정하지 못할 듯하네

주석

1) 白溝(백구): 거마하(巨馬河). 북송이 요국(遼國)과 경계로 삼았던 강. 그래서 계하(界河)라고도 함.
2) 寶符藏山(보부장산): 『사기(史記)·조세가(趙世家)』에 "간자(簡子)가 여러 아들들에게 말하기를 '내가 보부(寶符)를 상산(常山) 위에다 감춰놓았는데, 먼저 찾는 자에게 상을 줄 것이다'고 했다. 여러 아들들이 상산 위로 달려가

서 찾아보았으나 얻지 못했다. 무휼(毋卹)이 돌아와서 말하기를 '이미 보부를 찾았습니다'라고 했다. 간자가 '올려보아라'고 하니, 무휼이 '상산 위에서 대(代) 지역에 임하니, 대 지역을 취할 만했습니다'라고 했다. 간자가 이에 무휼이 현명함을 알고서, 곧 태자 백노(伯魯)를 폐하고, 무휼을 태자로 삼았다"고 했다.

3) 幽燕(유연): 지금의 북경시(北京市)와 산서성 태원시(太原市) 일대 지역. 오대(五代) 때 석경당(石敬瑭)이 거란병(契丹兵)을 이끌고 와서 후당(後唐)을 멸망시키고, 후진(後晉)을 세웠다. 그는 연운(燕雲) 16주를 거란에게 넘겨주었는데, 곧 송나라에 이르러서 다시 그 지역을 회복할 수 없었다.

4) 豊沛(풍패): 강소성 패현(沛縣). 한고조(漢高祖) 유방(劉邦)의 고향. 空歌海內風(공가해내풍): 유방의 〈대풍가(大風歌)〉를 말함.

5) 趙晉(조진): 송태조(宋太祖)와 송태종(宋太宗) 때의 재상(宰相).

6) 澶淵(단연): 단주(澶州: 지금의 하남성 濮陽). 송나라 경덕(景德) 원년(1004)에 요군(遼軍)이 대거 남하하여 송나라 국경을 침범하자, 송나라 재상 구준(寇準)이 극력 주장하여, 진종(眞宗)이 친정(親征)하였으나, 결국 단주에서 맹약(盟約)을 했다. 그로 인하여 송나라는 매년 은 10만 냥, 견(絹) 20만 필을 요나라에 보내야 했다. 이러한 화의(和議)가 1백년간 유지되었다.

7) 宣和(선화): 송나라 휘종(徽宗)의 연호. 휘종을 가리킴.

여름날 산정에서 술을 마시다 夏日飮山亭

借住郊園舊有緣	교외 원림을 빌려 살았던 옛 인연이 있어
綠陰淸晝靜中便	녹음 속 맑은 낮의 고요함이 편안하네
空鉤意釣魚亦樂[1]	빈 낚싯바늘을 드리우니 물고기 또한 즐겁고
高枕臥遊山自前[2]	침상에 누워서 유람하니 산이 절로 앞에 있네

露引松香來酒盞	이슬은 솔향기를 이끌고 술잔으로 오고
雨催花氣潤吟牋[3]	빗방울은 꽃향기를 재촉하며 시 원고를 적시네
人來每問農桑事	사람이 오면 항상 뽕 농사를 물으니
考證床頭種樹篇[4]	상머리의 종수편을 고증하네

주석

1) 意釣(의조): 낚싯바늘에 미끼를 끼지 않고 드리운 채 낚시하는 아취만 즐기는 것.
2) 臥遊(와유): 본래 산수화 등을 보면서 유람을 대신하는 것인데, 여기서는 집안에서 먼 산을 보면서 유람을 상상하는 것을 말함.
3) 吟牋(음전): 시를 짓는 종이. 시 원고.
4) 種樹篇(종수편): 나무를 심는 내용에 관한 서적을 말함. 진시황(秦始皇)이 분서(焚書)를 할 때 불태우지 않은 책은 의학(醫學)·복서(卜筮)·종수(種樹) 등의 서책이었다고 함.

가을 연꽃 秋蓮

瘦影亭亭不自容[1]	여윈 그림자 우뚝한데 스스로 용납하지 못하고
淡香杳杳欲誰通	담박한 향기를 아득히 누구에게 통하려는가?
不堪翠減紅銷際[2]	푸른 잎 붉은 꽃 지는 때를 감당할 수 없는데
更在江淸月冷中	다시 강 맑고 달빛 차가운 곳에 있네
擬欲靑房全晩節[3]	푸른 연밥의 만년의 절개를 온전히 하려는데
豈知白露已秋風[4]	백로 시절의 가을바람을 어찌 알았으랴?
盛衰老眼依然在	성쇠의 모습이 노안에 의연히 남았으니

莫放扁舟酒易空　　편주를 띄워 술잔을 비우지 말게나

주석

1) 亭亭(정정): 우뚝 솟은 모양.
2) 翠減紅銷(취감홍소): 푸른 연잎이 시들고, 붉은 연꽃이 지는 것.
3) 靑房(청방): 푸른 연밥.
4) 白露(백로): 24절기의 하나. 흰 이슬이 맺히는 초가을을 말함.

매화를 보고 감개가 있어서 觀梅有感[1]

東風吹落戰塵沙　　봄바람이 전쟁의 먼지를 불어서 떨어뜨리니
夢想西湖處士家[2]　　꿈속에서 서호처사의 집을 생각하네
只恐江南春意減　　다만 강남의 봄기운이 감해질까 두려운데
此心元不爲梅花　　이 마음은 원래 매화 때문이 아니었네

주석

1) 남송이 멸망한 지 오래되지 않았을 때, 작가가 망국의 한을 침통하게 읊은 시임.
2) 西湖處士(서호처사): 북송의 임포(林逋: 967-1028). 항주(杭州) 서호(西湖)의 고산(孤山)에 은거하여 결혼도 하지 않고, 매화를 심고 학을 기르면서 살았음. 당시 사람들이 '매처학자(梅妻鶴子)'라고 했음.

산가 山家

馬蹄踏水亂明霞	말발굽이 물을 밟자 밝은 놀빛이 어지럽고
醉袖迎風受落花	취한 소매는 바람을 맞이해 낙화를 거두네
怪見溪童出門望	개울가의 동자가 문을 나와 바라봄이 괴이한데
鵲聲先我到山家[1]	까치소리가 나보다 먼저 산가에 이르렀네

주석

1) 까치가 울면 반가운 손님이 온다고 함.

서사 書事[1]

1
當年一線魏瓠穿[2]	당년에 한 가닥 실 같은 위호가 뚫리니
直到橫流破國年[3]	곧장 횡류가 나라를 깨트린 해에 이르렀네
草滿金陵誰種下[4]	풀만 가득한 금릉에서 누가 심었던가?
天津橋畔聽啼鵑[5]	천진교 가에서 두견이울음을 듣네

주석

1) 원래 5수임. 書事(서사): 영사(詠史)와 같음.
2) 魏瓠(위호): 『장자(莊子)·소유유(逍遙遊)』에서 나오는, 위왕(魏王)이 혜자(惠子)에게 준 한 개 커다란 호로(瓠蘆: 호리박)인데, 크기만 하고 견고하지 못하여 전혀 쓸모가 없었음. 여기서는 북송 왕안석(王安石)의 변법(變法)을

말함. 송나라의 멸망이 쓸모없었던 변법에서 기인했다는 것.

3) 橫流(횡류): 범람한 물. 여기서는 세상의 난리를 말함.

4) 金陵(금릉): 지금의 남경(南京).

5) 天津橋(천진교): 하남성 낙양(洛陽) 서남쪽 20리에 있음.

2

臥榻而今又屬誰[1]	와탑은 지금 또 누구의 것이 되었는가?
江南回首見旌旗	강남으로 고개 돌려 깃발들을 보네
路人遙指降王道[2]	길가 사람이 멀리 항왕을 가리키며
好似周家七歲兒[3]	몹시 주나라의 일곱 살 아이 같다고 하네

주석

1) 臥榻(와탑): 침상. 송태조 조광윤(趙匡胤)이 남당(南唐)을 병탄한 후 "와탑 옆에 남이 달게 자는 것을 어찌 용납하겠는가?"라고 했음. 여기서는 사직(社稷)을 말함.

2) 降王(항왕): 남송의 공제(恭帝)를 말함. 원나라 군대가 남송의 도성 임안(臨安)에 접근했을 때, 송나라 왕실은 원나라에 투항했음. 이때 공제의 나이는 겨우 6세였음. 그래서 유주(幼主)라고 했음.

3) 周家七歲兒(주가칠세아): 후주(後周) 세종(世宗)의 아들 종훈(宗訓), 즉 공제(恭帝). 조광윤이 반란하여 후주를 탈취했을 때, 종훈은 나이가 겨우 7세였음.

풍도 馮道[1]

亡國降臣固位難	망국의 항복한 신하는 지위가 어려운데
癡頑老子幾朝官[2]	어리석고 완고한 늙은이는 조관을 얼마나 했던가?
朝梁暮晉渾閑事	아침엔 양나라 저녁엔 진나라에서 모두 한가하니
更舍殘骸與契丹	다시 남은 해골을 거란에게 주었네

주석

1) 馮道(풍도): 오대(五代) 때의 인물로 생졸은 882년에서 954년. 자는 가도(可道), 자호는 장락로(長樂老), 영주(瀛州) 경성(景城: 하북성 交河 동북)에서 살았음. 후당(後唐)과 후진(後晋)에서 재상을 지내고, 거란(契丹)이 후진을 멸망시키자, 거란에서 태부(太傅)를 지내고, 후한(後漢)에서 태사(太師)를 지내고, 후주(後周)에서 태사와 중서령(中書令)을 지냈다. 저서로『장락로자서(長樂老自敍)』가 있다.

2) 癡頑老子(치완노자): 풍도가 거란에 투항했을 때, 요나라 태종 야율덕광(耶律德光)이 "성도 없고, 병사도 없이 어찌 감히 투항하여 왔는가?"라고 하니, 풍도가 "재능도 없고 덕도 없는 치완노자(癡頑老子)입니다"라고 했음.

시골에서의 여러 시편 村居雜詩[1]

鄰翁走相報	이웃 늙은이가 달려와 알리려고
隔窓呼我起	창 밖에서 나를 불러서 일으키네
數日不見山	"여러 날 산을 보지 못했는데
今朝翠如洗	오늘 아침엔 씻은 듯이 푸르다오"

주석

1) 원래 5수임.

오징 吳澄

오징(1249-1333), 자는 유청(幼淸), 만년에는 백청(伯淸)이라 했음. 호는 초려(草廬). 무주(撫州) 숭인(崇仁: 강서성) 사람. 허형(許衡)과 제명하는 유학자였다. 국자사업(國子司業)·국사원편수(國史院編修)·집현직학사(集賢直學士) 등을 지냈다. 『초려집(草廬集)』이 있다.

『원시선』에 "선생은 소자(邵子: 邵雍)의 글을 몹시 좋아했는데, 그래서 그의 시 또한 소자에게 가깝다"고 했다.

예장공원의 즉사, 운림제거의 〈만춘한거〉 구운을 받들어 화답하다 豫章貢院卽事, 奉和雲林提擧〈晩春閒居〉舊韻[1]

客裏秋光好	여행 중에 가을풍광이 좋으니
歸心不厭遲	귀향생각의 더딤이 싫증나지 않네
牆低孤塔見	담 아래 외로운 탑이 드러나 있고
院靜一簾垂	공원은 고요하고 한 주렴이 드리워 있네
隔紙聞風怒	종이창을 격하여 바람의 노한 소리를 듣고
臨階看日移	계단에 임하여 햇살이 옮겨감을 보네
宛然似三徑[2]	완연히 삼경과 같으니
未負菊花期	국화시절을 저버리지 않았네

주석

1) 豫章(예장): 강서성 남창(南昌). 貢院(공원): 과거시험 때 공사(貢士)를 고시(考試)하던 장소. 『원사(元史)·오징전(吳澄傳)』에 "원정(元貞) 초에 용흥(龍興: 豫章)을 유람했는데, 안찰사경력(按察司經歷) 학문(郝文)이 군학(郡學)에 맞이하여, 매일 강론(講論)을 들었다"고 했음. 이때에 지은 작품임.

2) 三徑(삼경): 도연명(陶淵明)의 「귀거래사(歸去來辭)」에 "삼경(三經)이 황폐하였으나, 소나무와 국화가 여전히 남아있네"라고 했음. 삼경은 정원에 있는 3갈래의 오솔길.

부주윤 유병이가 경사로 가는 것을 송별하다
送富州尹劉秉彝如京[1]

六載心如一	육년 간 마음이 한결 같았는데
今朝船欲東	오늘아침 배가 동쪽으로 떠나려 하네
我來期數數[2]	내가 온 기한이 촉박한데
公去忽匆匆[3]	그대 떠남은 갑자기 바쁘네
別意萬里外	이별의 뜻은 만 리 밖에 있는데
交情片語中	사귐의 정은 몇 마디 말 속에 있네
自憐棲病鶴	스스로 깃든 병든 학이
不得逐長風	긴 바람을 쫓아가지 못함을 가여워하네

주석

1) 富州(부주): 원나라 때 풍성현(豊城縣: 강서성)을 부주로 바꾸었음.
2) 數數(삭삭): 촉박한 모양.
3) 匆匆(총총): 바쁜 모양.

조맹부 趙孟頫

조맹부(1254-1322), 자는 자앙(子昂), 호는 송설도인(松雪道人), 호주(湖州) 오흥(吳興: 절강성 오흥현) 사람. 송태조(宋太祖)의 11세손으로서, 부친의 음보(蔭補)로 윤주록사참군(潤州錄事參軍)을 지냈다. 송나라가 망한 후 고향에서 은거했다. 원세조(元世祖) 23년(1286)에 어사(御史) 정거부(程鉅夫)의 추천으로 입조하여 병부랑중(兵部郞中)에 임명되었다. 이후 집현전직학사(集賢殿直學士)·제남로총관(濟南路總管) 등을 거쳐 종일품(從一品)으로 한림학사승지(翰林學士承旨)에 이르렀다.

조맹부는 박학다식하고, 시문이 뛰어났는데, 서화(書畵) 및 음률에도 정통했다. 그의 서체는 '조체(趙體)'라고 불렸는데, 곧 '송설체(松雪體)'이다. 안진경(顔眞卿)·유공권(柳公權)·구양순(歐陽詢) 등과 함께 행서사대가(行書四大家)로 평가된다. 저서로 『송설재집(松雪齋集)』이 있다.

『원시선』에 "사서(史書)에서 '그 시는 청수기일(淸邃奇逸)하여 읽어보면, 사람에게 표표(飄飄)히 속세를 벗어나게 하는 생각을 지니게 한다'고 했다. 대수초(戴帥初: 戴表元)가 '그 고시는 포조(鮑眺)와 사령운(謝靈運)에 침함(沈涵)했는데 스스로 남음이 있고, 여러 작품은 오히려 고적(高適)과

이고(李翱) 사이를 오만하게 흘러본다'고 했다. 인종(仁宗)이 시신(侍臣)과 문학사(文學士)를 논했는데, 자앙(子昂)을 당나라 이태백(李太白: 李白)과 송나라 소자첨(蘇子瞻: 蘇軾)에게 비견했다"고 했다.

산을 떠남을 논죄하다 罪出[1]

在山爲遠志[2]	산에 있으면 원지이고
出山爲小草	산을 나가면 소초인데
古語已云然	옛말에 이미 그러했고
見事苦不早	드러난 일이 몹시 빨랐네
平生獨往願	평생 홀로 가려는 소망으로
丘壑寄懷抱[3]	구학에 회포를 붙였네
圖書時自娛	도서를 때때로 스스로 즐기고
野性期自保[4]	야성을 스스로 보존하기를 기약했네
誰令墮塵網[5]	누가 진망 속에 떨어뜨렸는가?
宛轉受纏繞	완전히 얽힘을 당했네
昔爲水上鷗	예전엔 물 위의 갈매기였는데
今如籠中鳥	지금은 조롱 속의 새와 같네
哀鳴誰復顧	슬픈 울음을 누가 다시 돌아보는가?
毛羽日摧槁	깃털이 날로 꺾여 말라가네
向非親友贈	예전엔 친우들이 주지 않으면
蔬食常不飽	소식도 항상 배부르지 못했고
病妻抱弱子	병든 처는 약한 자식을 껴안고

211

遠去萬里道	만 리 길 멀리 떠나갔네
骨肉生別離	골육이 생이별을 하니
丘壟誰爲埽⁶⁾	구롱은 누가 청소해야 하는가?
愁深無一語	걱정 깊어 한 마디도 못하는데
目斷南雲杳	시야 멀리 남쪽 구름이 아득하네
慟哭悲風來	통곡 속에 슬픈 바람 불어오니
如何訴穹昊	어찌 하늘에 호소할 것인가?

주석

1) 出(출): 출산(出山). 출사(出仕)를 말함. 조맹부는 송나라 왕실의 후예로서 원나라에 출사한 것을 평생 후회했었음.

2) 遠志(원지): 일종의 약초. 『본초(本草)』에 "원지는 일명 극완(棘宛)이다. 그 잎의 이름은 소초(小草)이다"라고 했음. 『세설신어(世說新語)・배조(排調)』에 "사공(謝公: 謝安)은 처음 동산(東山)에 은거할 뜻이 있었다. 나중에 엄명(嚴命)이 여러 번 이르자, 형세가 부득이하여 비로소 환공사마(桓公司馬)에게 나아갔다. 마침 어떤 사람이 환공에게 약초를 올리는 자가 있었다. 그 중에 원지가 있었는데, 환공이 들고서 사공에게 물었다. '이 약은 다른 이름이 소초(小草)인데, 어찌 한 물건에 두 이름이 있는가?' 사공이 즉시 답을 못했는데, 마침 학융(郝隆)이 좌석에 있다가 곧 답하기를 '이는 몹시 쉽게 알 수 있습니다. 은거하면 원지이고, 출사하면 소초인 것입니다'라고 했다. 사공이 몹시 부끄러운 기색이 있었다"고 했다.

3) 丘壑(구학): 심산유곡(深山幽谷). 은거지를 말함.

4) 野性(야성): 시골생활을 즐기는 성정(性情).

5) 塵罔(진망): 속세의 그물.

6) 丘壟(구롱): 묘지. 선산의 묘지를 말함.

평설

- 『원시선』에 "자앙(子昂)은 〈영일민(詠逸民)〉시 11수를 지었는데, 그러나 출처(出處)의 의리에 어긋남이 있었다. 마땅히 이 시는 몹시 스스로 후회한 것이다"라고 했다.

이른 봄 早春

溪上春無賴[1]	개울가의 봄이 사랑스러워
淸晨坐水亭	맑은 새벽에 물가 정자에 앉았네
草牙隨意綠	풀싹은 마음껏 초록이고
柳眼向人靑[2]	버들 눈동자는 사람 향해 반기네
初日收濃霧	아침 해가 짙은 안개를 거두고
微波亂小星	잔물결에 작은 별빛 어지럽네
誰歌采蘋曲	누가 채빈가를 부르는가?
愁絶不堪聽	슬퍼서 들을 수가 없네

주석

1) 無賴(무뢰): 가애(可愛).

2) 柳眼(류안): 유아(柳芽). 버들잎의 싹. 靑(청): 청안(靑眼)을 말함. 반기는 눈동자. 진(晉)나라 완적(阮籍)이 반가울 때는 청안으로 대하고, 불만일 때는 백안(白眼)으로 대했다고 함.

악악왕묘 岳鄂王墓[1]

鄂王墓上草離離[2]	악왕의 묘지 위 풀들 우거지고
秋日荒凉石獸危[3]	가을 해가 황량한데 석수가 높네
南渡君臣輕社稷[4]	남도의 군신들은 사직을 경시했는데
中原父老望旌旗[5]	중원의 부로들은 깃발을 갈망했네
英雄已死嗟何及	영웅이 이미 죽으니 한탄이 어찌 미치랴?
天下中分遂不支	천하가 둘로 나뉘어 끝내 지탱하지 못했네
莫向西湖歌此曲	서호를 향해 이 노래를 부르지 마오
水光山色不勝悲	물빛과 산색이 슬픔을 이길 수 없다오

주석

1) 岳鄂王(악악왕): 악비(岳飛). 송나라 효종(孝宗) 때 악비의 죄를 씻어주고, 영종(永宗) 4년에 악비를 악왕(鄂王)으로 추봉했다. 그 묘는 항주(杭州) 서하령(西霞嶺) 아래에 있다. 악비는 금(金)나라에 대항했던 송나라의 명장이었는데, 간신 진회(秦檜) 등의 음모로 송나라 소흥(紹興) 11년(1142)에 살해되었음.

2) 離離(이리): 초목이 우거진 모양.

3) 石獸(석수): 묘지 앞에 세우는 석마(石馬) 석사자(石獅子)와 같은 석물(石物). 危(위): 높이 솟아있는 것.

4) 南渡(남도): 남송(南宋). 송나라 왕실이 남도(南渡)하여 임안(臨安: 강소성 杭州)에 도읍한 후 군신들이 안일에 빠져서 북벌을 도모하지 않았음.

5) 望旌旗(망정기): '악(岳)'자를 기호(旗號)로 쓴 깃발을 든 악비의 군대가 오기를 갈망한다는 것. 남송 소흥(紹興) 10년(1140)에 악비의 군대는 주선진(朱仙鎭: 하남시 開封市 서남)에 도달했는데, 하남과 하북의 백성들이 열렬히 호응하여 모두 '악(岳)'자를 쓴 깃발을 달았다.

평설

- 명나라 이동양(李東陽)의 『회록당시화(懷麓堂詩話)』에 "조자앙(趙子昻)의 서화(書畫)는 출중한데, 시율(詩律) 또한 청려(淸麗)하다……'남도(南渡)'와 '중원(中原)'구는 남에게 짓게 하더라도, 참으로 그 심후간절(深厚簡切)함을 넘을 자가 없을 것이니, 폐지할 수 없다"고 했다.

- 청나라 고사립(顧嗣立)의 『원시선』에 "도남촌(陶南村: 陶宗儀)이 '악왕묘시(岳王墓詩)는 수백 편 이하가 아닌데, 인구에 회자(膾炙)되는 것은 조위공(趙魏公: 조맹부)의 작품만한 것이 없다'고 했다"고 했다.

예전에 놀던 곳을 추억하다 紀舊遊

二月江南鶯亂飛	이월 강남에 꾀꼬리 어지럽게 날았고
雜花開樹柳依依	여러 꽃들 핀 나무와 버들이 우거졌었네
落紅無數迷歌扇	떨어진 붉은 꽃 무수한데 가선이 헤맸고
嫩綠多情妬舞衣	연초록 잎 다정하니 무의가 질투했네
金鴨焚香川上暝[1]	금압향로에 향 사르는 냇가 어두워서
畫船撾鼓月中歸[2]	채색 배로 북 치며 달빛 속에 돌아왔네
如今寂寞東風裏	지금 적막한 봄바람 속인데
把酒無言對夕暉	술잔 들고 말없이 석양빛을 대하네

주석

1) 金鴨(금압): 청동으로 만든 오리모양의 향로.

2) 撾鼓(과고): 격고(擊鼓). 북을 치다.

아미정 蛾眉亭[1]

天門日湧大江來[2]	천문산엔 해가 솟고 대강이 흘러오고
牛渚風生萬壑哀[3]	우저산엔 바람 불어 만 골짝이 슬퍼하네
靑眼故人攜酒共[4]	반기는 벗이 술을 가져와 함께 하니
兩眉今日爲君開	양 눈썹을 오늘 그대 위해 펴리라
蒼崖直下蛟龍吼	푸른 벼랑 곧장 아래에 교룡이 을부짖고
白浪橫空鵝鸛廻[5]	흰 물결 하공에 비끼니 고니와 황새가 돌아오네
南眺靑山懷李白[6]	남쪽으로 청산을 조망하며 이백을 생각하는데
沙頭官渡苦相催	모래밭 앞 관청나루에서 몹시 재촉하네

주석

1) **蛾眉亭**(아미정): 안휘성 당도현(當塗縣) 채석산(采石山)에 있음. 『명일통지(明一通志)』에 "채석산(采石山)에 있다. 송나라 군수(郡守) 장환(張環)이 세웠다. 앞에 양산(梁山)이 대강(大江)을 끼고 대치하고 있는 것이 눈썹 같아서 이름 지어진 것이다"라고 했음. 원주에 "이때 유백선(劉伯宣) 상서(尙書)와 함께 올랐다"고 했음.

2) **天門**(천문): 안휘성 당도현(當塗縣)에 있는 산 이름. 『명일통지(明一通志)』에 "부성(府城) 서남쪽 30리에 있다. 두 산이 대강(大江)을 끼고 있는데, 동쪽은 박망산(博望山)이고, 서쪽은 양산(梁山)인데, 문과 같이 대치하고 있다. 또한 이름이 아미산(蛾眉山)이고, 또 다른 이름은 동양산(東梁山), 서양산(西梁山)이라고 한다"고 했다.

3) 牛渚(우저): 안휘성 당도현 서북에 있는 산 이름. (李白詩 當塗)

4) 青眼(청안): 반기는 눈동자.

5) 鵝鸛(아관): 고니와 황새.

6) 이백(李白)이 이곳에서 지은 〈망천문산(望天門山)〉시 "天門中斷楚江開, 碧水東流至此迴. 兩岸青山相對出, 孤帆一片日邊來"가 있음.

개울가 溪上¹⁾

溪上東風吹柳花	개울가 봄바람이 버들꽃에 불고
溪頭春水淨無沙	개울 머리 봄물은 맑아서 모래도 없네
白鷗自信無機事²⁾	갈매기는 위험한 일이 없음을 스스로 믿고
玄鳥猶知有歲華³⁾	제비는 계절이 있음을 오히려 아네
錦纜牙檣非昨夢	비단 닻줄과 상아 돛대는 어젯밤 꿈이 아니니
鳳笙龍管是誰家⁴⁾	봉생과 용관의 소리는 누구네 집인가?
令人苦憶東陵子⁵⁾	사람에게 몹시 동릉자를 생각나게 하니
擬問田園學種瓜	전원에서 오이농사법을 물어보네

주석

1) 溪(계): 조맹부의 고향 오흥(吳興: 절강성 湖州)에 있는 초계(苕溪). 조맹부가 집현전학사에서 지제남(知濟南)으로 나갔을 때 고향에 머물면서 지은 시이다.

2) 白鷗(백구): 갈매기. 機事(기사): 비밀스런 일. 위험을 말함.『열자(列子)』에, 바닷가에 있는 어떤 사람이 갈매기와 친하여 갈매기들도 그를 피하지 않았는데, 하루는 그 사람이 마음속에 갈매기를 잡을 생각을 하니, 갈매기들이 미리

알고서 가까이 오지 않았다고 했음.
3) 玄鳥(현조): 제비. 歲華(세화): 세시(歲時). 『예기(禮記)・월령(月令)』에, 중춘(仲春)에 현조가 온다고 했음.
4) 鳳笙龍管(봉생룡관): 봉황모양의 생(笙)과 용모양의 관(管). 화려한 악기를 말함.
5) 東陵子(동릉자): 동릉후(東陵侯)였던 진(秦)나라 소평(召平). 진나라가 망한 후 평민이 되어, 장안(長安) 청문(靑門) 밖에서 오이를 재배하여 생계를 꾸렸음. 그 오이를 동릉과(東陵瓜)라고 함.

새벽에 일어나 꾀꼬리소리를 듣다 曉起聞鶯

暑氣曉來淸	더운 기운이 새벽에 맑은데
時時聞遠鶯	때때로 먼 꾀꼬리소리를 듣네
還思故園路¹⁾	다시 고향의 길을 생각하니
松下綠苔生	소나무 아래 초록이끼 돋았으리라

주석
1) 故園(고원): 고향.

매죽화에다 적어서 석민첨에게 주다 題所畵梅竹, 贈石民瞻¹⁾

故人贈我江南句²⁾	벗이 나에게 강남 시구를 주었는데
飛盡梅花我未歸	매화가 다 날리도록 나는 돌아가지 못하네

欲寄相思無別語　그리움을 부치려는데 특별히 할 말도 없고
一枝寒玉澹春暉　한 가지 차가운 옥에 봄빛이 담박하군요

주석

1) 원래 2수임. 石民瞻(석민첨): 조맹부의 화우(畵友).
2) 故人(고인): 원주에 "백기(伯機)에게 시가 있어 보내주기를 '寄聲雪上佳公子, 飛盡梅花不見君'이라고 했다"고 했다. 백기(伯機)는 선우추(鮮于樞: 1256-1301)의 자. 조맹부의 벗인데, 태상전부(太常典簿)를 지냈음.

절구絶句

春寒惻惻掩重門　봄추위 쌀쌀하여 중문을 닫고
金鴨香殘火尚溫[1]　금압향로의 향 꺼졌는데 불기 아직 따뜻하네
燕子不來花又落　제비는 오지 않았는데 꽃이 또 지고
一庭風雨自黃昏　한 정원에 비바람 치니 절로 황혼이네

주석

1) 1·2구는 당나라 대숙륜(戴叔倫)의 〈춘원(春怨)〉시 "金鴨香消易斷魂, 梨花春雨掩重門"구를 사용한 것임.

풍자진 馮子振

풍자진(1257-1337?), 자는 해속(海粟), 호는 괴괴도인(怪怪道人)·영주객(瀛洲客), 유주(攸州: 호남성) 사람. 승사랑(承仕郞)·집현대제(集賢待制) 등을 지냈다. 저서로 『매화백영(梅花百詠)』이 있다.

금산에 오르다 登金山[1]

雙塔嵯峨聳碧空[2]	두 탑이 우뚝이 푸른 허공에 솟았고
爛銀堆裏紫金峰[3]	찬란한 은빛 쌓인 곳에 금봉이 붉네
江流吳楚三千里[4]	강은 오초 삼천리를 흘러가고
山壓蓬萊第一宮[5]	산은 봉래 제일궁을 눌렀네
雲外樓臺迷烏雀	구름 밖 누대는 오작을 헤매게 하고
水邊鍾鼓振蛟龍	물가엔 종고소리가 교룡을 흔드네
問僧何處風濤險	중에게 어느 곳 풍파가 험하냐고 물으니

郭璞墳前浪打篷[6] 곽박 묘 앞의 파도가 배를 친다네

주석

1) 金山(금산): 강소성 진강(鎭江) 안에 있음. 초산(焦山)과 대치하고 있고, 그 위에 금산사(金山寺)가 있음.
2) 嵯峨(차아): 높이 솟은 모양.
3) 爛銀(난은): 찬란한 은빛. 강물에 반사된 햇빛을 말함. 당나라 노동(盧仝)의 〈월식(月蝕)〉시에 "爛銀盤從海底出"이라 했고, 송나라 황정견(黃庭堅)의 〈雨中登岳陽樓望君山〉시에 "銀山堆裏看靑山"이라 했음. 金峰(금봉): 금산(金山).
4) 吳楚(오초): 오나라와 초나라의 옛 지역. 강소성 일대를 말함.
5) 蓬萊(봉래): 전설 속의 삼신산(三神山) 중의 하나. 나머지는 영주(瀛洲)와 방장(方丈)임.
6) 郭璞(곽박: 276-324): 진(晉)나라 학자. 그의 묘가 금산 아래에 있음. 篷(봉): 거룻배. 풍(風)으로 된 판본도 있음.

성근 매화 疏梅[1]

數個氷花三五枝	몇 송이 빙화 너댓 가지를
東風點綴特稀奇	봄바람이 점철하여 특히 희기하네
黃昏照影臨淸淺	황혼에 비친 그림자가 맑고 얕은 물에 임하여
寫出林逋一句詩[2]	임포의 시 한 구를 베껴내네

221

주석

1) 『매화백영』 중의 1수임. 『매화백영』은 전당(錢塘) 출신의 승려 명본(明本)과 창수한 칠언절구 1백 수의 매화시임. 이 중 37수가 『원시선』에 수록되었음. 명본은 호가 중봉(中峰)이며, 조맹부(趙孟頫)와 친했음.

2) 林逋(임포: 967-1028): 송나라 전당(錢塘) 사람. 자는 군복(君復), 호는 고산자(孤山子). 서호(西湖)의 고산(孤山)에 은거하여, 매화를 심고 학을 기르며 독신으로 살았음. 그의 유명한 〈산원소매(山園小梅)〉시에 "踈影橫斜水淸淺, 暗香浮動月黃昏"이라 했음.

진심 陳深

진심(1260-1344), 자는 자미(子微), 호는 영극선생(寧極先生), 별호는 청금(淸金). 평강(平江(강소성 蘇州)) 사람. 송나라가 망한 후 출사를 포기하고, 저술에만 힘을 썼음. 조맹부와 친했음. 저서로 『영극재고(寧極齋稿)』가 있음.

강가에서 江上

放迹淸江上[1]	맑은 강가를 마구 돌아다니며
悲歌惜歲窮[2]	슬픈 노래로 세월 저묾을 애석해하네
孰能回白日	누가 해를 돌릴 수 있는가?
我欲問蒼穹	내 하늘에 묻고자 하네
天地遺民老	천지엔 유민이 늙어가고
山河霸業空	산하엔 패업이 공허하네
淸愁無著處	맑은 시름을 붙일 곳이 없어서
卷入酒盃中	술잔 속에 말아서 넣네

주석

1) 放迹(방적): 낭적(浪迹). 형적(形迹)에 구애받지 않는 것.
2) 歲窮(세궁): 한 해가 끝나가는 것.

소원에서의 즉사 小園卽事

淡黃楊柳着烟輕	담황색 버들가지 엷은 안개를 띠고
細草茸茸襯屐行[1]	작은 풀 무성하여 나막신에 달라붙네
行到水邊心會處	물가의 마음 맞는 곳에 이르니
夕陽一樹杏花明	석양에 한 그루 살구꽃이 밝네

주석

1) 茸茸(용용): 풀이 무성한 모양.

선우추 鮮于樞

선우추(1256-1301), 자는 백기(伯機), 호는 곤학민(困學民)・직기노인(直寄老人), 섬주(剡州) 어양(漁陽: 하북성) 사람. 원나라에서 재능으로 추천을 받아 절동선위사경력(浙東宣慰司經歷)에 임명되고, 강절행성도사(江浙行省都事)로 옮겼다. 태상전부(太常典簿)를 지냈다. 성품이 오만불기(傲慢不羈)하여 항상 상사와 일의 시비를 다투었고, 빈객과 음주를 좋아했다. 조맹부와 친했는데, 당시의 문명(文名)이 서로 나란했다. 저서로 『곤학재집(困學齋集)』이 있다.

동려 누항탄을 지나면서 뱃사공에게 보이다
過桐廬漏港灘, 示舟人[1]

驚流激長灘	급류가 긴 여울에 흐르며
百折怒未已	백번 꺾이며 노한소리를 그치지 않네
篙師與水爭[2]	뱃사공이 물과 싸우는데
退尺進纔咫[3]	후퇴는 십촌인데 전진은 겨우 팔촌이네
技窮解衣下	기술이 막혀 옷 벗고 물로 내려가서
力排過乃止	힘껏 밀쳐서 지나온 후 멈추었네
維時春冬交	시절이 봄과 겨울의 교체기인데
氷雪寒墮指	빙설의 추위가 손가락으로 떨어지네
我時臥舟中	나는 그때 배 안에 누워 있다가
起視顙有泚	일어나 살펴보니 이마에 땀이 있네
迂疏一何補	우활하여 어찌 도울 수 있겠는가?
辛苦愧舟子[4]	고생하는 뱃사공에 부끄럽네

주석

1) 桐廬(동려): 현(縣) 이름. 절강성 부춘강(富春江) 가에 있음. 漏港灘(누항탄): 『엄릉지(嚴陵志)』에 "현(縣) 서쪽에 상루항(上漏港)과 하루항(下漏港) 두 여울이 있다"고 했음. 舟人(주인): 뱃사공.

2) 篙師(고사): 뱃사공.

3) 尺(척): 10촌(寸)의 길이. 咫(지): 8촌의 길이.

4) 舟子(주자): 뱃사공.

병풍에 적다 題屛

廨舍如僧舍[1]	관청은 절집 같고
官槽如馬槽[2]	관조는 마조 같네
頭巾終日岸[3]	두건은 종일 이마를 드러낸 채
手板或時操	수판을 간혹 잡네

주석

1) 廨舍(해사): 관청(官廳). 僧舍(승사): 절집.
2) 官槽(관조): 관서(官署). 馬槽(마조): 말을 관리하는 관서(官署).
3) 岸(안): 이마를 드러내는 것. 작은 예절에 구애 받지 않은 오만함을 말함.
4) 手板(수판): 홀(笏). 상사(上司)를 알현할 때 손에 드는 일종의 메모판.

평설

- 원나라 오사도(吳師道)의 『오예부시화(吳禮部詩話)』에 "선우백기(鮮于伯機)가 처음 무주(婺州)에 이르렀을 때, 병풍에 시를 적기를 '廨舍如僧舍……'라고 했다. 가구(佳句)이다"라고 했다.

주치 周馳

주치, 자는 경원(景遠), 자호는 여시옹(如是翁), 요성(聊城: 산동성) 사람. 문명(文名)이 있었고, 더욱 서법(書法)에 뛰어났다. 지원(至元) 22년(1285)에 비서감교서랑(秘書監校書郎)에 임명되고, 한림응봉(翰林應奉)으로 옮겼다. 지대(至大) 3년4에 남대감찰어사(南臺監察御史)를 지냈다.

이백영을 전송하다 送李伯英[1]

江南才子去遊燕[2]	강남재자가 연땅으로 떠나가니
爲憶明時正禮賢	태평시절 현인을 예우하던 때가 생각나네
休向薊門尋古跡[3]	계문에서 고적을 찾지 마오
黃金臺上草連天[4]	황금대 위엔 풀만 하늘에 이어졌다오

주석

1) 李伯英(이백영): 이세영(李世英). 백영(伯英)은 그의 자. 장주(長洲) 사람. 작가의 친구.

2) 燕(연): 하북(河北) 일대의 지역. 원나라 도성 대도(大都)로 벼슬을 구하러 감을 말함.

3) 薊門(계문): 계구(薊丘). 지금의 북경시 덕승문(德勝門) 밖에 있었음.

4) 黃金臺(황금대): 일명 금대(金臺)·연대(燕臺). 하북성 역현(易縣) 동쪽에 있었음. 전국시대 연(燕)나라 소왕(昭王)이 대를 세우고, 대 위에 천금을 놓아두고, 천하의 현사를 구했다고 함.

마진 馬臻

마진(1254-1316?), 자는 지도(志道), 호는 허중(虛中), 송나라에서 원나라로 들어와서, 서호(西湖) 가에서 은거했다. 항주(杭州)의 명도사(名道士)로서 대덕(大德) 5년에 천사(天師)를 계승하는 장여재(張與材)를 수행하여 연경(燕京)에 왔다가, 얼마 후 돌아갔다. 구원(仇遠)과 공개(龔開) 등과 교유했다. 저서로『하외집(霞外集)』이 있다.

구인근이 세모에 부쳐준 운에 화답하다 和仇仁近歲暮見寄韻[1]

瑤琴三疊此心間[2]	요금의 삼첩곡이 이 마음 사이에 있어
目送飛鴻信手彈	나는 기러기를 눈으로 전송하며 손 따라 연주하네
千里古人行自遠	천 리 길의 벗이 떠나가 멀어지니
一聲白雪和應難[3]	한 가락 〈백설곡〉은 화답하기 어렵네
賀公歲晚稱狂客[4]	하공은 만년에 광객이라 칭했고
鄭老才高只冷官[5]	정로는 재능 높지만 다만 냉관이었네
且向吟邊了身世	장차 주변을 읊조리며 신세를 마치려고
西山暮雨卷簾看	서산의 저녁 비를 주렴 걷고 바라보네

주석

1) 仇仁近(구인근): 구원(仇遠: 1247-1326). 인근(仁近)은 그의 자.

2) 瑤琴(요금): 옥으로 장식한 금(琴). 三疊(삼첩): 왕유(王維)의 〈송원이사안서(送元二使安西)〉 시를 말함. 일명 〈양관삼첩(陽關三疊)〉이라 함. 이별곡으로 널리 사용되었음.

3) 白雪(백설): 고대 초(楚)나라 영중(郢中)의 노래. 〈양춘곡(陽春曲)〉과 함께 화답하기가 어려운 곡이었다고 함. 여기서는 구원이 보내온 시를 말함.

4) 賀公(하공): 당나라 현종(玄宗) 때의 시인 하지장(賀知章: 659-744). 자호는 사명광객(四明狂客)이었음. 비서감(秘書監) 등을 지냈는데, 만년에 고향으로 돌아가 도사(道士)가 되었음. 작자 자신을 하공으로 비하였음.

5) 鄭老(정로): 당나라 현종 때 학자 정건(鄭虔: 685-764). 박람하고, 시서화(詩書畵)에 모두 능했음. 광문관박사(廣文館博士)를 지냈음. 두보(杜甫)의 〈취시가(醉時歌)〉 시에 "廣文先生官獨冷"이라고 했음. 冷官(냉관): 실권 없는 한미한 관직. 구원을 정로로 비하였음. 구원은 58세에 표양유학교수(溧陽儒學教

授)를 잠간 지낸 후 파직되어, 우울하게 산수를 유랑하며 생애를 마쳤음.

궁녀의 원망을 풀다 釋宮怨[1]

萬頃恩波一寸心[2]   만 이랑의 은파를 바라는 일촌의 마음인데
玉階靑草斷車聲[3]   옥계의 푸른 풀엔 수레소리 끊겼네
文章近日無人愛   문장을 요즘엔 사랑하는 사람이 없으니
休把黃金乞長卿[4]   황금을 가지고 장경에게 구하지 않네

주석

1) 원나라는 당나라와 송나라에 비하여 상대적으로 과거제도가 활성화되지 못하여 시행과 폐지를 반복했다. 이에 많은 지식인들의 원망이 컸다. 이 시는 과거를 통하여 출사할 수 없는 현실을 황제의 총애를 받지 못한 궁녀의 원망을 빌려서 비판한 시이다.

2) 萬頃恩波(만경은파): 황제의 총애를 말함. 一寸心(일촌심): 은총을 바라는 궁녀의 마음을 말함.

3) 玉階(옥계): 궁녀의 처소를 말함. 靑草(청초): 궁녀를 비유한 것. 車聲(거성): 황제의 수레를 말함.

4) 長卿(장경): 한(漢)나라 사마상여(司馬相如)의 자. 사마상여의 「장문부서(長門賦序)」에 "효무황제(孝武皇帝)의 진황후(陳皇后)가 이때 총애를 얻고 자못 질투가 심하여, 따로 장문궁(長門宮)에 있도록 했는데, 근심과 슬픔 속에서 지냈다. 사마상여는 천하에서 글을 잘 지었는데, 황금 백 근을 가지고 갔다. 상여를 위하여 문군(文君)이 술을 가져오니, 그로 인하여 슬픈 말을 풀어냈다. 상여가 글을 지어 주군(主君)을 깨우치게 하니, 황후는 다시 총애를 얻었다"고 했다.

조백계 趙伯啓

조백계(1255-1333), 자는 사개(士開), 제녕(濟寧) 탕산(碭山: 안휘성) 사람. 지원(至元) 중에 기주교수(冀州敎授)로 추천되고, 강음로경력(江陰路經歷)을 거쳐, 집현시독학사(集賢侍讀學士)와 어사대시어사(御史臺侍御史) 등을 지냈다. 저서에 『한천만고(漢泉漫稿)』가 있다.

밤비 夜雨

老屋淙淙榻屢移[1]	낡은 지붕 빗물 새어 침상을 자주 옮기고
披衣起坐候晨鷄	옷 입고 일어나 앉아 새벽닭소리를 기다리네
四簷急溜三江瀉[2]	사방처마의 급한 낙숫물에 삼강이 쏟아지고
一道寒聲萬弩齊[3]	한 줄기 서늘한 소리에 만 쇠뇌가 일제히 쏘아지네
飛雪過窓開寶鑑[4]	번갯불이 창을 지나며 거울을 열고
震雷鼓物揭征鼙[5]	천둥소리가 사물을 치며 출정북소리를 울리네
平明點檢人間事	내일 세상사를 점검해보면
流水溶溶漲小溪[6]	흐르는 물 넘실넘실 작은 개울이 넘치리라

주석

1) 淙淙(종종): 물방울이 떨어지는 소리.
2) 急溜(급류): 처마의 낙숫물이 급히 떨어지는 것.
3) 寒聲(한성): 바람소리. 弩(노): 기계로 쏘는 활.
4) 飛雪(비설): 비전(飛電)의 잘못.
5) 揭(게): 북채를 들어 올리는 것. 征鼙(정비): 출정북소리. 비(鼙)는 말 위에서 치는 작은 북.
6) 溶溶(용용): 물이 넘실대는 모양.

황경 黃庚

황경(1260-1328?), 자는 성보(星甫), 태주(台州) 천태(天台: 절강성) 사람. 송말에 태어나서, 거업(擧業)에 힘썼으나, 송이 망한 후 강호로 떠돌았다. 교관(敎館)을 생업으로 삼으면서, 시에 진력했다. 그의 시풍은 만당 풍격을 이루었다. 저서에 『월옥만고(月屋漫稿)』가 있다.

어은을 주중명을 위해 읊다 漁隱爲周仲明賦[1]

一笠戴春雨	한 대삿갓으로 봄비를 맞으며
扁舟寄此情	편주에 이 정을 붙이네
世間塵網密	세간의 진망이 조밀하지만
江上釣絲輕	강가의 낚싯줄은 가볍네
不羨魚蝦利	물고기의 이득을 바라지 않고
惟尋鷗鷺盟	오직 갈매기 해오라기와의 맹약을 찾네
狂奴臺下水[2]	광노대 아래의 물은
猶作漢時淸	오히려 한나라 시절처럼 맑네

주석

1) 漁隱(어은): 어부(漁夫)로 은거하는 것.
2) 狂奴臺(광노대): 한나라 엄자릉(嚴子陵: 嚴光)의 조대(釣臺)를 말함. 절강성 동려(桐廬)에 있음. 광무제(光武帝) 유수(劉秀)와 동학이었는데, 벼슬을 바라지 않고, 부춘산(富春山)에 은거했음. 유수가 일찍이 그를 광노(狂奴)라고 했음.

주역을 베고 枕易[1]

古鼎烟銷倦點朱[2]	고정의 연기 사라지고 권점이 게으른데
翛然高臥夜寒初[3]	소연히 편히 누운 밤이 추운 때이네
四簷寂寂半牀夢	사방 처마 적적하고 반 침상에서 꿈꾸며
兩鬢蕭蕭一卷書[4]	양 귀밑머리 성근데 한 권 책을 베었네

日月冥心知代謝[5]　일월을 명심하며 대사를 깨닫고
陰陽回首驗盈虛[6]　음양을 회상하며 영허를 징험하네
起來萬象皆吾有　일어나니 만상이 모두 내 소유이고
收拾乾坤在草廬　건곤을 수습하여 내 초려에 있네

주석

1) 이 시는 원나라 장관광(張觀光)의 『병암소고(屛岩小稿)』에도 실려 있음. 易(역): 『주역(周易)』. 황경이 산음(山陰)에 있을 때, 월중(越中) 시사(詩社)에서 이 제목으로 시험을 보아서 제일로 평가받은 작품임.

2) 古鼎(고정): 오래된 세발 향로. 點朱(점주): 붉은 권점(圈點)을 찍는 것.

3) 翛然(소연): 자연초탈한 모양. 高臥(고와): 안와(安臥).

4) 蕭蕭(소소): 머리털이 성근 모양.

5) 冥心(명심): 골똘히 사색하는 것. 代謝(대사): 교체하여 변화함.

6) 陰陽(음양): 『주역·계사(系辭)』에 "일양(一陽)과 일음(一陰)이 도(道)이다"라고 했음. 回首(회수): 회상(回想). 盈虛(영허): 『주역·풍괘(豊卦)』에 "日中則昃, 月盈則食, 天地盈虛, 與時消息."이라 했음.

평설

• 『월옥만고(月屋漫稿)』의 원주(原注)에 "고관(考官) 이시랑(李侍郎) 응기(應祈)가 비답(批答)하기를 '시제(詩題)에서 침역(枕易)보다 어려운 것이 없다. 스스로 작가대수필(作家大手筆)이 아니면, 어찌 모사(模寫)할 수 있겠는가? 대개 그것은 풍운(風雲)·우로(雨露)·강산(江山)·화조(花鳥) 등을 언급할 수 없다. 이 때문에 그것이 어렵게 되는 바이다. 내가 30여 권을 열람해보았는데, 전편(全篇)이 순수한 것이 드물었다. 진정

모래를 헤치고 사금을 고르는 것처럼 사람을 민민(悶悶)하게 했다. 문득 이 작품을 보니, 분분(紛紛)한 분앙(盆盎: 항아리) 중에서 고뢰(古罍: 옛 술잔)를 얻은 것처럼, 씻어서 완상하며 차마 손을 뗄 수 없었다. 이 시의 기구(起句) 권(倦)자는 곧 졸음의 뜻을 머금었고, 함련(頷聯)의 기상(氣象)은 우유(優游)한데, 특히 힘을 들이지 않고 침역(枕易)의 묘(妙)를 곡진하게 폈다. 경련(頸聯) 명심(冥心)과 회수(回首) 4글자는 그 정밀함을 지극히 했다. 결구(結句)는 만마(萬馬)가 종횡으로 달리듯, 형세를 막을 수 없고, 또한 역량(力量)을 지녔다. 전편(全篇)의 체제(體製)는 법도에 맞고, 음조(音調)는 궁상(宮商)에 맞아서, 삼복강탄(三復降歎)하게 한다. 이는 반드시 소단(騷壇)의 노수(老手)이니, 기고(旗鼓)를 바라보면 그가 대장임을 이미 아는 것이다. 관면(冠冕)의 무리 중에서 누가 그렇지 않다고 할 것인가?'라고 했다"고 했다.

못의 연꽃 池荷

紅藕花多映碧闌[1]	붉은 연꽃이 많아서 푸른 난간을 비추는데
秋風纔起易彫殘[2]	가을바람이 막 일어나자 쉽게 시들어버리네
池塘一段榮枯事	연못의 일단의 영고사가
都被沙鷗冷眼看[3]	모두 갈매기의 차가운 시선을 받네

주석

1) 紅藕(홍우): 홍련(紅蓮).

2) 彫殘(조잔): 조잔(凋殘).

3) 沙鷗(사구): 갈매기. 백구(白鷗).

송무 宋无

송무(1260-1340), 자는 자허(子虛), 이전에는 희안(晞顔)이란 자로 행세했다. 이름은 명세(名世), 평강(平江: 강소성 蘇州) 사람. 평생 뜻을 이루지 못하고, 만년에는 '일사(逸士)'라고 자칭했다. 그의 시는 조맹부(趙孟頫)·풍자진(馮子振) 등에게서 칭송을 받았다. 저서로 『취한집(翠寒集)』이 있다.

전성남 戰城南[1]

漢兵鏖戰城南窟	한나라 병이 성남의 굴에서 죽도록 싸우는데
雪深馬僵漢城沒	눈발 깊어 말이 넘어지고 한성은 매몰되었네
凍指控弦指斷折	언 손가락으로 활 당기니 손가락이 절단되고
寒膚著鐵膚皸裂	언 피부에 철갑 입으니 피부가 갈라터지네
軍中七日不火食	군중에선 칠일 간 익힌 밥을 먹지 못하고
手殺降人吞熱血[2]	손으로 포로를 죽여서 뜨거운 피를 마시네
漢懸千金購首級[3]	한나라에서 천금 걸고 적의 수급을 사니
將士銜枚夜深入[4]	장사들 막대 물고 밤에 깊이 침입하네
天愁地黑聲啾啾[5]	천지가 처량하며 귀신들 통곡이 소란하고
鞍下髑髏相對泣	안장 아래 해골들이 서로 대하고 우네
偏裨背負八十創[6]	편장과 비장들은 등에 팔십 창상을 입고
破旗裹尸橫道旁	찢어진 깃발로 시체를 싸서 길가에 늘어놓네
殘卒忍死哭空城	남은 졸병들은 죽지 못하고 빈 성에서 통곡하는데
露布獨有都護名[7]	첩보엔 단지 도호의 이름만 있네

주석

1) 戰城南(전성남): 한(漢)나라 요가곡(鐃歌曲: 軍中樂歌)의 이름.
2) 降人(항인): 항복한 적의 포로.
3) 首級(수급): 죽은 적군의 머리.
4) 銜枚(함매): 군중(軍中)에서 말소리나 고함을 막기 위해 사용하는 젓가락모양의 막대를 입에 무는 것. 양쪽 끝에는 띠가 달려 있어서 목에 묶을 수 있음.
5) 天愁地黑(천수지흑): 하늘과 땅이 처량한 모양. 啾啾(추추): 처량한 곡성(哭

聲)소리. 두보(杜甫)의 〈병거행(兵車行)〉에 "君不見靑海頭, 古來白骨無人收, 新鬼煩寃舊鬼哭, 天陰雨濕聲啾啾"라고 했음.

6) 偏裨(편비): 편장(偏將)과 비장(裨將). 고급군관(高級軍官)들. 背負八十創(배부팔십창): 등에 80군데의 창상(創傷)을 입은 것.

7) 露布(노포): 봉하지 않은 공문서. 널리 첩보(捷報)나 격문(檄文)을 말함. 都護(도호): 관직의 이름. 당나라 조송(曹松)의 〈을해세(乙亥歲)〉시에 "一將功成萬骨枯"라고 했음.

이한림묘 李翰林墓[1]

嗜酒傲明時[2]	술 좋아해서 태평시절에 오만했는데
何因賀監知[3]	어떻게 하감이 알아보았던가?
承恩金馬詔[4]	금마조로 은혜 받았는데
失意玉環詞[5]	옥환사로 실의했네
名與三閭竝[6]	명성은 삼려와 나란하고
身將四皓期[7]	몸은 장차 사호와 기약하네
匡山有書讀[8]	광산에 독서처가 있는데
應亦歎歸遲	마땅히 귀환이 늦음을 탄식하리라

주석

1) **李翰林**(이한림): 이백(李白). 당나라 천보(天寶) 원년에 이백은 한림공봉(翰林供奉)에 임명되었다. 이백은 생전에 사조(謝朓)가 노닐었던 청산(靑山)을 좋아했는데, 죽어서 안휘성 당도현(當塗縣) 선룡산(仙龍山)에 묻혔다. 나중에 범전정(范傳正)이 그 손녀의 요청을 듣고 당도현 청산으로 이장시켰다. 원래

2수임.

2) 두보(杜甫)의 〈음중팔선가(飮中八仙歌)〉에 "李白一斗詩百篇, 長安市上酒家眠. 天子呼來不上船, 自稱臣是酒中仙"이라 했음.

3) 賀監(하감): 당나라 현종(玄宗) 때 비서감(秘書監)을 지낸 하지장(賀知章). 이백이 처음 장안(長安)에 왔을 때, 이백을 처음 보고는 적선인(謫仙人)이라 부르고, 이백의 시 〈촉도난(蜀道難)〉은 귀신을 울릴 수 있다고 칭찬했음.

4) 金馬詔(금마조): 한(漢)나라 때의 대조금마문(待詔金馬門). 당나라 때는 이 관직이 없었으나, 부름을 받은 인사를 한림원(翰林院)에 두고서 대조(待詔)라고 불렀음.

5) 玉環詞(옥환사): 옥환(玉環)은 양귀비(楊貴妃). 이백의 시 〈청평조(淸平調)〉 3수 중 "借問漢宮誰得似, 可憐飛燕倚新粧"이란 구가 있었는데, 고력사(高力士)가 이백에게 원한이 있어서, 이 구절은 양귀비를 풍자한 것이라고 모함을 했음.

6) 三閭(삼려): 전국시대 초(楚)나라 삼려대부(三閭大夫)를 지냈던 굴원(屈原).

7) 四皓(사호): 진(秦)나라 말, 한(漢)나라 초의 상산(常山)에 은거했던 4명의 은자. 동원공(東園公)·녹리선생(甪里先生)·기리계(綺里系)·하황공(夏黃公).

8) 匡山(광산): 이백이 어린 시절 독서했다는 강유(江油) 대광산(大匡山). 두보의 〈불견(不見)〉 시에 "匡山讀書處, 頭白好歸來"라고 했음.

평설

- 『원시선』에 "마해속(馮海粟: 馬子振)과 안 것은 가장 만년인데, 그 『취한집(翠寒集)』을 한 번 보고서, 곧 서문을 쓰기를 「承恩金馬詔, 失意玉環詞」와 「落月今誰弔, 長庚夜自明」은 비록 태백(太白: 李白)을 다시 살아나게 하더라도, 또한 마땅히 자허(子虛)를 위하여 무릎을 칠 것이다'고 했다. 자허의 시는 아수절륜(雅秀絶倫)하여 마땅히 당시 명배(名輩)들에게 추중을 받았다"고 했다.

동릉 오송산 중에서 銅陵五松山中[1]

樵聲聞遠林	나무하는 소리 먼 숲에서 들려오고
流水隔雲深	흐르는 물은 구름 깊은 곳에 격해있네
茅屋在何處	띠집은 어디 있는가?
桃花無路尋[2]	복사꽃을 찾을 길이 없네
身黃松上鼠	소나무 위엔 몸이 누런 다람쥐가 있고
頭白竹間禽	대숲 사이엔 머리가 흰 새가 있네
應有仙家住	마땅히 선가가 있으리니
避秦來至今	진나라 피해 와서 지금에 이르렀네

주석

1) 銅陵五松山(동릉오송산): 지금의 안휘성 동릉시(銅陵市)와 남릉현(南陵縣) 사이에 있음.

2) 桃花(도화): 무릉도원(武陵桃源)을 말함. 일단의 진(秦)나라 백성들이 진시황(秦始皇)의 폭정을 피해 무릉(武陵)으로 와서 세상과 절연하고 수세대를 살아왔는데, 한 어부가 물에 흘러오는 복사꽃을 보고 그 마을을 찾아가서 환대를 받고 돌아왔는데, 다시 찾아갈 수가 없었다고 함. 진(晉)나라 도연명(陶淵明)의 「도화원기(桃花源記)」에서 유래했음.

하중 何中

하중(1265-1332), 자는 태허(太虛), 또 다른 자는 양정(養正), 낙안(樂安: 강서성 낙안현) 사람. 송말에 진사에 응거했고, 경사(經史)에 박통하여, 오징(吳澄)과 게혜사(揭傒斯) 등의 추중을 받았다. 원나라 지순(至順) 2년(1331)에 용흥학사(龍興學師)가 되었다. 『원사(元史)』・「은일전(隱逸傳)」에 편입되었음. 저서에 『지비당(知非堂集)』・『역상류(易象類)』・『서전보유(書傳補遺)』 등 다수가 있다.

지비당에서 밤에 앉아서 知非堂夜坐[1]

前池荷葉深	앞 못에 연잎이 우거졌는데
微凉坐來爽	미약한 서늘함 속에 앉으니 상쾌하네
人歸一犬吠	사람들 돌아오니 한 마리 개가 짖고
月上百蟲響	달 떠오르니 온갖 벌레가 우네
余非洽隱淪[2]	나는 은거가 흡족하지 않는데
隙地成偃仰[3]	빈 땅에서 언앙을 이루었네
林端斗柄斜	숲 끝에 북두성 자루가 기우니
撫心獨悽愴	가슴 매만지며 홀로 슬퍼하네

주석

1) 知非堂(지비당): 하중의 거처.
2) 隱淪(은륜): 은거(隱居).
3) 隙地(극지): 공지(空地). 偃仰(언앙): 부앙자득(俯仰自得)하는 모양.

비온 후 저녁에 가다 雨後晩行

棲鳥黃昏後	새가 깃든 황혼 후인데
歸牛蒼莽間	돌아오는 소는 창망 사이에 있네
水明疑有月	물 밝아 달빛인가 싶고
烟澹欲無山	안개 담박하여 산이 없어지려 하네
幽谷元非隱	깊은 골짝이가 원래 은거지가 아닌데

高人自喜閑[1]	고인은 스스로 한가함을 기뻐하네
徘徊不能去	배회하며 갈 수 없는데
莎碧耿荒灣[2]	사초 푸르러 물 구비에서 빛나네

주석

1) 高人(고인): 고사(高士), 은자(隱者).
2) 莎(사): 사초(莎草). 다년생 풀. 자라면 1척(尺) 정도인데, 도롱이나 삿갓을 만들 수 있다.

일찍 일어나다 早起

覺來日已升	잠 깨니 해는 이미 떠올랐고
花梢衆禽語	꽃가지에 여러 새들 지저귀네
何許白浮萍	어느 곳의 흰 부평초인가?
池間散還聚	못 사이에서 흩어졌다 모이네
起見梅已空	일어나서 보니 매화 이미 비어있으니
夜來幾更雨	밤 중 몇 경에 비가 내렸던가?
魚行春到水	물고기들 지나가니 봄이 물에 이르고
草暖香在露	풀 따뜻하니 향기가 이슬에 있네
溪上人語喧	개울가엔 사람들 말소리 소란한데
樵薪滿沙路	땔나무꾼들 모랫길에 가득하네

원역 袁易

원역(1262-1306), 자는 통보(通甫), 평강(平江) 장주(長洲: 강소성 蘇州) 사람. 출사를 구하지 않았는데, 잠시 휘주로(徽州路) 석동서원산장(石洞書院山長)을 지내고, 오송(吳淞)으로 은거했다. 만 권의 서적을 갖추고 손수 교정(校定)했다. 장염(張炎)과 친했다. 조맹부(趙孟頫)가 그와 공숙(龔璛)·곽린손(郭麟孫)을 오중삼군자(吳中三君子)라고 칭송했다. 저서로 『정춘당집(靜春堂集)』이 있다.

단옷날에 객중에서 重午客中[1]

徙恨湘累遠[2]	상루의 시대가 먼 것이 한스러웠는데
他鄕楚俗同	타향도 초땅의 풍속이 같네
流傳存弔祭[3]	전해오는 제사가 남아있어
汨没見英雄	투신한 곳에서 영웅을 보네
竹葉於人綠	댓잎은 사람에게 초록을 비추고
榴花此日紅	석류꽃은 이날에 붉네
未須嗟旅泊	떠돌아다님을 한탄하지 않으니
吾道豈終窮[4]	우리 도가 어찌 끝내 막히겠는가?

주석

1) 重午(중오): 5월 5일 단오일(端午日). 원래 3수임.
2) 湘累(상루): 전국시대 초(楚)나라 굴원(屈原)을 말함. 죄 없이 죽는 것을 누(累)라고 함. 굴원은 참소를 받아 죄 없이 상수(湘水)에 투신하여 자결했음.
3) 弔祭(조제): 단오절 풍속은 굴원의 혼령을 위로하는 제사에서 유래했다고 함.
4) 『사기·공자세가(孔子世家)』에 "及西狩見麟, 曰: '吾道窮矣!'"라고 했음.

평설

• 청나라 예도(倪濤)의 『육예지일록(六藝之一錄)』에 "(원역의 〈중오객중〉시 등) 위 13수의 시는 명의(命意)가 한원(閒遠)하고, 하어(下語)가 청려(淸麗)하여 세속에 흐르지 않았다고 하겠다. 그러나 약간 정밀함을 더 가한다면, 두소릉(杜少陵: 杜甫)나 황산곡(黃山谷: 黃庭堅)이라도 이르기가 어려울 것이다. 이는 곤학민(困學民) 어양(漁陽) 선우추(鮮于樞)가 그 문집 뒤에다 적어서 돌려주었는데, 대덕(大德) 신축년 동지 1일 전이었다"고 했다.

원각 袁桷

원각(1266-1327), 자는 백장(伯長), 경원(慶元) 은현(鄞縣: 절강성 寧波) 사람. 송나라 동지추밀원사(同知樞密院事) 원소(袁韶)의 증손으로서 동자(童子) 때, 문에 능하여 명성이 있었다. 대표원(戴表元)·왕응린(王應麟)·서악상(舒岳祥) 등의 문하에서 배웠다. 국사원편수관(國史院編修官)·한림시강학사(翰林侍講學士) 등을 역임했다. 원나라 중기에 대도(大都)의 시단에서 활약했다. 저서로『청용거사집(淸容居士集)』이 있다.

장옥전에게 주다 贈張玉田[1]

將軍金甲明如日　　장군의 금갑은 햇살처럼 밝은데
勒馬橋邊淸警蹕[2]　말에 재갈 물린 다리 가에 경필소리 맑네
淮壖徹衛羽書沈[3]　회강 땅 호위하며 우서가 쌓이고
置酒行宮功第一　　슬자리 편 행궁에서 공이 제일이었네
彈冠熊軾塡高門[4]　공후의 수레들이 높은 문전을 메우고
英英玉照稱聞孫[5]　영영한 옥조당을 훌륭한 손자라고 칭송했네
百年文物意未盡　　백년 문물의 기운이 다하지 않아서
玉田公子尤超羣　　옥전공자는 더욱 출중하네
紫簫吹殘江水立　　자소소리 멈추자 강물이 일어나고
野雉驚塵暗原隰　　야생 꿩이 먼지 날리자 들 습지가 어둡네
夜攀雪柳踏河冰[6]　밤에 버들 꺾고 하수 얼음을 건너서
竟上燕臺論得失[7]　마침내 연대에 올라 득실을 논했네
丈夫未遇空遠遊　　장부가 불우하게 공연히 먼 여행을 했는데
秋風淅瀝銷征裘　　가을바람 일어나니 갖옷이 헤졌네
翩然騎鶴歸海上　　편연이 학을 타고 해상으로 돌아가서
一笑相問誇綢繆[8]　웃으며 서로 물으며 주무를 자랑하네
兩曜奔飛互朝夕[9]　해와 달은 빠르게 날며 밤낮을 바꾸고
璇府森芒蠡莫測[10]　선부는 아득히 작아서 헤아릴 수 없네
要須畫紙爲君聽[11]　화지가 필요한 건 그대 말을 듣기 위함인데
落筆雌黃期破的[12]　붓을 대어 자황하여 파적을 기약하네
壺中白日常高懸[13]　호중의 백일이 항상 높이 매달렸으니
道逢落筆呼醉眠[14]　길에서 만나면 붓 멈추고 술을 불러 잠자네

淸歌停雲意慘澹[15] 맑은 노래 <정운>의 뜻이 참담한데
倚聲更度飛龍篇[16] 가사 메우고 다시 <비룡편>을 살피네

주석

1) 張玉田(장옥전): 장염(張炎: 1248-?), 자는 숙하(叔夏), 호는 옥전(玉田)·낙소옹(樂笑翁). 조적(祖籍)은 봉상(鳳翔), 임안(臨安: 절강성 杭州)에 우거했음. 송나라 초의 대장군 순왕(循王) 장준(張俊)의 6세손. 남송의 저명한 격률파사인(格律派詞人), 부친 장추(張樞)는 음률에 정통하여 주밀(周密)과 결사(結社)한 사우(詞友)였다. 송이 망한 후 몰락하여 남쪽으로 와서 떠돌다 죽었다. 저명한 사인(詞人) 강기(姜夔)와 함께 '강장(姜張)'이라 병칭되었다. 원주(原注)에 "순왕(循王)의 5세손인데, 은(鄞)에 와서 복사(卜肆: 점집)를 차렸다"고 했다. 5세손은 6세손의 잘못임.

2) 警蹕(경필): 제왕이 출입할 때 군대가 호위하고, 도로를 계엄하고, 행인의 통행을 막는 것. 대장군 장준(張俊)이 황제를 호위한 것을 말함.

3) 淮壖(회연): 회하(淮河) 가의 땅. 장준은 일찍이 군대를 이끌고 회하 가에서 주둔한 적이 있었음. 徹衛(철위): 보위(保衛). 羽書(우서): 군대문서. 沈(침): 다(多). 많음을 말함.

4) 彈冠(탄관): 관모의 먼지를 털어서 정결하게 하는 것. 여기서는 공후와 같은 고관을 말함. 熊軾(웅식): 한(漢)나라 때 공후의 수레 앞의 손으로 잡는 가로 대는 곰을 새겨서 장식했음. 고관의 수레를 말함.

5) 英英(영영): 준수한 모양. 玉照(옥조): 옥조당(玉照堂) 장자(張鎡: 1153-?). 장준의 증손자. 유명한 사인(詞人)으로 천하제일의 원림을 갖추고, 육유(陸游)·우무(尤袤)·양만리(楊萬里)·신기질(辛棄疾)·강기(姜夔) 등과 교유했음. 원주에 "장자(張鎡), 호는 약재(約齋), 당명(堂名)은 옥조(玉照)이다"라고 했음. 聞孫(문손): 영예로운 손자.

6) 雪柳(설류): 하얀 버들솜이 핀 버드나무를 말함.

7) 燕臺(연대): 원래는 황금대(黃金臺)를 말하지만, 여기서는 원나라 대도(大都)를 말한 것임. 장염이 원나라 대도에서 벼슬을 구한 적이 있음을 말한 것임.

8) 綢繆(주무): 사전에 일을 잘 준비하는 것.

9) 兩曜(양요): 해와 달.

10) 璇府(선부): 물속의 선부(仙府).

11) 장옥전이 점을 보러 온 사람의 말을 듣고 점을 치는 것을 말함.

12) 落筆(낙필): 붓을 대는 것. 雌黃(자황): 점괘를 논의 하는 것. 破的(파적): 점괘를 적중하는 것.

13) 壺中白日(호중백일): 전설에 의하면, 동한(東漢)의 비장방(費長房)이 시연(市掾)으로 있을 때, 시장 안에서 어떤 노인이 약을 팔았는데, 한 병[壺]을 시장 머리에 매달아 두었다가 시장이 파하면 병 속으로 뛰어 들어갔다. 비장방이 누대에서 그것을 보고서, 비상한 사람임을 알았다. 다음날 그 노인을 찾아가서 함께 병 속으로 들어갔다. 옥당(玉堂)이 화려했고, 좋은 술과 좋은 안주가 가득 차려 있어서 함께 술을 마시고 나왔다고 했다. 이 호공(壺公)에 대해서는 여러 설이 있어서 일치하지 않는다. 그 이름이 왕호공(王壺公), 혹은 시존(施存)이라는 설이 있음.

14) 落筆(낙필): 붓을 놓는 것.

15) 停雲(정운): 진(晉)나라 도연명(陶淵明)의 〈정운(停雲)〉시 4장(章)을 말함. 그 서에 "停雲, 思親友也. 罇湛新醪, 園列初榮, 願言不從, 歎息彌襟"이라고 했음.

16) 倚聲(의성): 전사(塡詞). 飛龍篇(비룡편): 조식(曹植)의 시 제목. 장염의 사(詞)가 문채가 남을 말한 것임.

석양에 중장을 방문했으나 만나지 못했다 晚訪仲章, 不遇

小院春濃落照間   작은 정원 봄이 깊은데 낙조 사이에 있고

碧篁相對乳禽還[1]　푸른 대나무들 마주 하고 어린 새들 돌아오네
晚風陣歇遊絲盡[2]　석양 바람 멈추니 날리던 거미줄 없어지고
留得歸雲在屋山[3]　돌아가는 구름만 용마루에 머물렀네

주석 ○∕

1) 碧篁(벽황): 청죽(靑竹). 乳禽(유금): 유금(幼禽).

2) 遊絲(유사): 거미줄 같이 바람에 날리는 여러 벌레들이 내는 실.

3) 屋山(옥산): 옥척(屋脊).

유선 劉詵

유선(1268-1350), 자는 계옹(桂翁), 호는 계은선생(桂隱先生), 길안(吉安) 길수(吉水: 강서성) 사람. 2세에 모친을 여위고, 7세에 부친을 여위고, 9세에 송나라가 망했는데, 송나라 유로(遺老)들의 영향을 받아서 출사하지 않고 평생 숙사(塾師)로 생애를 마쳤다. 시단에서 문명을 떨쳐 많은 원로들의 칭송을 받았다. 우집(虞集)·구양현(歐陽玄)·게혜사(揭傒斯) 등이 그의 문집에 서문을 썼다. 저서로 『계은집(桂隱集)』이 있다.

고향에서 밤에 앉아 감회가 있어서 故鄕夜坐有感

諸兄棄逝有喬木[1]	여러 형들 세상 떠나서 교목만 남아있고
病妻死別今空帷	병든 처는 사별하고 지금 빈 휘장만 있네
凄凉聽雨夜如此	처량하게 빗소리 듣는 밤이 이와 같으니
老大還鄕心轉悲	늙어서 귀향하니 마음 더욱 슬프네
風氣百年無舊俗	풍기는 백년이 지나 옛 풍속이 없는데
江山滿目記兒時	강산은 온 시야에서 어린 시절을 기억하네
孤燈明滅可誰語	외로운 등불 가물대는데 누구와 얘기 하나?
援筆悵然還賦詩	붓을 들고 슬프게 다시 시를 짓네

주석

1) 喬木(교목): 묘지에 심은 소나무와 측백나무 등이 크게 자란 것.

하화장에서 묵다 宿荷花莊

晚宿山村待雨晴	저녁에 산촌에 묵으며 비 개길 기다리는데
夜深雲弄月痕明	밤 깊어 구름이 달 흔적을 밝게 흔드네
茅廬四面溪田遶	초가집은 사면에 개울과 밭이 둘러서
半是蛙聲半水聲	반은 개구리소리고 반은 물소리이네

장양호 張養浩

장양호(1270-1329), 자는 희맹(希孟), 호는 운장(雲莊)·제동야인(齊東野人), 제남(濟南) 여성(厲城: 산동성) 사람. 감찰어사(監察御使)·한림직학사(翰林直學士) 등을 지냈다. 청렴하고, 강직하였는데, 권귀(權貴)에게 쫓김을 당했다. 관중(關中)에 큰 한발(旱魃)이 들자, 섬서행대중승(陝西行臺中丞)으로 특별히 임명되었다. 유민들을 구제하다가 병이 들어 관소에서 죽었다. 저서로 『귀전유고(歸田類稿)』가 있다.

유민을 슬퍼하는 노래 哀流民操[1]

哀哉流民	슬프구나 유민들이여!
爲鬼非鬼	귀신이면서 귀신이 아니고
爲人非人	사람이면서 사람도 아니네
哀哉流民	슬프구나 유민들여!
男子無縕袍[2]	남자는 솜 도포도 없고
婦女無完裙	부녀자는 온전한 치마조차 없네
哀哉流民	슬프구나 유민들이여!
剝樹食其皮	나무를 깎아 그 껍질을 먹고
掘草食其根	풀을 파서 그 뿌리를 먹네
哀哉流民	슬프구나 유민들이여!
晝行絶烟火	낮에 가면서 밥하는 연기 끊겼고
夜宿依星辰	밤에 묵는 곳은 별빛에 의지하네
哀哉流民	슬프구나 유민들이여!
父不子厥子	애비는 그 자식을 자식으로 대하지 못하고
子不親厥親	자식은 그 애비를 애비로 대하지 못하네
哀哉流民	슬프구나 유민들이여!
言辭不忍聽	하소연을 차마 들을 수 없고
號哭不忍聞	통곡을 차마 들을 수 없네
哀哉流民	슬프구나 유민들이여!
朝不敢保夕	아침에는 감히 저녁을 보존할 수 없고
暮不敢保晨	저녁에는 감히 새벽을 보존할 수 없네
哀哉流民	슬프구나 유민들이여!
死者已滿路	죽은 자들이 이미 길에 가득한데

生者鬼與鄰	살아 있는 자들도 귀신과 이웃이네
哀哉流民	슬프구나 유민들이여!
一女易斗粟	한 딸은 한 말 곡식과 바꾸었고
一兒錢數文	한 아들은 돈 몇 문에 팔았네
哀哉流民	슬프구나 유민들이여!
甚至不得將	심지어 키울 수가 없으니
割愛委路塵	사랑하는 자식을 길에다 버리네
哀哉流民	슬프구나 유민들이여!
何時天雨粟	언제나 하늘이 곡식을 뿌려주어서
使汝俱生存	너희 모두를 살릴 것인가?
哀哉流民	슬프구나 유민들이여!

주석

1) 操(조): 원래 금곡(琴曲)의 이름인데, 나중에 운문(韻文)의 한 체(體)가 되었음.
2) 縕袍(온포): 삼베 섬유를 안에 채워서 만든 도포. 가난한 사람들의 옷이었음.

평설

- 『사고전서총목(四庫全書總目)』에 "양호(養浩)는 원대(元代)의 명신(名臣)인데, 사한(詞翰)의 공졸(工拙)을 중경(重輕)으로 삼지 않았다. 그러나 그 문집을 읽어보면, 시정(時政)을 진술한 여러 소(疏)들은 풍채(風采)가 늠연(凜然)하고, 〈애유민조〉·〈장안효자고해시(長安孝子賈海詩)〉 등 여러 편들은 또한 충후비측(忠厚悱惻)하여 성대한 인인(仁人)의 말이다. 문(文)으로써 논해도 또한 탁연(卓然)하지 않음이 없으니, 전해질 만하다"고 했다.

윤정고 尹廷高

윤정고, 자는 중명(仲明), 호는 육봉(六峰), 처주(處州) 수창(遂昌: 절강성) 사람. 그 부친 죽파(竹坡)는 송말에 시로써 칭송받았다. 윤정고는 송말의 난리 속에서 떠돌다가 송이 망한 후 20년 만에 고향으로 돌아왔다. 영가(永嘉)에서 장교(掌教)를 지내고, 경사에 갔다가 병으로 돌아왔다. 저서에 『옥정초창정속고(玉井樵唱正續稿)』가 있다.

수레에서 고악부를 짓다 車中, 作古樂府

車歷轆車歷轆[1]	수레소리 덜컹덜컹 수레소리 덜컹덜컹
驢牛逐逐雙轉轂	검은 소들 이어가며 두 바퀴가 굴러가네
可憐喘汗更鞭扑	불쌍하게 헐떡이며 땀 흘리는데 채찍으로 치고
行到深更鞭轉速	길이 파인 곳에 이르면 채찍질이 더욱 빨라지네
老夫平生苦暈眩	노부는 평생 현기증이 괴로워서
兩手扶頭身蹙縮	양손으로 머리 싸매고 몸은 위축 되네
停車少憩日又出	수레 멈추고 잠깐 쉬면 해가 다시 떠오르니
束栝營炊道旁屋[2]	길갓집에서 땔나무로 밥을 하네
牛疲馬跛筋力絕	소 피로하고 말 절뚝이며 근력이 끊겼는데
世上利名心未足	세상의 명리는 마음에 차지 않아서
前車未去後車續	앞 수레가 가기 전에 뒤 수레가 이어지네
車歷轆車歷轆	수레소리 덜컹덜컹 수레소리 덜컹덜컹
老夫柳下眠正熟	노부는 버드나무 아래서 잠이 푹 들었는데
鈴丁當鈴丁當	방울소리 딸랑딸랑 방울소리 딸랑딸랑
大車小車擺作行	큰 수레 작은 수레 늘어져 행렬 이루네
問渠捆載有何物	저에게 묶어 실은 짐이 뭐냐고 물어보니
云是官滿非經商[3]	관만의 짐이고 상업의 경영이 아니라 하네
蟠螭金函五色毯	교룡 서린 황금 함과 오색 담뇨
鈿螺椅子象牙牀	나전 의자와 상아 침상
美人嬌嬌如海棠	미인은 해당화처럼 아리따운데
面簾半染塵土黃[4]	면렴은 반쯤 먼지 묻어 누렇네
迎門軟脚鬧親舊[5]	영접하는 술자리엔 친구들 소란하고

提挈酪甕刲肥羊	술동이 들어내고 살찐 양을 잡네
人生富貴歸故鄕	인생이 부귀하여 고향으로 돌아가는데
鈴丁當鈴丁當	방울소리 딸랑딸랑 방울소리 딸랑딸랑
老夫北行書滿箱[6]	노부의 북행엔 책만 상자에 가득하네

주석

1) 歷轆(역록): 수레바퀴가 굴러가는 소리. 역(歷)은 역(轣)과 통용.
2) 束栝(속괄): 속신(束薪). 동여맨 땔나무. 괄(栝)은 노송나무.
3) 官滿(관만): 관직의 임기가 다한 것.
4) 面簾(면렴): 얼굴을 가린 발.
5) 軟脚(연각): 연각연(軟脚筵). 먼 곳에서 온 사람을 맞이하는 주연(酒宴).
6) 작가 또한 관직의 임기가 차서 북쪽으로 돌아가는데 가져가는 짐은 책뿐이라는 것.

객중에서 귀향을 생각하다 客中思歸

孤燈寒照影	외로운 등불 그림자를 차갑게 비추고
淸夜自沈吟	맑은 밤에 스스로 골똘히 읊조리네
砧杵他鄕淚[1]	다듬질소리에 타향에서 눈물 흘리고
松楸故國心[2]	소나무 가래나무 보고 고향생각 하네
路長歸夢短	길은 긴데 돌아가는 꿈은 짧고
酒淺客愁深	술잔은 얕은데 나그네 수심은 깊네

了却江湖債　　　강호에서의 채무를 버리고
携書隱竹林　　　책을 가지고 죽림에 은거하리라

주석

1) 砧杵(침저): 다듬잇돌과 다듬이방망이.
2) 松楸(송추): 소나무와 가래나무. 선산의 묘지에 심는 나무들. 故國(고국): 고향.

우집 虞集

우집(1272-1348), 자는 백생(伯生), 호는 도원(道園)·소암선생(邵庵先生), 조적(祖籍)은 인수(仁壽: 사천성), 송나라가 망한 후 임천(臨川) 숭인(崇仁: 강서성)으로 이거했다. 송나라 승상 우윤문(虞允文)의 5세손이다. 오징(吳澄)의 문하에서 경학을 배웠다. 성종(成宗) 대덕(大德) 초에 대도로유학교수(大都路儒學敎授)에 추천되고, 비서소감(祕書少監)·한림직학사(翰林直學士)·국자좨주(國子祭酒)·규장각시서학사(奎章閣侍書學士) 등을 지냈다. 『경세대전(經世大典)』의 수찬에 참여하고, 시강학사(侍講學士)가 되었다. 우집은 게혜사(揭傒斯)·유관(柳貫)·황진(黃溍)과 함께 '원유사가(元儒四家)'라고 병칭되고, 시에 있어서는 게혜사·범팽(范梈)·양재(楊載)와 함께 '원시사대가(元詩四大家)'라고 병칭되었다. 저서로 『도원학고록(道園學古錄)』이 있다.

『원시선』에 "선생(우집)의 시는 포성(浦城) 양중홍(楊仲弘: 양재)·청강(淸江) 범덕기(范德機: 범팽)·부주(富州) 게만석(揭曼碩: 게혜사)과 선후로 제명했는데, 사람들이 '우양범게(虞楊范揭)'를 원나라 한 시대에서 가장 성대하다고 여겼다. 선생이 일찍이 말하기를 '중홍(仲弘)의 시는 백전건아(百戰健兒)와 같고, 덕기(德機)의 시는 당림진첩(唐臨晉帖)과 같고, 만석(曼碩)의 시는 미녀잠화(美女簪花)와 같다'고 했다. 사람들이 '공의 시는 어떠합니까?'라고 물으니, 선생이 말하기를 '우집은 곧 한정노리(漢廷老吏)이다'라고 했다. 대개 선생이 자부함을 면하지 못했지만, 공론(公論)이 모두 옳다고 여겼다"고 했다.

금인출새도 金人出塞圖

海風吹沙如捲濤[1]	해풍이 파도를 말아대듯 모래를 부니
高爲陁磧深爲壕	높은 모래언덕과 깊은 해자를 이루었네
築壘其上嚴周遭	그 위에 성채를 세워 위엄이 두루 둘렀고
名王專居氣振豪[2]	명왕의 거처엔 기세가 웅혼함을 떨치네
肉食湩飮田爲遨[3]	육식과 젖 음료로 사냥을 즐기고
八月草白風颼颼[4]	팔월 백초엔 바람이 쐬아쐬아 부네
馬食草實輕骨毛	말은 풀 열매를 먹고 골격과 털이 경쾌하고
加弦試弓復置櫜	시위를 당겨 활을 시험하고 다시 활집에 넣네
今日不樂心慅慅	오늘 즐기지 못하면 마음이 고달프니
什什伍伍呼其曹	열씩 다섯씩 짝지어 그 무리를 부르네
銀黃兔鶻明繡袍	은색 황색으로 토끼와 매를 수놓은 도포가 밝고
鷓鴣小管隨鳴鼛[5]	자고가락의 소관이 북소리를 따르네
背孤向虛出北皐[6]	길흉을 점치고 북쪽 언덕을 나서니
海東之鷲王不驕[7]	해동청은 왕성한 채 교만하지 않네
錦鞲金鏇紅絨絛[8]	비단 팔 깍지와 금 선반과 붉은 모직 끈인데
按習久蓄思一超	훈련이 오래 쌓여 한 번의 비상을 생각하네
是時晶淸天翳絶	이때 날이 맑아 하늘엔 장애물이 없는데
駕鵞東來雲帖帖[9]	기러기들 동쪽으로 오며 구름에서 우네
去地萬仞天一瞥	땅에서 만 길 높이로 하늘에 언뜻 보이니
離婁屬望目力竭[10]	이루가 바라보며 시력을 다 펴네
微如聞音鷲一掣	은미한 소리를 듣고 매가 한 번 당기며
束身直上不回折	묶은 몸을 수직으로 치키며 돌려 꺾지 않네

遂使孤飛一片雪　　마침내 한 조각 눈발을 외롭게 날게 하니
頃刻平蕪灑毛血　　순식간에 넓은 들에 깃털과 피가 뿌려지네
爭誇得雋頓足悅[11]　사냥물을 다퉈 자랑하며 발 구르며 기뻐하니
挂免縣狼何足說　　토끼와 이리를 매다는 것을 어찌 말하겠는가?
旌旗先歸向城闕　　깃발이 먼저 돌아가며 성궐을 향하고
落日悲風起蕭屑　　석양의 슬픈 바람에 쑥대 가루가 날리네
煙塵滿城鼓微咽　　먼지연기가 성에 가득하고 북소리 작게 울리고
大酋要王具甘歠[12]　대추가 왕에게 좋은 술을 갖출 것을 청하네
王亦欣然沃焦熱[13]　왕 또한 기쁘게 그을린 열기를 씻고
閼支出迎騎小驖[14]　알지가 출영하러 작은 말을 타고 오네
琵琶兩姬紅顴頰　　비파 든 두 여인은 얼굴이 붉은데
歌舞迭進醉燭滅　　가무를 차례로 올리니 취한 촛불이 명멸하고
穹廬斜轉氍毹月[15]　궁려에 비껴 도는 양탄자의 달빛이네

주석

1) 海風(해풍): 사막의 바람을 말함.

2) 名王(명왕): 금왕(金王).

3) 湩飮(동음): 말이나 양 따위 젖으로 만든 음료수. 田(전): 전(畋). 사냥.

4) 草白(초백): 백초(白草). 초원에 자라는 일종의 목초. 颼颼(수수): 바람이 부는 소리.

5) 鷓鴣(자고): 자고곡(鷓鴣曲). 鳴韜(명도): 요도(搖鼗).

6) 背孤向虛(배고향허): 길흉을 점치는 것.

7) 海東之鷙(해동지지): 해동청(海東靑). 흑룡강(黑龍江) 하류 부근에서 생산되는 매의 일종.
8) 錦鞲金鏃(금구금선): 매를 팔에 앉히는 도구. 紅絨條(홍융조): 매를 묶은 끈.
9) 駕鵞(가아): 기러기의 일종. 帖帖(첩첩): 기러기가 우는 소리.
10) 離婁(이루): 『맹자(孟子)』에 나오는 시력이 지극히 밝은 사람의 이름.
11) 雋(준): 살찐 새고기.
12) 大酋(대추): 옛날 주관(酒官)의 우두머리. 甘歠(감철): 미주(美酒).
13) 沃焦熱(옥초열): 멈추지 않고 술을 마시는 것을 말함.
14) 閼支(알지): 흉노(匈奴) 왕의 왕후. 小驖(소철): 밤색 털빛의 작은 말.
15) 穹廬(궁려): 지붕이 둥근 양탄자 천막 집. 氈毹(구유): 바닥에 까는 모직 담요.

평설

- 『시수』에 "웅혼유려(雄渾流麗)하고, 부추(步驟)가 중정(中程)하다"고 했다.

어촌도에 적다 題漁村圖

黃葉江南何處村	누런 잎 지는 강남의 어느 마을인가?
漁翁三兩坐槐根	어옹들 두세 사람 홰나무뿌리에 앉아있네
隔溪相就一烟棹	개울 격하여 서로 한 연파 속의 배로 나아가고
老嫗具炊雙瓦盆	할미는 두 질그릇에 밥을 차리네
霜前漁官未竭澤[1]	서리 전에 어관은 갈택을 그치지 않는데
蟹中抱黃鯉肪白[2]	게는 노란 알을 배고 잉어는 지방이 희네

已烹甘瓠當晨粲　이미 단 호박을 삶아 아침 반찬 마련하고
更擷寒蔬共苣席³⁾　또 가을채소를 뽑아 풀 자리에서 함께 먹네
垂竿何人無意來　낚시 드리운 뜻 없이 온 사람은 누구인가?
晚風落葉何㲚毸⁴⁾　저녁바람에 낙엽은 어찌 그리 춤추는가?
了無得失動微念　득실에 대한 작은 염려도 전혀 없는데
況有興亡生遠哀　하물며 흥망에 대해 먼 슬픔이 있겠는가?
憶昔采芝有園綺⁵⁾　옛날 지초 캐던 동원공 기리계를 생각하니
猶被留侯迫之起⁶⁾　오히려 유후에게 강요를 당해 일어났었네
莫將名姓落人間　이름과 성을 세상에 남기지 말고
隨此橫圖卷秋水　이 횡도권의 가을 물을 좇으려네

주석

1) 漁官(어관): 어세(漁稅)를 관장하는 관리. 竭澤(갈택): 못물을 다 말려서 물고기를 잡는 것.『여씨춘추(呂氏春秋)·의상(義賞)』에 "竭澤而漁, 豈不獲得, 而明年無魚"라고 했음.

2) 蟹中抱黃(해중포황): 게의 배에 노란 알이 찬 것. 肪(방): 지방(脂肪).

3) 苣席(초석): 풀로 짠 자리.

4) 㲚毸(배시): 춤을 추는 모양.

5) 園綺(원기): 동원공(東園公)과 기리계(綺里季). 녹리선생(甪里先生)과 하황공(夏黃公)과 함께 진(秦)나라 말에 상산(商山: 섬서성 商縣 동남)에 은거했던 상산사호(商山四皓). 지초(芝草)를 캐서 먹고 살았음.

6) 留侯(유후): 한(漢)나라 장량(張良)의 봉호. 한고조 유방(劉邦)이 태자를 바꾸려고 하자, 장량은 여후(呂后)의 부탁을 받고, 상산사호를 불러내서 태자빈객(太子賓客)이 되게 하였음.

적성관 赤城館[1]

雷起龍門山[2]	천둥이 용문산에서 울려나니
雨灑赤城觀	비가 적성관을 씻어내네
蕭騷山木高[3]	소소히 산 나무들이 높고
浩蕩塵路斷	아득히 속세의 길이 끊겼네
魚龍喜新波	어룡은 새 물결을 기뻐하고
燕雀集虛幔	연작은 빈 장막에 모여드네
開戶微風興	문을 여니 미풍이 불고
倚杖衆雲散	지팡이 짚으니 많은 구름이 흩어지네

주석

1) 赤城(적성): 내몽고(內蒙古) 적성현(赤城縣).
2) 龍門山(용문산): 내몽고(內蒙古) 적성현(赤城縣) 북쪽, 운주보(雲州堡) 동북에 있음.
3) 蕭騷(소소): 바람이 부는 소리.

문산 승상을 애도하다 挽文山丞相[1]

徒把金戈挽落暉[2]	공연히 금과로 지는 해를 되돌리려 했는데
南冠無奈北風吹[3]	남관에 북풍이 부는 것을 어찌할 수 없었네
子房本爲韓仇出[4]	자방은 본래 한나라 원수를 갚기 위해 나왔고
諸葛寧知漢祚移[5]	제갈량이 어찌 한나라가 바뀔 것을 알았으랴?

雲暗鼎湖龍去遠[6]　　구름 어두운 정호에서 용이 멀리 떠나갔고
月明華表鶴歸遲[7]　　달 밝은 화표주엔 학이 돌아옴이 늦네
不須更上新亭望[8]　　다시 신정에 올라 바라보지 마오
大不如前灑淚時　　　옛날 눈물 흘리던 때와 크게 다르다오

주석

1) 文山(문산): 문천상(文天祥: 1236-1283)의 호. 원나라에 항거하다가 포로로 끌려가서, 끝까지 굴복하지 않다가 결국 처형당했음.

2) 『회남자(淮南子)・남명훈(覽冥訓)』에 의하면, 노(魯)나라 양공(陽公)이 한(韓)나라와 싸우다가, 해가 저물려고 하자, 창을 휘둘러 해를 삼사(三舍)로 되돌려 놓았다고 함.

3) 南冠(남관): 남송의 문천상을 말함. 北風(북풍): 원나라를 말함.

4) 子房(자방): 장량(張良)의 자. 장량은 본래 한(韓)나라 출신으로서 한나라의 원수를 갚기 위하여 장사를 파견하여 박랑사(博浪沙)에서 진시황을 저격했으나 실패했음. 나중에 유방을 도와서 한(漢)나라를 건국했음.

5) 諸葛(제갈): 촉한(蜀漢)의 승상 제갈량(諸葛亮). 한(漢)나라의 법통을 회복하려고 했으나 위(魏)나라에게 패하여 실패했음.

6) 『사기・봉선서(封禪書)』에 의하면, 황제(皇帝)가 형산(荊山) 아래서 정(鼎)을 주조하자, 하늘에서 용이 내려와서 그를 태우고 떠나갔다고 함. 나중에 그곳을 정호(鼎湖)라고 했음. '정호용거(鼎湖龍去)'는 천자의 서거를 지칭하게 되었음. 여기서는 송나라의 망함을 말한 것임.

7) 華表鶴(화표학): 요동(遼東) 사람 정령위(丁令衛)가 신선술을 배워서 학이 되어 돌아와서, 성 위의 화표주(華表柱)에 앉아 있다가 떠나갔다고 함.

8) 新亭(신정): 강소성 남경시(南京市) 남쪽에 있었음. 『진서(晉書)・왕도전(王導傳)』에 "강을 건너온 인사들이 매번 한가한 날에 서로 이끌고 신정(新亭)으로 나가서 술자리를 가졌다. 주개(周顗)가 좌석에 있다가 한탄하기를 '풍경

은 다르지 않는데, 눈을 들면 강산의 다름이 있다'고 하자, 모두가 서로 보면서 눈물을 흘렸다"고 했다.

평설

- 원나라 도종의(陶宗儀)의 『철경록(輟耕錄)』에 "〈만문승상시(挽文丞相詩)〉: 송승상(宋丞相) 문공(文公) 천상(天祥)에 대한 기사는 사책(史冊)에 실려 있는데, 비록 삼척동자일지라도 또한 그 충의를 말할 수 있다. 한림학사(翰林學士) 서위경(徐威卿) 선생 세융(世隆)에게 그를 애도한 시가 있는데 '大元不殺文丞相, 君義臣忠兩得之, 義似漢王封齒日, 忠如蜀將斫顔時. 乾坤日月華夷見, 嶺海風霜草木知. 只恐史官編不盡, 老夫和淚寫新詩'라고 했다. 잘 풍자했다고 하겠다. 우백(虞伯) 선생 집(集) 또한 시가 있는데 '……'라고 했다. 이 두 시를 읽으면서 눈물을 흘리지 않을 자는 거의 드물 것이다"라고 했다.

- 『원시선』에 "양철애(楊鐵崖: 楊維楨)가 홍무(洪武) 초에 부름에 가지 않고, 시를 짓기를 '子房本爲韓仇出, 諸葛寧知漢祚開?'라고 했는데, 이 시의 함련(頷聯)을 완전히 사용했다. 『열조시집(列朝詩集)』에 실려 있는 일본(一本)에는 '商山本爲儲君出, 黃石終期孺子來'라고 했다. 아마 철애(鐵崖)가 전인(前人)을 습용(襲用)한 잘못을 깨닫고, 나중에 스스로 고친 것이던가? 철애의 염시(艶詩)에는 한동랑(韓冬郞)을 완전히 베낀 것이 있다. 영웅이 사람을 속이면, 깨달을 수가 없는 것이다. 우연히 이 시로 인하여 아울러 언급한다"고 했다.

등왕각 滕王閣[1]

城頭高閣插蒼茫	성 머리 높은 누대 창망에 꽂혀있고
百尺闌干背夕陽	백 척 난간은 석양을 등졌네
秋雨魚龍非故物[2]	가을비 속 어룡은 옛 물건이 아닌데
春風蛺蝶是何王[3]	봄바람 속 호랑나비는 어느 왕이 그렸던가?
帆檣急急來彭蠡[4]	배들이 급급히 팽려호에서 오고
車蓋童童出豫章[5]	수레들은 덜컹덜컹 예장군에서 나오네
燈火夜歸湖上路	등불은 밤중에 호수 갓길로 돌아가고
隔籬呼酒說干將[6]	울타리너머로 술을 불러 간장을 말하네

주석

1) 滕王閣(등왕각): 당(唐)나라 고조(高祖) 이연(李淵)의 아들 등왕(滕王) 이원영(李元嬰)이 홍주(洪州: 지금의 江西省 南昌市) 도독(都督)으로 있을 때 건축하였음. 그 옛터는 지금의 강서성 신건현(新建縣) 서쪽 장강(章江) 입구 위에 있는데, 아래로 공강(灨江)에 임하였음.

2) 非故物(비고물): 당나라 시대의 물건이 아니라는 것.

3) 등왕(滕王) 이원영(李元嬰)은 나비그림으로 유명했음. 당나라 왕건(王建)의 〈궁사(宮詞)〉시에 "內中數日無乎喚, 榻得滕王蝴蝶圖"라고 했음.

4) 帆檣(범장): 돛과 노. 배를 말함. 彭蠡(팽려): 지금의 파양호(鄱陽湖). 강서성 북부에 있음.

5) 車蓋(거개): 수레와 수레덮개. 童童(동동): 수레가 굴러가는 소리. 豫章(예장):지금의 강서성 남창시(南昌市).

6) 干將(간장): 고대 검을 잘 만들었던 장인(匠人). 또한 보검의 이름이기도 함.

평설

- 명나라 이동양(李東陽)의 『회록당시화(懷麓堂詩話)』에 "호문목(胡文穆)의 『담암집(澹菴集)』에 우백생(虞伯生)의 〈등왕각〉 시를 실어놓았는데, '……'라고 했다. 참으로 백생이 아니면 지을 수 없는 것이다. 지금 『도원유고(道園遺稿)』에는 이와 같은 시가 매우 적다"고 했다.

참고

- 당나라 왕발(王勃)의 〈등왕각〉: "滕王高閣臨江渚, 珮玉鳴鑾罷歌舞. 畫棟朝飛南浦雲, 朱簾暮捲西山雨. 閒雲潭影日悠悠, 物換星移幾度秋. 閣中帝子今何在? 檻外長江空自流."

빗소리를 듣다 聽雨

屛風圍坐鬢鬖鬖[1]	병풍을 두르고 앉으니 귀밑머리 늘어지고
絳蠟搖光照暮酣	붉은 촛불 가물대며 밤 연회를 비추네
京國多年情盡改[2]	경국에서 다년간 정이 모두 변했는데
忽聽春雨憶江南	문득 봄비소리 듣고 강남을 생각하네

주석

1) 鬖鬖(삼삼): 머리털이 늘어진 모양.
2) 京國(경국): 경사(京師).

평설

- 청나라 진연(陳衍)의 『원시기사(元詩紀事)』에 "『귀전시화(歸田詩話)』에 '우소암(虞邵庵)이 한림(翰林)에 있을 때 시를 짓기를 「……」라고 했다. 또 〈풍입송(風入松)〉을 짓기를 「畫堂紅袖倚淸酣, 華髮不勝簪, 幾回晚直金鑾殿, 東風軟, 花裏停驂, 書詔許傳宮燭, 香羅初剪朝衫, 御溝氷泮水挼藍, 飛燕又呢喃, 重重簾幙寒猶在, 憑誰寄, 金字泥緘, 爲報先生歸也, 杏花春雨江南」이라 했는데, 대개 곧 시의(詩意)이다. 단지 번간(繁簡)이 같지 않을 뿐이다'고 했다"고 했다.

정이문을 전송하고, 겸하여 게만석에게 부치다
送程以文, 兼簡揭曼碩[1]

故人不肯宿山家	벗이 산가에 묵으려 하지 않고
半夜驅車踏月華	한밤중에 수레 몰아 달빛을 밟아가네
寄語旁人休大笑	옆 사람들이여 크게 웃지 마오
詩成端的向誰誇	지은 시가 단정한데 누구에게 자랑할 것인가?

주석

1) 揭曼碩(게만석): 게혜사(揭傒斯). 만석(曼碩)은 그의 자. '원시사대가'의 한 사람.

평설

- 명나라 장일규(莊一葵)의 『요산당외기(堯山堂外紀)』에 "일찍이 우백생

(虞伯生: 우집)에게 묻기를 '양중홍(楊仲弘)의 시는 어떠합니까?'라고 하니, 답하기를 "'중홍의 시는 백전건아(百戰健兒)와 같다'고 했다. '범덕기(范德機)의 시는 어떠합니까?'라고 하니, 답하기를 '덕기의 시는 당림진첩(唐臨晉帖)과 같다'고 했다. '게만석(揭曼碩)의 시는 어떠합니까?'라고 하니, 답하기를 '만석의 시는 삼일신부(三日新婦)와 같다'고 했다. '선생의 시는 어떠합니까?'라고 하니, 웃으면서 답하기를 '우집은 곧 한정노리(漢廷老吏)이다'고 했다. 게(揭)가 그 말을 듣고 기뻐하지 않았다. 일찍이 한밤중에 백생을 찾아가서, 이 일을 질문했는데, 한 마디도 합치하지 않았다. 소매를 휘두르며 금방 떠나갔다. 나중 천력(天歷) 연간에 비각(秘閣)에서 시를 지어 공에게 부쳤는데, 그 중에 '奎章分署隔窓紗'·'學士詩成每自夸'라는 구가 있었다. 공이 시를 받고서, 문인들에게 말하기를 '게공(揭公)의 재력(才力)이 고갈되었구나!'라고 하고, 곧 답시를 쓰기를 ' 故人不肯宿山家……'라고 하고, 아울러 그 뒤에 적기를 '금일, 신부(新婦)가 늙었다'고 했다. 게(揭)는 부름을 받고 대도(大都)에 이르렀는데, 과연 병이 나서 죽었다"고 했다.

- 청나라 옹방강(翁方綱)의 『석주시화(石洲詩話)』에 "우백생이 일찍이 게만석의 시를 '삼일신부(三日新婦)'라고 하고, 자기의 시는 '한정노리(漢廷老吏)'와 같다고 했는데, 게(揭)가 그것을 듣고 기뻐하지 않았다. 그래서 〈억작(憶昨)〉시를 짓기를 '學士詩成每自夸'라는 구가 있었다. 우(虞)가 시를 받고서, 문인들에게 말하기를 '게공(揭公)의 재력(才力)이 고갈되었구나!'라고 했다. 그로 인하여 답시를 쓰기를 '故人不肯宿山家……'라고 하고, 아울러 그 뒤에 적기를 '금일, 신부(新婦)가 늙었다'고 했다. 게만석의 시를 살펴보니, 격조(格調)는 본래 스스로 결핍되지 않았으나, 또한 깊이 들어갈 수 없었다. 비록 간혹 수색(秀色)이 있지만, 또한 신염(新艶)을 이루지 못했다. 이른바 '삼일신부(三日新婦)'와 '미녀잠화(美女簪花)'라는 것을 알지 못하면 무엇으로써 닮을 수 있겠는가? 총괄하면,

양(楊)·범(范)·게(揭) 삼가(三家)는 마땅히 우(虞)와 제명(齊名)할 수 없다. 그 제명할 수 있는 사람으로서, 어떤 이는 원백상(袁伯常)·마백용(馬伯庸)의 무리라고 여기는데, 재필(才筆)은 태종(太縱)하지만, 전혀 이 세 사람이 격조를 긍지(之矜持)하고 있는 것과는 같지 않으니, 옛 것을 이을 수 있다고 하겠는가? 그러나 격조로써 논한다면, 범(范)은 약간 아식(雅飾)하고, 게(揭)는 약간 아취가 있고, 양(楊)은 평평(平平)한데, 모두 도원(道園: 우집)의 '학고(學古)'에 대하여 말할 수가 없다"고 했다.

• 『원시기사』에 "『강서통지(江西通志)』에 '우문정공(虞文靖公)이 일찍이 「범덕기시서(范德機詩序)」를 지었는데, 「당시 중주(中州)의 인사들이 청강(淸江) 범덕기(范德機)·포성(浦城) 양중홍(楊仲弘)·예장(豫章) 게만석(揭曼碩)과 집(集) 4인의 시를 사가(四家)라고 말했다」고 하고, 또 당림진첩(唐臨晉帖)으로 범을 비유하고, 백전건아(百戰健兒)로 양(楊)을 비유하고, 삼일신부(三日新婦)로 게(揭)를 비유하고, 집(集)을 비유하기를 한정노리(漢廷老吏)라고 했다. 서문이 나왔을 때, 마침 게공(揭公)이 귀향하여 성묘를 했는데, 그것을 보고서 크게 기뻐하지 않았다. 마침내 임천(臨川)으로 가서 우공(虞公)을 방문했다. 이미 서로 보고서, 말이 이 일에 미치자, 우공이 「참으로 그런 일이 있지만, 나의 말이 아니고, 중주(中州) 인사들의 말이다. 중주 인사들만 그렇게 여길 뿐만 아니라 또한 천하의 통론(通論)이다」라고 했다. 게공은 그렇지 않다고 하고, 마침내 즉석에서 고별했다. 우공이 힘써 만류했지만, 끝내 작은 수레를 타고 돌아갔다. 이미 떠나온 후, 게공은 천력(天曆) 연간에 4편의 시를 우공에게 부쳤는데, 그 중에 「奎章分署隔窓紗, 學士詩成每自夸」라는 구가 있었다. 공이 시를 받은 후, 여러 문인들에게 말하기를 「게공의 이 시는 몹시 아름답다. 그러나 재능이 고갈되었을 뿐이다」라고 하고, 보내온 시 뒤에다가 답하기를 「금일 신부가 늙었다」고 하고, 사람을 보내서 게공에게 부쳤다고 했다'라고 했다. 살펴보니, 『통지(通志)』는 『요산당외기(堯山堂

外紀)』에 근본했는데, 약간 다르다. 다만 「덕기시서(德機詩序)」에서는 '실은 게(揭)가 지은 것인데, 우(虞)가 평했다'고 했다"고 했다.

원중에서 홀로 앉아 院中獨坐

何處他年寄此生	어디에다 훗날 이 생애를 붙여서
山中江上總關情	산중과 강가에 모두 정을 관리하랴?
無端繞屋長松樹	무단이 집을 두른 큰 소나무들이
盡把風聲作雨聲	모두 바람소리로 빗소리를 내네

가경중의 그림에 적다 題柯敬仲畵[1)]

牽牛引蔓上棠梨[2)]	나팔꽃이 덩굴 뻗어 팥배나무에 오르고
上有幽禽夜夜栖[3)]	위에 우는 새가 있어서 밤마다 깃드네
自有秋風動疎竹	절로 추풍이 성근 대나무를 흔드는데
江南落月不須啼	강남에 달 떨어질 때 부디 울지 말라

주석

1) 柯敬仲(가경중): 가구사(柯九思), 호는 단구생(丹丘生), 태주(台州) 선거(仙居: 절강성) 사람. 시서화에 능했다. 우집의 친구.
2) 牽牛(견우): 견우화(牽牛花). 나팔꽃. 棠梨(당리): 팥배나무. 낙엽교목. 5월에 흰 꽃이 피고, 가을에 팥과 같은 주황색 열매가 열림.

3) 幽禽(유금): 우는 소리가 유아(幽雅)한 새.

지정 개원 신사년 한식일에 아우와 여러 조카들에게 보이다
至正改元辛巳寒食日, 示弟及諸子姪[1)]

江山信美非吾土	강산이 참으로 아름답지만 내 땅이 아니니
飄泊棲遲近百年[2)]	떠돌며 실의한 지가 백년에 가깝네
山舍墓田同水曲	산사와 묘전이 물굽이를 함께 하니
不堪夢覺聽啼鵑	꿈 깨어 두견이소리를 들을 수가 없네

주석

1) 至正改元辛巳(지정개원신사): 1341년. 우집의 원적(原籍)은 융주(融州) 인수(仁壽: 사천성)인데, 송이 망한 후 임천(臨川) 숭인(崇仁: 강서성)으로 옮겨 살았다. 이 시는 치사한 이후, 숭인으로 돌아와서 지은 작품인데, 우집의 나이 69세 때였다.

2) 飄泊棲遲(표박서지): 표박실의(飄泊失意).

양재 楊載

양재(1271-1323), 자는 중홍(仲弘), 건녕(建寧) 포성(浦城: 복건성) 사람. 40세 때까지 독서만 하다가 포의(布衣)로써 국사운편수과(國史院編脩官)에 임명되었다. 영국로총관부추관(寧國路總管府推官)을 지냈다. 조맹부(趙孟頫)가 한림에 있을 때 그의 문을 지극히 칭송했는데, 이로부터 문명(文名)을 떨쳤다. '원시사대가' 중의 한 사람이다. 저서로 『시법가수(詩法家數)』와 『양중홍집(楊仲弘集)』이 있다.

『원시선』에 "사책(史冊)에서 '그 문장은 한결같이 기(氣)를 위주로 했는데, 시에 있어서도 더욱 법도가 있었다. 스스로 그 시는 송말(宋末)의 비루함을 한 차례 씻어냈다고 했다'고 했다. 또 스스로 일찍이 배우는 사람들에게 말하기를 '시는 마땅히 한위(漢魏)에서 재료를 취해야 하고, 음절(音節)은 당(唐)을 종(宗)으로 삼아야 한다'고 했다"고 했다.

설헌 雪軒

北風海上來	북풍이 해상에서 불어오니
大雪何壯哉	대설이 얼마나 장엄한가!
上下九萬里	상하 구만리를
洗淨無纖埃	깨끗이 씻어내서 작은 티끌조차 없네
君家十二樓[1]	그대 집의 십이 누대는
軒窓洞然開	창문이 통연히 열려있네
吹笙擊鳴鼓	생황을 불고 북을 치며
呼賓與銜盃	손님을 불러 함께 술을 마시네
名言落四座	명언이 사방 좌석에 떨어지고
大笑聲如雷	큰 웃음소리가 천둥과 같네
擧頭望長空	머리 들어 긴 허공을 바라보니
高興驚冥鴻[2]	고흥이 높은 기러기를 놀라게 하네
仙人五六輩	선인들 오륙 무리가
飛下白雲中	흰 구름 새로 날아 내려오니
粲粲明珠袍	찬란한 명주 도포 차림인데
相從萬玉童	서로 따르는 만 옥동들이네
問君何所事[3]	그대에게 물노니 무슨 일을 하오?
未就丹鼎功[4]	단정의 공을 아직 이루지 못했다오
翩然却携手	편연이 도리어 손을 잡고
共入蓬萊宮[5]	함께 봉래궁으로 들어가네

주석

1) 君家(군가): 설헌(雪軒)의 주인 집. 十二樓(십이루):『한서(漢書)·교사지(郊祀志)』에, 황제(皇帝) 때 오성(五城) 십이루(十二樓)를 지어놓고, 신인(神人)을 기다렸다고 했음. 여기서는 설헌을 미화한 말.
2) 冥鴻(명홍): 높이 나는 기러기.
3) 君(군): 설헌의 주인.
4) 丹鼎(단정): 선도(仙道)의 연단(煉丹)하는 솥.
5) 蓬萊宮(봉래궁): 선계(仙界)를 말함.

모춘에 서호의 북산을 유람하다 暮春游西湖北山[1]

愁耳偏工著雨聲	근심스런 귀는 잘도 빗소리를 붙이니
好懷長恐負山行	좋은 회포 산행을 오래 저버릴까 두렵네
未辭花事駸駸盛[2]	꽃구경 사양한 적 없는데 빠르게 만개하니
正喜湖光淡淡晴	호수 빛이 담담히 맑은 것이 진정 기쁘네
倦憩客猶勤訪寺	나른히 휴식하던 객들은 오히려 힘써 절을 찾는데
幽棲吾欲厭歸城	은거하는 나는 성으로 돌아가길 싫어하네
綠疇桑麥盤櫻筍	초록 밭은 뽕과 보리이고 쟁반엔 앵두와 죽순인데
因憶離家恰歲更	집 떠난 것 생각하니 일 년이 지났네

주석

1) 西湖(서호): 항주(杭州)의 서호. 北山(북산): 서호 밖에 있는 갈령(葛嶺)과 보옥산(寶玉山). 통칭 북산이라고 함.

2) 駸駸(침침): 시간이 빠른 모양.

종양궁에서 달을 보다 宗陽宮望月[1]

老君臺上凉如水	노군대 위는 물처럼 서늘하고
坐看冰輪轉二更[2]	앉아서 빙륜을 보니 이경이 지났네
大地山河微有影	대지의 산하는 희미하게 그림자 있고
九天風露寂無聲	구천의 풍로는 적막히 소리도 없네
蛟龍並起承金榜[3]	교룡이 나란히 일어나 금방을 받들고
鸞鳳雙飛載玉笙[4]	난봉이 쌍으로 날며 옥생을 실었네
不信弱流三萬里[5]	약류 삼만 리를 믿지 못하니
此身今夕到蓬瀛[6]	이 몸은 오늘 저녁 봉영에 이르리라

주석

1) 宗陽宮(종양궁): 항주(杭州) 서호(西湖) 가에 있음. 『서호유람지(西湖遊覽志)』에 "종양궁은 본래 송나라 덕수궁(德壽宮)의 후포(後圃)이다. 그 안에 노군대(老君臺)와 대월루(待月樓)가 있다. 두도견(杜道堅)은 호가 남곡(南谷)이고, 당도(當涂) 사람인데, 풍도(風度)가 청아(淸雅)했다. 일찍이 중추(中秋)에 유언(儒彦)들을 모아서 노군대에 올라가서 달을 감상하면서, 운(韻)을 나누어 시를 짓게 했는데 양중홍이 수창(首唱)이 되었다"고 했다.

2) 冰輪(빙륜): 명월(明月).

3) 金榜(금방): 노군대의 금색 글자의 편액(扁額)을 말함.

4) 전설에 왕자교(王子喬)가 달밤에 생(笙)을 잘 불어서 봉황소리를 냈다고 했음.

5) 弱流(약류): 약수(弱水). 『십주기(十洲記)』에 의하면, 봉린주(鳳麟洲) 사면에 약수(弱水)가 두르고 있는데, 홍모(鴻毛)도 뜨지 못하여 건널 수가 없다고 했음.

6) 蓬瀛(봉영): 삼신산 가운데 봉래(蓬萊)와 영주(瀛洲). 선계(仙界)를 말함.

평설

- 『원시선』에 "중홍(仲弘)의 시 중에, 전배(前輩)들이 〈종양궁망월(宗陽宮望月)〉 1수를 절창(絶唱)이라 했다"고 했다.

고상서의 죽석도에 적다 題高尚書竹石[1]

矯龍疑蒼筠[2]	나는 용은 푸른 대나무인가 싶고
踞虎肖白石	웅크린 호랑이는 흰 바위와 같네
倘乘風雲會[3]	만일 풍운회를 탄다면
變化那可測	변화를 어찌 예측하겠는가?

주석

1) 高尚書(고상서): 고언경(高彦敬). 원나라 화가.

2) 矯龍(교룡): 비룡(飛龍). 蒼筠(창균): 청죽(靑竹).

3) 風雲會(풍운회): 바람과 구름이 모여 합하는 것. 변화가 많음을 말함.

준의공의 호정에서 묵다 宿浚儀公湖亭[1]

1

兩兩三三白鳥飛	둘씩 셋씩 갈매기가 나는데
背人斜去落漁磯	사람 등지고 비껴가서 낚시터로 떨어지네
雨餘不遣濃雲散	비온 후 짙은 구름 흩어지지 않고
猶向前山擁翠微	오히려 앞산 기슭을 껴안고 있네

주석

1) 원래 3수임.

2

幾年鄕夢隔江湖	몇 년이나 고향의 꿈 강호에 격했던가?
此日登臨興不孤	이날 올라와 임하니 흥이 외롭지 않네
小艇欲行無遠近	작은 배 지나가며 원근이 없는데
不愁歸醉要人扶	취해 돌아감을 걱정 않고 남의 부축을 바라네

범팽 范梈

범팽(1272-1330), 자는 형보(亨父)·덕기(德機), 문백선생(文白先生)이라 불렸음. 임강(臨江) 청강(清江: 강서성) 사람. 어려서 고아가 되고 가난했는데, 36세에 집을 떠나 북쪽으로 가서 연시(燕市)에서 점(占)을 팔았다. 좌위교수(左衛教授)로 추천되고, 한림원편수관(翰林院編修官)·한림응봉(翰林應奉)·민해도지사(閩海道知事) 등을 지냈다. '원시사대가' 중의 한 사람이다. 저서로 『범덕기시집(范德機詩集)』이 있다.

『원시선』에 "(범팽의) 문(文)은 웅건(雄健)한데, 선한(先漢)을 추모(追慕)했고, 고시(古詩)는 더욱 가행(歌行)을 짓기를 좋아했고, 근체(近體)에 공교로웠다. 애연(藹然)히 충신과 효자의 정을 드러냈다. ……구양원공(歐陽原功)이 '송나라 동도(東都) 때 황태사(黃太史: 黃庭堅)가 강서시파(江西詩派)라고 불리고, 남도(南渡) 후 양정수(楊廷秀: 楊萬里)가 즐겨 신체(新體)를 지었다. 송말(宋末)에 유회맹(劉會孟: 劉辰翁)이 노릉(廬陵)에서 나오자, 시가 또한 한 차례 변했다. 우리 원우(元祐) 이래 미문(彌文)이 날로 성대했는데, 경사의 여러 명공(名公)들이 송나라 금나라의 계세(季世)의 폐단을 모두 제거해 버리고, 아정(雅正)함으로 나아갔다. 이에 강서(西江)의 인사들도 또한 각자 그 구습을 버렸다. 대개 덕기(德機)와 만석(曼碩)이 창도한 때문이다'고 했다"고 했다.

왕씨 능원루 王氏能遠樓

游莫羨天池鵬[1]	유람 가며 천지의 붕새를 선망 마오
歸莫問遼東鶴[2]	돌아와선 요동의 학을 묻지 마오
人生萬事須自爲	인생만사는 반드시 절로 이루어지리니
跬步江山卽寥廓[3]	강산을 한발 걸어가면 곧 드넓다오
請君得酒勿少留	그대는 술 얻으면 잠시도 지체하지 말고
爲我痛酌王家能遠之高樓	나를 위해 왕가의 높은 능원루에서 통음합시다
醉捧勾吳匣中劒[4]	취하여 구오의 갑 속의 검을 들고
斫斷千秋萬古愁	천추의 만고시름을 쳐서 잘라버립시다
滄溟朝旭射燕甸[5]	창명의 아침햇살은 연전을 쏘고
桑枝正搭虛窓面[6]	부상 가지는 빈 창 앞에 바로 올라 있네
崑崙池上碧桃花[7]	곤륜지 위의 벽도화는
舞盡東風千萬片	끝없는 봄바람에 천만 꽃잎이네
千萬片, 落誰家	천만 꽃잎! 누구 집에 떨어지나?
願傾海水溢流霞[8]	바닷물에 넘치는 유하를 기울려
寄謝尊前望鄕客	술동이 앞의 고향 바라보는 객에게 답례하려니
底須惆悵惜天涯[9]	어찌 슬프게 천애의 몸을 아끼려는가?

주석

1) 天池鵬(천지붕): 『莊子(장자)·소요유(逍遙遊)』에 나오는, 물을 치며 삼천리를 위로 올라가서 남명(南冥)으로 구만 리를 날아간다는 전설 속의 붕새.

2) 遼東鶴(요동학): 요동(遼東) 사람 정령위(丁令威)가 신선술을 배워서 학이 되

어 돌아와서, 요동성 화표주(華表柱)에 앉아 있다가 날아갔다고 함.

3) 跬步(규보): 지금의 일보(一步). 규(跬)는 반 걸음. 寥廓(요곽): 관광(寬廣). 드넓음.

4) 勾吳(구오): 춘추시대의 오(吳)나라. 여기서는 보검 오구검(吳勾劍)을 말함.

5) 滄溟(창명): 큰 바다. 燕甸(연전): 연(燕) 지역.

6) 桑枝(상지): 전설 속의 해가 떠오른다는 신목(神木) 부상(扶桑).

7) 崑崙池(곤륜지): 전설 속의 곤륜산(崑崙山)의 요지(瑤池). 서왕모(西王母)가 거주한다고 함.

8) 流霞(유하): 전설 속의 신선들이 마시는 음료수.

9) 底須(저수): 하수(何須).

평설

- 명나라 호응린(胡應麟)의 『시수(詩藪)』에 "(이 시는) 웅혼유려(雄渾流麗)하고, 중정(中程)을 추구했다"고 했다.

무덤 파내는 노래 掘塚歌

昨日舊塚掘	어제는 옛 무덤을 파내고
今朝新塚成	오늘 아침은 새 무덤을 만들었네
塚前兩翁仲[1)	무덤 앞 두 옹중은
送舊還迎新	옛 귀신을 보내고 새 귀신을 맞이하네
舊魂未出新魂入	옛 귀신이 나가기 전에 새 귀신이 들어오니
舊魂還對新魂泣	옛 귀신이 도리어 새 귀신의 울음을 대하네

舊魂丁寧語新魂	옛 귀신이 다정히 새 귀신에게 말하기를
好地不用多子孫	좋은 땅은 쓸 수 없는데 자손들은 많다네
子孫綿綿如不絶	자손들은 면면히 끊어지지 않으니
曾孫不掘玄孫掘	증손은 무덤을 파내지 않지만 현손은 파내네
我今掘矣良可悲	내 무덤이 지금 파헤쳐져서 참으로 슬픈데
不知君掘又何時	그대 무덤이 파헤쳐지는 것은 또 언제일 것인가?

주석

1) 翁仲(옹중): 무덤을 지키기 위해 무덤 앞에 세우는 석상(石像).

평설

- 『원시기사』에 "『칠수류고(七修類稿)』에 '〈굴총가(掘冢歌)〉는 청강(淸江) 범덕기(范德機)의 작품이다. 범(范)의 〈민주가(閩州歌)〉와 이것은 모두 풍속에 의하여 지어진 것이다. 〈민주가〉는 임금이 들었기 때문에 사책(史冊)에 이름이 올려지고, 또한 한 시대의 시인이 되었다. 그러나 〈굴총가〉는 알지 못하고, 묶어둠이 너무 심하다. 그 노래는 「塚前兩翁仲……」이라고 했다. 〈굴총가〉는 남들이 결코 자손에게 사용하지 않을 것이고, 또한 분묘에 사용하지 않을 것이다. 내 생각에는 중간 두 구의 몇 글자를 바꾸었으면 한다, 예컨대 「好地還用好子孫, 子孫綿綿多頑劣, 曾孫不掘玄孫掘」이라 한다면, 이 뜻이 바야흐로 묘해질 것이다'라고 했다"고 했다.

추산도에 적다 題秋山圖

我愛秋景好	나는 가을경치의 고움을 사랑하는데
自緣秋氣淸	가을기운이 맑기 때문이네
江空石露骨	강물 줄자 바위가 뼈를 드러내고
木落風無聲	낙엽 지는데 바람엔 소리가 없네
偶向畵中見	우연히 그림 속을 보는데
猶如雲外行	오히려 구름 밖을 가는 것 같네
只疑豺與虎	다만 승냥이와 호랑이가
無地得縱橫	종횡으로 다닐 땅이 없는 듯하네

호구를 출발하다 發湖口[1]

已過匡廬却向西[2]	이미 광려산을 지나 다시 서쪽을 향하는데
片帆猶逐暮雲迷	조각배는 오히려 저녁구름 좇으며 헤매네
路長正是思親節	길이 기니 바로 부모를 생각하는 때인데
取次驚猿莫浪啼	멋대로 놀라는 원숭이들은 함부로 울지 말라

주석

1) 湖口(호구): 현(縣) 이름. 강서성 파양호(鄱陽湖) 입구에 있음.
2) 匡廬(광려): 강서성 여산(廬山)의 별칭.

상원일 上元日[1]

蓬萊宮闕峙青天[2]	봉래궁궐은 푸른 하늘에 솟아있는데
後內看燈記徃年[3]	뒤편 내실에서 등불 보며 지난날을 기억하네
誰念東籬山下路[4]	누가 동쪽 울타리 산 아랫길을 염려하는가?
再逢春月向人圓	봄 달이 사람 향해 둥근 것을 다시 만났네

주석

1) 上元日(상원일): 음력 정월 대보름.
2) 蓬萊宮闕(봉래궁궐): 전설속의 봉래산에 있다는 궁궐. 선계(仙界)를 말함.
3) 後內(후내): 집의 뒤편에 있는 내실.
4) 東籬(동리): 국화가 심어 있는 화단을 말함. 도연명(陶淵明)의 〈음주(飮酒)〉 시에 "采菊東籬下, 悠然見南山"이라 했음. 널리 은거생활을 암시함.

게헤사 揭傒斯

게헤사(1274-1344), 자는 만석(曼碩), 용주(龍州) 부흥(富興: 강서성 豊城) 사람. 어려서 빈곤했는데, 독서에 전력했다. 인종(仁宗) 연우(延祐) 초에 한림국사원편수관(翰林國史院編修官)으로 추천되고, 응봉한림문자(應奉翰林文字)를 지냈다. 전후로 3번 한림(翰林)에 들어갔다. 한림시강학사(翰林侍講學士)를 지냈고, 송(宋)·요(遼)·금(金) 삼사(三史)를 수찬하는 총재관(總裁官)을 지냈다. '원시사대가' 중의 한 사람이다. 저서로 『게문안공집(揭文安公集)』이 있다.

『원시선』에 "(게헤사의)시는 고악부(古樂府)와 선체(選體)에서 뛰어났고, 율시(律詩)의 장구(長句)는 위연(偉然)에게 당인(唐人)의 풍(風)이 있었다. 저서로 『추의집(秋宜集)』이 있는데, 우학사(虞學士: 虞集)가 그 시를 평하여 '삼일신부(三日新婦)' 같다고 했고, 또 '미녀잠화(美女簪花)'와 같다고 했는데, 거의 사책에서 이른바 '청완려밀(淸婉麗密)'이라 한 것과 같지 않겠는가?"라고 했다.

이궁인의 비파인 李宮人琵琶引[1] 병서 幷書

호현(鄂縣) 항주부(亢主簿)가 말하기를 "이궁인(李宮人)이란 자가 있는데, 비파(琵琶)를 잘 연주했습니다. 지원(至元) 19년에 양가(良家)의 자식으로서 궁에 들어가서 총애를 받았습니다. 주상께서 그녀를 소군(昭君)에 견주었습니다. 대중(大中) 때 홍성궁(興聖宮)으로 들어가 섬겼는데, 근래 족질(足疾) 때문에 귀가하게 했습니다. 모친을 모시고 있어서 내봉(內俸)을 지급하는 것은 예전처럼 하게 했습니다"라고 했다. 그로 인하여 항주부는 나에게 시를 요청했다. 마침내 〈이궁인비파인〉을 지었는데 그 가사는 다음과 같다.

茫茫靑塚春風裏[2]	아득한 청총은 봄바람 속에 있는데
歲歲春風吹不起	해마다 봄바람은 불지를 않네
傳得琵琶馬上聲	비파의 마상 가락을 전해오는데
古今只有王與李	고금에서 단지 왕소군과 이궁인뿐이네
李氏昔在至元中	이씨는 옛날 지원 연간에
少小辭家來入宮	어려서 집을 떠나 궁으로 들어갔네
一見世皇稱藝絶[3]	한 번 보고 세황이 기예의 뛰어남을 칭송하니
珠歌翠舞忽如空[4]	주가와 취무는 갑자기 비어진 듯했네
君王豈爲紅顔惜	군왕이 어찌 홍안 때문에 아꼈으랴?
自是衆人彈不得	이로부터 여러 사람들은 연주할 수 없었네
玉觴爲擧樂乍停	옥 술잔을 들면 음악이 곧 멈추니
一曲便覺千金値	한 곡이 천금임을 곧 깨닫네
廣寒殿裏月流輝[5]	광한전 안에 달빛 흐르고

太液池頭花發時[6]	태액지 앞에 꽃이 핀 때이네
舊曲半存猶解譜	옛 곡이 반이나 남아서 악보를 이해하고
新聲萬變總相宜	새 가락의 온갖 변화가 모두 적합하네
三十六年如一日	삼십 육년을 하루와 같이
長得君王賜顏色	군왕이 내리는 총애를 오래 얻었네
形容漸改病相尋	용모가 점차 변하니 병이 찾아들고
獨抱琵琶空歎息	비파를 홀로 껴안고 공연히 탄식하네
興聖宮中愛更深[7]	흥성궁 안에서 사랑이 더욱 깊은데
承恩始得遂歸心	승은을 비로소 얻어 귀가를 이루었네
時時尚被宮中召	때때로 오히려 궁중의 초대를 받으니
强理琵琶絃上音	힘써 비파의 현 위 가락을 연주하네
琵琶轉調聲轉澁[8]	비파의 가락을 옮기니 소리가 더욱 급한데
堂上慈親還佇立	당상의 자친은 도리어 우두커니 서있네
回看舊賜滿牀頭	돌아보니 옛 하사품이 상 위에 가득한데
落花飛絮春風急	낙화와 나는 버들솜에 봄바람이 급하네

주석

1) 李宮人(이궁인): 원나라의 유명한 비파연주가. 세조(世祖) 지원(至元) 연간에 입궁하여, 오랫동안 총애를 받다가 늙어서 궁을 나왔음. 琵琶引(비파인): 비파(琵琶)는 서역에서 들어온 악기로서, 원래 유목민이 말 위에서 연주하던 악기. 인(引)은 악곡의 서곡. 또한 행(行)과 같음.

2) 靑塚(청총): 한(漢)나라 왕소군(王昭君)의 묘. 지금의 내몽고(內蒙古) 자치구 호화호특시(呼和浩特市) 남쪽에 있음. 전설에 그곳 지역에는 백초(白草)가 많은데, 왕소군의 묘만 푸른 풀이 돋아났다고 함.

3) 世皇(세황): 원나라 세조(世祖).

4) 珠歌翠舞(주가취무): 주옥으로 장식한 가수와 푸른 부채를 든 무용수.

5) 廣寒殿(광한전): 원나라 후궁에 있던 궁전 이름.

6) 太液池(태액지): 원나라 후궁에 있던 못 이름.

7) 興聖宮(흥성궁): 원나라 궁전의 이름.

8) 轉調(전조): 음악용어. 어떤 조(調)의 악곡에서 다른 조의 악곡으로 옮겨가는 것. 澁(삽): 급(急).

평설

○호응린의 『시수』에 "웅혼유려(雄渾流麗)하고, 보취(步驟)가 중정(中程)하다"고 했다.

고우성 高郵城[1]

高郵城	고우성은
城何長	성이 얼마나 긴가!
城上種麥	성위엔 보리를 심었고
城下種桑	성 아랜 뽕나무를 심었네
昔日鐵不如	예전엔 쇠도 성만큼 견고하지 못했는데
今爲耕種場	지금은 논밭이 되었네
但願千萬年	다만 천만 년이 가도
盡四海外爲封疆[2]	온 사방 해외가 봉강이 되었으면!

桑陰陰	뽕밭이 우거지고
麥茫茫	보리밭이 끝이 없으면
終古不用城與隍³⁾	예로부터 성곽과 해자를 사용하지 않았다네

주석 ∽

1) 高郵城(고우성): 지금의 강소성에 있음.
2) 封疆(봉강): 강계(疆界).
3) 隍(황): 성 밖을 둘러 판 마른 못. 해자.

평설 ∽

• 『원시기사』에 "『추의집(秋宜集)』의 〈過何得之先生故居〉시에 '膝下中郎小女, 曾听唱我高郵'라고 했는데, 그 자주(自注)에 '선생(何失)은 일찍이 나의 〈고우성〉시를 좋아하여, 서로 보면 곧 「고우성이 왔다!」고 했다. 매번 서로 대하고 술에 취하면 낭랑하게 여러 번 낭송했다'라고 했다"고 했다.

무창을 떠나다 別武昌¹⁾

欲歸常恨遲	귀향하려다 항상 늦음이 한스러웠는데
將行反愁遽	떠나려하니 도리어 갑자기 근심스럽네
殘年念骨肉²⁾	남은 생애에 골육을 염려하는데
久客多親故	오랜 객지생활에 친구들이 많네

佇立望江波	우두커니 서서 강 물결을 바라보니
乘春正東注	봄기운 타고 바로 동쪽으로 흘러가네

주석

1) 武昌(무창): 호북성 무창시.
2) 骨肉(골육): 부모와 형제 등을 말함.

돌아가는 배 歸舟

汀洲春草遍[1]	모래섬에 봄풀 우거지고
風雨獨歸時	비바람 속에 홀로 돌아가는 때이네
大舸中流下	큰 배가 중류로 내려가니
青山兩岸移	푸른 산이 양안에서 옮겨지네
鴉啼木郞廟	까마귀들 목랑묘에서 울고
人祭水神祠	사람들은 수신사에서 제사를 드리네
波浪爭掀舞	물결이 다투어 오르며 춤추니
艱難久自知	간난함을 오래 스스로 아네

주석

1) 汀洲(정주): 강 안에 있는 모래섬.

평설

• 『시수』에 "원나라 오언율 중에서 뽑을 수 있는 것은 ……계만석(揭曼碩)의 '大舸中流下, 靑山兩岸移'와 '鴉啼木郞廟, 人祭水神祠' 등인데 ……모두 구격(句格)이 굉정(閎整)하여서 대력(大歷)·원화(元和) 간에 있다. 다만 특히 많이 얻을 수 없을 뿐이다"라고 했다.

여름 오월에 무창의 배 안에서 살펴보다 夏五月武昌舟中觸目[1]

兩鬐背立鳴雙櫓	두 노인이 등지고 서서 두 노소리 울리고
短蓑開合滄江雨	짧은 도롱이를 열고 닫는 창강의 비이네
靑山如龍入雲去	청산은 용처럼 구름 속에 들어가고
白髮何人並沙語	백발의 누가 모래밭에서 나란히 얘기하는가?
船頭放歌船尾和	뱃머리에서 노래하니 배 뒷전에서 화답하고
篷上雨鳴篷下坐	봉창 위엔 빗소리 울리고 봉창 아래 앉아있네
推篷不省是何鄕	배를 끌며 여기가 무슨 마을인지 살피지 않고
但見雙雙白鷗過	다만 쌍쌍이 날아가는 갈매기를 보네

주석

1) 武昌(무창): 호북성 무창시.

무창을 꿈꾸다 夢武昌

黃鶴樓前鸚鵡洲[1]	황학루 앞에 앵무주
夢中渾似昔時遊	꿈속에서 온통 옛날 놀던 곳 같네
蒼山斜入三湘路[2]	푸른 산은 비스듬히 삼상길로 들어오고
落日平鋪七澤流[3]	지는 햇살 고르게 펴져 칠택으로 흘러가네
鼓角沈雄遙動地	고각소리 침웅하게 멀리 땅을 흔들고
帆檣高下亂維舟	돛대 위아래엔 매놓은 배들이 어지럽네
故人雖在多分散	벗들은 비록 많이 흩어져 있지만
獨向南池看白鷗	홀로 남지를 향해 갈매기를 보네

주석

1) **黃鶴樓**(황학루): 호북성 무창(武昌) 서쪽, 양자강(揚子江) 언덕에 있음. 『청통지(淸統志)』에 "호북(湖北) 무창부(武昌府): 황학산(黃鶴山)은 강하현(江夏縣: 지금의 무창현) 치소 서쪽 모퉁이에 있다. 일명 황곡산(黃鵠山)이다. 『부지(府志)』에 '황학산은 고관산(高冠山) 서쪽에서 강에 이르는데 그 머리가 높이 솟아있다. 황학루가 그것을 베고 있다'고 했다"라고 했다. 이로 보면 황학루는 본래 황학산으로 인해 이름 지어졌음을 알 수 있다. **鸚鵡洲**(앵무주): 무창의 서남쪽 양자강 가운데 있는 강섬인데 나중에 물속에 잠겼음. 동한(東漢) 말에 황조(黃祖)가 예형(禰衡)을 살해하여 이곳에 묻었는데, 예형이 일찍이 〈앵무부(鸚鵡賦)〉를 지은 적이 있어서 그로 인하여 이름 지었다고 함.

2) **三湘**(삼상): 여러 설이 있으나, 호남성 상수(湘水)를 말함.

3) **七澤**(칠택): 강하(江河)의 호택(湖澤)을 말함. 이백(李白)의 〈當塗趙炎少府粉圖山水歌〉 시에 "洞庭瀟湘意渺緜, 三江七澤情洄沿"이라 했음.

추운 밤에 짓다 寒夜作

疎星凍霜空	성근 별은 서리 내리는 허공에서 얼어불고
流月濕林薄	흐르는 달빛은 숲에서 축축하네
虛館人不眠	빈 여관에서 사람은 잠 못 이루고
時聞一葉落	때때로 한 낙엽 소리를 듣네

노안도에 적다 題蘆雁[1]

寒就江南暖	추운 사람들이 강남의 따뜻함을 따라오고
飢就江南飽	주린 사람들이 강남의 배부름을 좇아오네
莫道江南惡	강남이 나쁘다고 말하지 말고
須道江南好	부디 강남이 좋다고 말 하구려

주석 ᝣ

1) 蘆雁(노안): 노안도(蘆雁圖). 갈대와 기러기를 그린 그림. 제목이 〈제추안(題秋雁)〉이라고 된 판본도 있음.

평설 ᝣ

• 『원시기사』에 "『산거신화(山居新話)』에 '게만석(揭曼碩) 학사(學士)의 〈제추안(題秋雁)〉시에 「……」라고 했다. 이 시는 크게 기탁함이 있다'고 했다. 『지정직기(至正直記)』에 '게만석의 〈제안(題雁)〉시에 「……」라고 했다. 대개 색목북인(色目北人)이 강남으로 와서, 가난한 자는 부자가

되고, 없는 자는 있는 자가 되었는데, 오히려 남방을 욕하기를 그치지 않고, 스스로 우족(右族)의 귀한 신분이라 여기고서 남방을 노예처럼 보는 것을 비난한 것이다. 그러나 남인(南人) 역시 북인(北人)을 더욱 경시하였기 때문에 종종 이런 비난이 있는 것이다'라고 했다"고 했다.

구양남양의 〈월야사〉에 화답하다 和歐陽南陽月夜思

1

月出照中園	달이 떠서 중원을 비추는데
鄰家猶未眠	인가에선 오히려 잠 못 이루네
不嫌風露冷	바람 이슬의 차가움을 꺼리지 않고
看到樹陰圓	나무에 이른 둥근 달그림자를 보네

2

天清照逾近	하늘이 맑아 더욱 가까이 비추는데
夜久月將遠	밤 깊어 달이 멀어지려 하네
牆東雙白楊	담 동쪽의 두 그루 백양나무엔
秋聲隔窓滿	가을소리가 창 너머로 가득하네

여아포가 女兒浦歌[1] 2수

1

女兒浦前湖水流	여아포 앞에 호수가 흐르고
女兒浦口過湖舟	여아포구에 호수의 배가 지나가네
湖中日日多風浪	호수 안엔 날마다 풍랑이 많아서
湖邊人人還白頭	호수가의 사람들은 백발이 된다네

주석

1) 女兒浦(여아포): 강서성 구강현(九江縣) 동남 35리에 있음. 여산(廬山)에서 발원하여 동북쪽으로 팽려호(彭蠡湖: 鄱陽湖)로 흘러드는데, 그 옆에 대고산(大孤山)이 있음.

2

大孤山前女兒灣	대고산 앞의 여아만이 있는데
大孤山下浪如山	대고산 아래 풍랑이 산과 같네
山前日日風和雨	산 앞에 매일매일 바람 불고 물결치지만
山下舟船自往還	산 아래 배들은 스스로 오고 가네

평설

- 『원시기사』에 "철애(鐵崖: 楊維楨)의 「죽지사서(竹枝詞序)」에 '계만석의 문장은 우집(虞集)의 다음에 있는데, 마치 구양수(歐陽修)가 소식(蘇軾)의 다음에 있는 것과 같다. 일찍이 그 죽지사 〈여아포가〉를 지었는데, 그 풍조(風調)는 우집의 아래에 있지 않다'고 했다"라고 했다.

황진 黃溍

황진(1277-1357), 자는 진경(晉卿), 세칭 금화선생(金華先生), 무주(婺州) 의오(義烏: 절강성) 사람. 인종(仁宗) 연우(延祐) 2년에 진사(進士)에 합격하여 영해승(寧海丞)에 임명되었다. 이후 응봉한림문자(應奉翰林文字)·국자박사(國子博士)·절강유학제거(浙江儒學提擧)·시강학사(侍講學士) 등을 지냈다. 우집(虞集)·게혜사(偈傒斯)·유관(柳貫) 등과 함께 유림사걸(儒林四傑) 중의 한 사람이었다. 저서로『황학사문집(黃學士文集)』이 있다.

서산을 유람하며 항가립과 영은사 서암에 묵다
游西山, 同項可立, 宿靈隱西菴[1]

薄游厭人境[2]	유람에 사람세상이 싫증나서
振策窮幽躅[3]	말채찍 휘두르며 깊은 자취를 찾았네
理公所開鑿[4]	이공이 뚫어서 열어놓은 곳에
遺跡在巖麓	유적이 바위 기슭에 있네
秋杪霜葉丹	늦가을 서리 맞은 잎이 붉고
石面寒泉浸	바위 면은 찬 샘물에 잠겼네
仰窺條上猿	나뭇가지 위의 원숭이를 우러러 엿보니
攀蘿去相逐	담장이덩굴을 잡고 서로 쫓아가네
物情一何適	물정은 어찌 저리 적합한가?
人事有羈束	인사에는 구속이 있네
却過猊峰迴	다시 예봉을 지나 돌아가서
遙望松林曲	솔숲 구비를 멀리 바라보네
前山夜來雨	앞산엔 밤에 비가 내려서
濕雲漲崖谷	습한 구름이 벼랑과 골짜기에 퍼져있네
縹緲辨朱甍	아득히 붉은 용마루를 식별하니
禪房帶脩竹	선방이 긴 대숲을 두르고 있네
故人丹丘彦[5]	친구 단구언과
抱被能同宿	이불 껴안고 함께 묵으며
名篇聊一詠	명편을 잠시 한 번 읊조리고
異書欣共讀	이서를 기쁘게 함께 읽으리라
蹉跎未聞道[6]	일 어긋나서 미처 도를 듣지 못하고

黽勉尙干祿[7]　　힘써 오히려 봉록을 바랐었네
夙有丘壑期[8]　　일찍이 구학에 대한 기약이 있었는데
吾居幾時卜　　　내 거처를 언제나 정할 것인가?

주석

1) 項可立(항가립): 항형(項詗). 원나라 시인. 靈隱(영은): 항주(杭州) 영은산(靈隱山)에 있는 영은사(靈隱寺).

2) 薄(박): 발어사(發語詞). 의미가 없음. 人境(인경): 사람이 사는 지경(地境).

3) 策(책): 말채찍. 幽躅(유촉): 유심(幽深)한 자취.

4) 理公(이공): 혜리(慧理). 진(晉)나라 고승. 혜리가 영은사를 세웠다고 함.

5) 丹丘彦(단구언): 단구는 흔히 선경(仙境)을 비유함. 언(彦)은 선비. 여기서는 항형을 가리킴.

6) 蹉跎(차타): 일이 어긋나는 것.

7) 黽勉(민면): 진력(盡力).

8) 丘壑期(구학기): 구학은 산과 골짜기. 은거에 대한 기약을 말함.

오진 吳鎭

오진(1280-1354), 자는 중규(仲珪), 호는 매화도인(梅花道人)・매사미(梅沙彌), 가흥(嘉興: 절강성 가흥현) 사람. 평생 향리에서 은거했다. 산수와 죽석(竹石)을 잘 그리고, 시에 뛰어나서 삼절(三絶)이라 불렸다. 황공망(黃公望)・예찬(倪瓚)・왕몽(王蒙)과 함께 '원말사대가(元末四大家)'라고 불린다. 저서에 『매화암고(梅花庵稿)』가 있다.

화죽畵竹[1]

長憶前朝李薊邱[2]	전조의 이계구를 오래 생각했는데
墨君天下擅風流[3]	묵군으로 천하의 풍류를 독점했네
百年遺跡留人世	백년의 유적이 인간 세상에 남았는데
寫破湘潭夢裏秋[4]	상담의 꿈속 가을을 완전히 베껴냈네

주석

1) 원래 11수임.

2) 李薊邱(이계구): 이간(李衎: 1245-1320). 자는 중빈(仲賓), 호는 식재도인(息齋道人), 계구(薊丘: 지금의 北京) 사람. 이부상서(吏部尙書)·집현전대학사(集賢殿大學士) 등을 지냈음. 품계가 종일품(從一品)에 이르렀고, 사후 계국공(薊國公)에 봉해졌다. 고목(枯木)과 죽석(竹石)을 잘 그렸다. 송나라 문동(文同)을 사법(師法)으로 삼았고, 쌍구(雙鉤)는 당나라 이흔(李欣)을 스승으로 삼았다.

3) 墨君(묵군): 묵죽(墨竹)의 아칭(雅稱). 송나라 손혁(孫奕)의 『履齋示兒編·雜記·易物名』에 "文與可畵竹, 亦名之曰墨君"이라고 했음.

4) 湘潭(상담): 호남성 상담현(湘潭縣). 많은 대숲으로 유명함.

장우 張雨

장우(1277-1348?), 일명 천우(天雨), 자는 백우(伯雨), 호는 정거자(貞居子), 항주(杭州) 전당(錢塘: 절강성) 사람. 20세에 집을 떠나 도사(道士)가 되었다. 모산(茅山)에 살면서 자호를 구곡외사(勾曲外士)라고 했다. 시사(詩詞)에 능했다. 만년에 양유정(楊維楨) 등에게 추중을 받았다. 저서에 『구곡외사집(勾曲外士集)』이 있다.

모산을 회상하다 懷茅山[1]

我有草堂南洞門[2]	남동문에 내 초당이 있는데
常時行坐虎同羣[3]	항상 가고 앉음을 호랑이가 함께 했네
丹光出林掩明月[4]	연단의 빛이 숲을 나가 달빛을 덮고
玉氣上天爲白雲[5]	옥기가 하늘로 올라 흰 구름이 되었네
遙憶田泉洗蒼朮[6]	전천에서 창출을 씻던 것을 아득히 생각하고
更思陶澗采香芹[7]	도간에서 미나리 캐던 것을 다시 추억하네
歸來閉戶償高臥	돌아와 문을 닫고 편안히 누워서
莫遣人書白練裙[8]	남이 흰 비단 바지에 글씨를 못 쓰도록 하네

주석

1) 茅山(모산): 강소성 구용시(句容市)와 금단시(金壇市)의 설부진(薛埠鎭) 경내에 있음. 옛 이름은 구곡산(句曲山). 도교(道敎)의 성지(聖地)로 유명함.

2) 南洞(남동): 모산에 있는 골짜기 이름.

3) 虎同羣(호동군): 옛날 선도(仙道)에서는 호랑이를 키운다고 했음.

4) 丹光(단광): 도사(道士)가 연단(煉丹)하는 빛.

5) 玉氣(옥기): 선기(仙氣). 도사가 호흡을 단련하는 기(氣). 도가에서는 입을 옥지(玉池)라고 함.

6) 田泉(전천): 모산에 있는 샘물 이름. 蒼朮(창출): 다년생 약용식물인 삽주의 뿌리줄기. 복용하면 수명을 늘린다고 함.

7) 陶澗(도간): 모산에 있는 개울 이름. 香芹(향근): 향기로운 미나리.

8) 白練裙(백련군): 남북조 때 양흔(羊欣)이 새 흰 비단 바지를 입고 낮잠을 자고 있는데, 왕헌지(王獻之)가 그 바지에 글씨를 써놓고 갔다고 함.

평설

• 양유정(楊維楨)의 「서호죽지사서(西湖竹枝詞序)」에 "백우(伯雨)의 시는 준일청담(俊逸淸澹)한데, '丹光出林掩明月, 玉氣上天爲白雲'과 같은 것은 선재(仙才)라고 지목하지 않을 수 없다"고 했다.

중목의 묵란 仲穆墨蘭[1]

滋蘭九畹空多種[2]	구원에서 난을 키우니 많은 종자가 비었는데
何似墨池三兩花	어찌 묵지의 두세 송이 꽃과 같을 것인가?
近日國香零落盡[3]	근일 국향이 영락하여 다 떨어졌는데
王孫芳草徧天涯	왕손의 방초가 하늘 끝에 두루 있네

주석

1) 仲穆(중목): 조옹(趙雍)의 자. 조맹부(趙孟頫)의 아들. 집현대제(集賢待制) 등을 지냈고, 그림으로 유명했음.
2) 九畹(구원): 원(畹)은 면적의 단위. 1원은 12묘(畝), 혹은 20묘, 혹은 30묘 등 여러 설이 있음. 굴원(屈原)의 〈이소(離騷)〉에 "余旣滋蘭之九畹兮, 又樹蕙之百畮畦"라고 했음.
3) 國香(국향): 난화(蘭花)를 말함. 『좌전(左傳)·선공(宣公) 3년』에 "以蘭有國香, 人服媚之如是"라고 했음.

평설

- 『원시선』에 "섭정재(葉靜齋) 초목자(草木子)가 '조중목(趙仲穆)은 자앙(子昂: 趙孟頫) 학사의 아들이며, 송나라 수왕(秀王)의 후예이다. 난(蘭)·목(木)·죽(竹)·석(石)을 잘 그렸다. 도사(道士) 장백우(張伯雨)가 그 묵란에 적은 시에 「……」라고 했다. 중목이 보고서, 부끄러워하며, 마침내 다시 그리지 않았다'라고 했다"고 했다.

호주죽지사 湖州竹枝詞[1]

臨湖門外吳儂家	임호문 밖 오 땅에 제 집이 있는데
郞若閑時來喫茶	낭군께서 한가할 때 와서 차를 드세요
黃土築牆茅蓋屋	황토로 담을 쌓고 띠풀로 지붕을 이었는데
門前一樹紫荊花[2]	문전엔 한 그루 자형화가 있답니다

주석

1) 湖州(호주): 절강성 북부 호주시(湖州市).
2) 紫荊花(자형화): 박태기나무. 봄에 붉은 꽃이 피고 가을에 콩과 같은 열매가 열림.

진초 陳樵

진초(1278-1365), 자는 거채(居采), 호는 녹피자(鹿皮子), 무주(婺州) 동양(東陽: 절강성) 사람. 평생 은거하며 전술에 전념했다. 저서에 『녹피자집(鹿皮子集)』이 있다.

『원시선』에 "고부(古賦)를 짓기를 좋아했는데, 조직(組織)이 면려(緜麗)하여 위진(魏晉)사람의 유풍(遺風)이 있었다. 그 시는 제영(題咏)이 많은데, 속대(屬對)가 정교(精巧)하고, 때때로 기기(奇氣)가 있었다"고 했다.

우미인초사 虞美人草詞[1]

美人不願顔如花	미인은 꽃 같은 용모를 원치 않고
願爲霜草逢春華	서리 맞은 풀이 되어 봄을 맞고자 하네
漢壁楚歌連夜起[2]	한나라 군영에선 초나라 노래를 밤마다 부르고
騅不逝兮奈爾何[3]	오추마가 전진하지 못하니 그대를 어찌하랴?
鴻門劒戟帳下舞[4]	홍문에선 칼과 창으로 장막 아래서 춤추고
美人忍淚聽楚歌	미인은 눈물 참으며 초나라 노래를 듣네
楚歌入漢美人死	초나라 노래가 한나라로 들어가니 미인은 죽어서
不見宮中有人彘[5]	궁중에 사람 돼지가 있음을 보지 않았네

주석

1) 虞美人草(우미인초): 일종의 초본식물. 일명 여춘화(麗春花)·금피화(錦被花). 『촉중광기(蜀中廣記)』에 "우미인초는 또한 무초(舞草)라고 한다. 한 줄기에 세 잎인데, 모양이 결명(決明) 같다. 한 잎은 줄기 끝에 있고, 두 잎은 줄기 반쯤에 있는데 서로 마주한다. 사람들이 간혹 가까이 가서 손뼉 치며 노래하면, 반드시 춤추는 것처럼 흔들린다. 『유양잡조(酉陽雜俎)』에 『익주본초기(益州草木記)』에 「아주(雅州) 명산현(名山縣)에서 나온다. 행인이 〈우미인곡(虞美人曲)〉을 노래하면, 박자에 맞추어 춤춘다」고 했다'고 했다. 『촉지보하(蜀志補罅)』에 '동천주(潼川州) 자개산(紫蓋山)에서 나온다. 음절(音節)에 맞추어 움직이는데, 다른 장소에다 옮겨 심으면 움직이지 않는다'고 했다"고 했다. 우미인(虞美人)은 우희(虞姬). 항우(項羽)의 애첩. 해하(垓下)에서 항우가 유방의 연합군에 포위당했을 때 자결했음. 『고시원(古詩苑)』 등에 항우의 〈해하가(垓下歌)〉에 화답하였다는 우희의 노래 〈답항왕초가(答項王楚歌)〉 "漢兵已略地, 四面楚歌聲. 大王意氣盡. 賤妾何聊生"이 실려 있음.

2) 『사기(史記)』에 "항왕(項王)의 군대는 해하(垓下)에 주둔했는데, 병력은 적고

군량은 다 떨어졌다. 한(漢)나라 군대와 제후(諸侯)들의 군대가 그곳을 여러 겹으로 포위했다. 밤중에 한나라 군대가 사면에서 모두 초가(楚歌)를 부르는 것을 듣고 '한나라가 이미 초나라를 얻었던가! 이처럼 어찌 초나라 사람이 많단 말인가?'라고 했다. 항왕이 밤에 일어나 술을 마셨는데, 장막 안에 한 미인이 있었다. 이름이 우(虞)인데 일찍이 총애했다. 준마 추(騅)에다 항상 태우고 다녔다. 이에 항왕이 슬프게 노래하다가 강개(忼慨)하여 스스로 시를 짓기를 '力拔山兮氣蓋世, 時不利兮騅不逝. 騅不逝兮可奈何? 虞兮虞兮奈若何!'라고 했다. 여러 가락을 노래하니, 미인이 그것에 화답했다. 항왕은 눈물을 여러 줄기 흘리니, 좌우도 모두 울면서 우러러 보지 못했다"고 했다.

3) 항우의 〈해하가(垓下歌)〉 "騅不逝兮可奈何? 虞兮虞兮奈若何!"를 가져온 것임.

4) 『사기』에 "항왕(項王)이 즉일 패공(沛公)을 머물러 두고 술을 마셨다. ……범증(范增)이 여러 번 항왕에게 눈짓을 하고, 패용한 옥결(玉玦)로 보인 것이 세 번이었다. 항왕은 묵묵히 응하지 않았다. 범증이 일어나 나가서 항장(項莊)을 불러 말하기를, '군왕이 차마 결단을 내리지 못하고 있다. 네가 들어가서 축수를 하고, 검무를 청하여서 좌석에 있는 패공을 쳐서 죽여라. 성공하지 못하면 너희들은 모두 포로가 될 것이다'라고 했다. 항장이 들어가서 축수를 하고, 축수가 끝나자 말하기를 '군왕과 패공이 술을 마시는데, 군중에 음악으로 삼을 것이 없으니, 검무를 청합니다'라고 했다. 항왕이 좋다고 하니, 항장이 검을 뽑아들고 일어나 춤을 추었다. 항백(項伯) 또한 검을 빼들고 일어나 춤추면서 항상 몸으로 패공을 보호했다. 항장은 칠 수가 없었다"라고 했다.

5) 人彘(인체): 사람 돼지. 『사기·여후기(呂后記)』에 의하면, 유방(劉邦)이 죽은 후, 여후(呂后)가 유방이 총애했던 척부인(戚夫人)을 증오하여 "척부인의 수족을 절단하고, 눈알을 파내고, 귀를 태워버리고, 벙어리가 되는 약을 먹여서, 측간 안에서 살게 하고 인체(人彘)라고 불렀다"고 했음.

참고

• 조선 서거정(徐居正)의 〈우미인사(虞美人辭)〉: "猗重瞳兮盖世雄, 睥睨隆

準兮無目中. 天不柞項兮玉斗碎, 日至垓下兮噬難悔. 孫何以兮忼慨謌, 虞兮騅兮吾與汝何."

- 조선 성현(成俔)의 〈우미인가(虞美人歌)〉: "鴻溝割地分疆宇, 重瞳無光暗中土. 兵圍垓下樹朱旗, 梁齊羽翼來相聚. 轅門四面楚歌聲, 起飮帳中壯心驚. 神騅不逝悲跼顧, 美人一死鴻毛輕. 鴻毛吹斷蓮花鍔, 血汚遊魂無處托. 百草欣含漢雨露, 獨抱芳心猶寂寞."

- 원나라 양유정(楊維楨)의 〈우미인행(虞美人行)〉: "扳山將軍氣如虎, 神騅如龍蹋天下. 將軍戰敗歌楚歌, 美人一死能自許. 倉惶伏劒荅危主, 不爲坌雛隨仇虜. 江邊碧血吹靑雨, 化作春芳悲漢土."

항형 項詗

항형(1278-1338), 자는 가립(可立), 태주(台州) 임해(臨海: 절강성) 사람. 당시의 명유(名儒)로서 자취를 감추고 출사하지 않았다. 황진(黃溍)·장저(張翥)·양유정(楊維楨) 등과 교유했다. 『원시선』에 시 20여 수가 전한다. 『원시선』에 "그 고악부(古樂府) 〈오궁원(吳宮怨)〉·〈공막무(公莫舞)〉·〈공정사(空井辭)〉·〈강남롱(江南弄)〉 등은 이장길(李長吉: 李賀)과 혹사(酷似)한데, 그 시가 많이 전하지 못함이 애석하다"고 했다.

오궁원 吳宮怨[1]

繡楣灑黃粉[2]	수놓은 문미엔 황금 칠이 벗겨지고
椒壁漲紅青[3]	초벽엔 붉고 푸른색이 넘치네
倚簷樹如鬼	처마에 기댄 나무는 귀신같고
深草蛇夜鳴	우거진 풀엔 뱀이 밤에 우네
髑髏已無淚	해골엔 이미 눈물이 없는데
古恨埋石扃[4]	옛날의 원한은 석문에 파묻혔네

주석

1) 吳宮怨(오궁원): 옛 궁사(宮詞)의 제목.
2) 繡楣(수미): 수를 아로새긴 문미(門楣).
3) 椒壁(초벽): 산초(山椒) 기름을 칠한 벽. 초방(椒房)을 말함. 후비가 거주하는 궁전.
4) 石扃(석경): 석문(石門).

평설

- 『원시선』에 "철아(鐵雅: 楊維楨)가 평(評)하기를 '열 글자(5·6구)는 슬픔이 우귀(牛鬼)를 뛰어넘는다. 해골에는 눈물이 없지만, 더욱 말이 없을 수가 있겠는가?'라고 했다"고 했다.

참고

- 당나라 장적(張籍)의 〈오궁원(吳宮怨)〉: "吳宮四面秋江水, 江清露白芙蓉

死. 吳王醉後欲更衣, 座上美人嬌不起. 宮中千門復萬戶, 君恩反覆誰能數? 君心與妾旣不同, 徒向君前作歌舞. 茱萸滿宮紅實垂, 秋風嫋嫋生繁枝. 姑蘇臺上夕燕罷, 佗人侍寢還獨歸. 白日在天光在地, 君今那得長相棄.”

- 당나라 위만(衛萬)의 〈오궁원〉: "君不見吳王宮閣臨江起? 不見珠簾見江水. 曉氣晴來雙闕間, 潮聲夜落千門裏. 句踐城中非舊春, 姑蘇臺下起黃塵. 祇今唯有西江月, 曾照吳王宮裏人.”

공막무 公莫舞[1]

龍蟠錦帳金奕奕	용 서린 비단 장막엔 황금빛 빛나고
虎旗無際人馬立[2]	호랑이 깃발 끝없고 인마들이 서 있네
肉林垂(亡+皿)陵阜赤[3]	육림에 고기 늘어놓으니 높은 언덕이 붉고
萬甕行酒晴虹濕	만 술동이로 술 따르니 맑은 무지개 축축하네
大蛇中斷狂魄滅[4]	큰 뱀은 중간이 절단되어 미친 혼이 죽고
重瞳無光射寶玦[5]	중동은 빛이 없는데 보결을 쏘네
雷憤風愁三尺鐵[6]	천둥 울고 바람 치는 삼척검인데
河山未必如瓜裂	산하는 오이처럼 찢기지 않으리라
老荒捽珥語公莫	낡은 귀걸이를 잡고 그대는 춤추지 말라 하니
頭上靑天懸日月	머리 위 푸른 하늘엔 해와 달이 매달렸네

주석

1) 公莫舞(공막무): 검무(劍舞)의 일종. 악부시의 옛 제목임. 송나라 진양(陳暘)

의 『악서(樂書)』에 "심약(沈約)이 말하기를 '항장(項莊)이 검무(劍舞)를 추자, 항백(項伯)이 소매로 그것을 막아서 한고조(漢高祖)를 해치지 못하게 했다. 지금 건(巾)을 사용하는 것은 대개 항백의 옷소매를 형상한 유식(遺式)이다' 라고 했다"고 했다.

2) 虎旗(호기): 호랑이 문양의 깃발. 군대에서 사용하는 깃발임.

3) 肉林(육림): 많은 고깃덩이를 숲처럼 매달아 놓은 것.

4) 『사기』에 "고조(高祖)가 술에 취해 밤에 택중(澤中)을 가면서, 한 사람에게 앞서 가라고 했다. 앞서 갔던 자가 돌아와서 보고 하기를 '큰 뱀이 길에 도사리고 있으니, 돌아서 가기를 바랍니다'고 했다. 고조가 취하여 '장사(壯士)가 가는데 무엇을 두려워하랴?'하고, 앞으로 가서 칼을 뽑아 뱀을 쳐서 베어버렸다. 마침내 뱀은 두 조각으로 절단되었다. 곧 길을 열어 몇 리를 가다가, 취해서 길에 누웠다. 뒷사람들이 뱀이 있는 데에 이르니, 한 노파가 밤에 곡을 하고 있었다. 사람들이 곡하는 까닭을 물으니, 노파가 말하기를 '어떤 사람이 내 아들을 죽였기 때문에 곡을 합니다'고 했다. 사람들이 '노파의 아들이 어째서 살해당했단 말이오?'하니, 노파가 '내 아들은 백제(白帝)의 아들인데, 뱀으로 변하여 길에 있다가, 지금 적제(赤帝)의 아들에게 베어졌습니다. 그래서 곡을 합니다'고 했다. 사람들은 노파가 성실하게 답하려 하지 않는다고 여겼는데, 노파가 갑자기 사라져버렸다. 뒷사람들이 도착하자, 고조가 깨어났다. 뒷사람들이 고조에게 노파 이야기를 고하니, 고조는 마음속으로 홀로 기뻐하며 자부(自負)했다"고 했다. 큰 뱀은 진시황(秦始皇)을 말한 것임.

5) 重瞳(중동): 한 눈에 눈동자가 2개 있는 것. 항우(項羽)가 중동이었다고 함.
寶玦(보결): 옥결(玉玦). 패옥(佩玉). 항우는 범증(范增)의 계책을 받아들여서, 홍문(鴻門)으로 유방을 불러와서 연회 열고, 연회도중에 유방을 척살하려고 했음. 그런데 범증이 세 번이나 옥결을 들어서 항우에게 신호를 보냈으나 항우는 응하지 않았다.

6) 三尺鐵(삼척철): 삼척검(三尺劍).

평설
- 『원시선』에 "철아(鐵雅)가 평하기를 '금낭자(錦囊子: 李賀)에게는 기어(奇語)는 있지만, 이와 같은 기기(奇氣)는 없다'고 했다"고 했다.

마조상 馬祖常

마조상(1279-1338), 자는 백용(伯庸), 선조는 서역(西域)의 귀족집안으로 대대로 옹길부(雍古部)였다. 정주(靖州)의 천산(天山)에 살았는데, 그 고조 석리길사(錫里吉思)가 금나라 말에 봉상병마판관(鳳翔兵馬判官)을 지낸 연유로 후손들이 마씨(馬氏)를 칭했다. 증조 월합내(月合乃)가 원나라의 남벌(南伐)에 참여하여, 광주(光州) 정성(定城: 하남성)으로 옮겨 살게 되었다. 연우(延祐) 2년에 진사가 되어, 응봉한림문자(應奉翰林文字)·감찰어사(監察御史)·어사중승(御史中丞)·추밀부사(樞密副使) 등을 지냈다. 저서로 『석전문집(石田文集)』이 있다.

『원시선』에 "백용(伯庸)의 문장은 굉섬(宏贍)하고 정해(精核)한데, 근대 남북 문사들의 습기(習氣)를 제거해 버리고, 오로지 선진(先秦)과 양한(兩漢)을 법으로 삼았다. 요문공(姚文公) 수(燧)와 원문민공(元文敏公) 명선(明善)과 함께 실로 서로 선후를 계승하여 시에 치력했는데, 대편(大篇)과 단장(短章) 중에 전해질 만한 것이 많다"고 했다.

수차 밟는 노래 踏水車行[1]

松槽長長櫟木軸	소나무통 길고길고 상수리나무 굴대인데
龍骨翻翻聲陸續[2]	용골이 도는 소리가 이어지네
父老踏車足生繭[3]	부로들 수차를 밟으며 발에 못이 박혔는데
日中無飯倚車哭	정오에도 밥이 없어서 수차에 기대어 곡을 하네
乾田犖确稺禾槁[4]	마른 밭이 돌밭 같아서 어린 벼가 말랐는데
高天有雨不肯下	높은 하늘은 비를 지니고 내리려 하지 않네
富家操金射民田	부잣집은 돈을 가지고 민전을 사들이고
但喜市頭添米價	다만 시장에서 쌀값이 오르는 걸 기뻐하네
人生莫作耕田夫	인생에서 밭가는 농부가 되지 말고
好去公門爲小胥	기쁘게 공문으로 가서 아전이 되어야 하리라
日日得錢歌飮酒	매일매일 돈을 얻어 노래하며 술 마시고
朝朝買絹與豪奴[5]	아침마다 비단을 사서 호노에게 주네
識字農夫年四十	글자 아는 농부는 나이 사십인데
脚欲踏車脚失力	발은 수차를 밟으려 하지만 발힘이 없네
宛轉長謠臥隴間	완전히 길게 노래하며 밭두둑에 누웠는데
誰能聽此無悽惻	누가 이것을 듣고 슬퍼하지 않겠는가?

주석

1) 水車(수차): 논밭에 물을 대는 기구. 가축이나 인력으로 움직이게 함.
2) 龍骨(용골): 수차의 별칭. 翻翻(번번): 날듯이 돌아가는 모양. 陸續(육속): 끊이지 않고 이어짐.
3) 足生繭(족생견): 발에 못이 박히는 것.

4) 犖确(낙학): 산석(山石)이 드러나게 깔려있는 모양.

5) 豪奴(호노): 사납고 교활한 노복(奴僕).

용호대 응제시 龍虎臺應制[1]

龍虎臺高秋意多	용호대가 높은데 가을기운이 많고
翠華來日似鸞坡[2]	취화가 오는 날은 난파와 같네
天將山海爲城塹	하늘은 산과 바다를 성과 참호로 삼았고
人倚雲霞作綺羅	사람은 구름과 놀에 기대어 비단옷을 걸치네
周穆故慚黃竹賦[3]	주목왕은 일부러 <황죽부>를 지어 부끄러워했고
漢高空奏大風歌[4]	한고조는 공연히 <대풍가>를 연주했네
兩京巡省非行幸[5]	양경을 순수하여 살핌은 행행이 아니니
要使蒼生樂至和	창생들에게 지극한 화락을 즐기게 하려는 것이네

주석

1) 龍虎臺(용호대): 하남성 거용관(居庸關) 남쪽에 있음. 원나라 때 황제의 수레가 상도(上都)로 갈 때는 이곳에 잠시 머물렀음. 應制(응제): 황제의 명에 응하여 시문을 짓는 것.

2) 翠華(취화): 취우(翠羽)로 장식한 깃발로서 황제의 의장(儀仗)으로 사용함. 황제의 수레를 지칭함. 鸞坡(난파): 금란파(金鸞坡). 금란전(金鸞殿) 옆에 있는 언덕의 이름. 금란전은 한림원(翰林院)과 서로 접해 있기 때문에, 난파는 한림원, 혹은 한림학사의 별칭으로 사용되었음.

3) 周穆(주목): 주(周)나라 목왕(穆王). 이름은 만(滿). 黃竹賦(황죽부): 황죽가

(黃竹歌). 주목왕이 일찍이 사냥을 나갔다가, 갑자기 추위가 몰려오고, 대설이 내려서 얼어 죽은 사람이 있자, 노래를 지어서 자신을 반성하고 백성들을 애도했다고 함. 『목천자전(穆天子傳)』에 "천자가 이에 휴식을 하자, 일중(日中)에 큰 추위가 몰려오고, 북풍이 불고 대설이 내려서 얼어 죽은 사람들이 있었다. 천자가 시 3장(章)을 지어서 백성들을 애도했다"고 했다.

4) 漢高(한고): 한나라 고조 유방(劉邦). 大風歌(대풍가): 『악부시집(樂府詩集)』에 "『한서(漢書)』에 '고조(高祖)가 이미 천하를 평정하고, 패(沛)로 돌아와서 패궁(沛宮)에 술자리를 차리고, 벗들과 부로(父老)들을 모두 부르고, 자제들에게 술시중을 들도록 했다. 패 안의 아이들 20명을 선발하여 노래를 부르게 했는데, 술이 거나해지자 황제가 축(筑)을 치며 스스로 노래하며 아이들에게 화답하여 그것을 익히도록 했다. 황제가 몸소 일어나서 춤을 췄다'고 했다. 『금조(琴操)』를 살펴보니, 〈대풍기(大風起)〉가 있는데, 한고제(漢高帝)가 지은 것이다"라고 했다. 〈대풍가〉: "大風起兮雲飛揚, 威加海內兮歸故鄕, 安得猛士兮守四方!"

5) 兩京(양경): 원나라 대도(大都)와 상경(上京). 行幸(행행): 황제의 행행은 대개 피서(避暑) 가는 것을 말함.

평설

- 『원사(元史)·마조상전(馬祖常傳)』에 "문종(文宗)이 일찍이 용호대(龍虎臺)에 잠시 머물렀을 때, 조상(祖常)이 응제(應制)로 시를 읊어서 더욱 탄상(歎賞)을 받았는데, '중원(中原)의 석유(碩儒)는 오직 조상(祖常)이다!'라고 했다"고 했다.

하수가를 장길체로 본떠 짓다 河水歌效長吉體[1]

賀蘭山下河西地[2] 하란산 아래 하서의 땅

女郞十八梳高鬟	십팔 세 여랑이 높은 머리를 빗질하네
茜根染衣光如霞³⁾	천초뿌리로 옷을 염색하니 놀처럼 빛나는데
却召瞿曇作夫壻⁴⁾	도리어 구담을 불러서 남편으로 삼았네
紫馳載錦涼州西⁵⁾	붉은 낙타에 비단 싣고 양주 서쪽으로 가서
換得萬金鑄馬蹄	만금으로 바꾸어 말발굽쇠를 주조하네
沙羊氷脂蜜脾白⁶⁾	사양의 빙지와 밀비가 희고
箇中飮酒聲澌澌⁷⁾	대나무 통으로 술 마시는 소리가 벌컥벌컥하네

주석

1) 長吉體(장길체): 당나라 이하(李賀)의 시체(詩體). 장길(長吉)은 이하의 자. 이하의 시는 악부(樂府) 형식의 장단구를 잘 지었음.

2) 賀蘭山(하란산): 지금의 영하(寧賀) 회족(回族)의 자치구에 있음. 河西(하서): 황하(黃河) 상류의 서쪽 지역을 말함.

3) 茜根(천근): 천초(茜草)의 뿌리. 천초는 꼭두서니. 일년생 풀. 그 뿌리는 붉은색의 염료로 사용함.

4) 瞿曇(구담): 천축(天竺) 사람의 성씨. 석가모니의 성이 구담이었으므로 불교를 대칭함. 여기서는 나마교(喇嘛敎)의 승려를 말함. 원나라 때 나마교의 승려는 처를 둘 수 있었음. 夫壻(부서): 남편.

5) 涼州(양주): 지금의 감숙성 무위(武威). 고대로부터 서역으로 통하는 중요한 지역이었음.

6) 沙羊(사양): 양의 일종. 일설에는 황양(黃羊)이라고 함. 氷脂(빙지): 고지(膏脂). 양의 지방을 말함. 蜜脾(밀비): 꿀벌이 만든 벌통. 모양이 비장(脾臟)과 같다고 하여 붙여진 이름임.

7) 箇(개): 술을 담는 대나무 통. 澌澌(시시): 벌컥벌컥 마시는 소리.

오사도 吳師道

오사도(1283-1344), 자는 정전(正傳), 무주(婺州) 난계(蘭溪: 절강성) 사람. 지치(至治) 원년에 진사가 되어서 고우승(高郵丞)에 임명되고, 영국로록사(寧國路錄事)・건덕현윤(建德縣尹)・국자조교(國子助敎)・예부랑중(禮部郎中) 등을 지냈다. 황진(黃溍)・유관(柳貫)・오래(吳萊) 등과 교유했다. 저서로 『역시서잡설(易詩書雜說)』・『오례부시화(吳禮部詩話)』・『오례부집(吳禮部集)』 등이 있다.

희마대 戱馬臺[1]

項王戰馬從東來	항왕의 전마가 동쪽에서 와서
意氣蹴踏全秦摧	의기가 진나라 전체를 짓밟아 꺾었네
入關不並沛公轡[2]	관문으로 들어가 패공의 고삐와 함께 하지 않고
還鄕却上彭城臺[3]	고향으로 돌아가 도리어 팽성대에 올랐네
重瞳按劍風雲靡[4]	중동이 칼을 매만지니 풍운이 쓰러지고
萬匹騰空煙霧起	만 필 말이 허공에 오르니 연무가 일어나네
凄凉垓下泣名騅[5]	처량한 해하에선 명마 추마가 울고
零落江濱十餘騎[6]	영락한 강가엔 십여 기마뿐이었네
寄奴千載心爭雄[7]	유유여 천년의 마음으로 자웅을 다투어
登高把酒臨秋風	등고하여 술을 들고 가을바람에 임했구려
詐移晉鼎非男子[8]	거짓으로 진나라를 빼앗음은 남자가 아니니
君看百戰東城死[9]	백전 치르고 동성에서 죽은 것을 그대는 보구려

주석

1) 戱馬臺(희마대): 〈십대회고(十臺懷古)〉시 중의 1수임. 그 「병서(幷序)」에 "우인(友人)이 항주(杭州)에서 와서 제남(濟南) 왕군(王君)의 〈십대회고(十臺懷古)〉시를 보여주어서, 읽어보니 감개가 그치지 않았다. 대저 강산의 고궁(故宮)과 가무(歌舞)했던 유적(遺跡)은 천년 위에서는 영웅이 노닐었던 곳인데, 천년 아래에서는 여우와 토끼가 다니게 된다. 폐흥(廢興)을 돌아보면, 누가 무정할 수 있겠는가? 시인은 더욱 몹시 읊조림을 펴게 된다, 가사는 비록 다를지라도 뜻은 모두 합치함이 마치 사물의 울림이 같은 종류로써 응하는 것과 같다. 내가 어찌 망언을 하는 것이겠는가? 나는 태어나서 유람을 좋아했는데, 일찍이 사마자장(司馬子長: 司馬遷)과 두습유(杜拾遺: 杜甫)가 사방

산천의 승경지를 유람하고서 그 문심(文心)을 웅장하게 했다고 들었다. 나는 그것을 사모했는데, 훗날 강회(江淮)로 항해하여, 상원((湘沅)으로 거슬러 올라가서, 파협(巴峽)으로 올라가고, 진한(秦漢)의 고도(故都)를 방문하고, 연(燕)·조(趙)·제(齊)·노(魯) 지역을 편력하련다. 볼 곳이 십대(十臺)보다 오히려 많을 것인데, 유로(遺老)들을 찾아가서 고실(故實)을 물어보아서, 한 때의 흥을 충분히 펴내어 해묵은 소망을 풀고, 돌아와서 사마천과 두보의 시문을 읽고서 얻은 것을 증명하려고 한다"고 했다. 십대는 고소대(姑蘇臺)·장화대(章華臺)·조양대(朝陽臺)·황금대(黃金臺)·희마대(戲馬臺)·의풍대(欹風臺)·망사대(望思臺)·동작대(銅雀臺)·봉황대(鳳凰臺)·능고대(凌敲臺)임. 희마대는 강소성 동산현(銅山縣) 남쪽에 있음. 항우(項羽)가 건축하고, 말을 탔던 곳이고, 유송(劉宋) 무제(武帝: 劉裕)가 대장군으로 팽성(彭城)에 있을 때 중구일에 이곳에 올라서 시회(詩會)를 열었던 곳임.

2) 關(관): 함곡관(函谷關)을 말함. 沛公(패공): 유방(劉邦). 패는 유방의 고향.

3) 彭城臺(팽성대): 희마대를 말함. 항우는 진(秦)나라를 멸망시킨 후 팽성에 도읍했음.

4) 重瞳(중동): 항우를 말함. 항우는 한 눈에 눈동자가 둘이었다고 함.

5) 垓下(해하): 지금의 안휘성 영벽현(靈壁縣) 동남. 항우가 유방과 제후들의 연합군에 포위당하여 패전했던 곳. 騅(추): 항우의 말 이름.

6) 江濱(강빈): 오강정(吳江亭)을 말함. 해하에서 탈출한 항우는 겨우 20여 기의 기병을 이끌고, 오강정으로 와서 강동(江東)으로 건너가 권토중래하자는 권유를 물리치고 스스로 자결했음.

7) 奴(노): 유유(劉裕)의 소명(小名).

8) 유유(劉裕)는 본래 동진(東晉)의 대장군이었는데, 내란을 평정한 후 진나라 공제(恭帝)를 위협하여 선양(禪讓)을 받아서 남송(南宋)을 세웠음.

9) 東城(동성): 안휘성 정원현(定遠縣) 동남에 있던 성. 항우가 패전하여 스스로 목을 찔러서 자결한 곳임.

들에서 저녁에 귀가하며 감회가 있어서 野中暮歸有懷

野田蕭瑟草蟲吟	들밭 쓸쓸한데 풀벌레 울고
墟落人稀慘欲陰[1]	마을은 사람 드물고 어둡게 저물려 하네
白水西風羣雁急	흰 물에 서풍 부니 여러 기러기들 급하고
青林暮雨一燈深	푸른 숲에 저녁 비 내리니 한 등불이 깊네
年豊稍變飢人色	풍년이라 굶주린 사람들 안색이 약간 변하고
秋老誰憐倦客心	가을 깊은데 피곤한 객의 마음을 누가 동정하는가?
酒禁未開詩侶散[2]	금주령이 풀리지 않아 시 친구들 흩어졌는데
菊花時節自登臨[3]	국화 시절에 홀로 올라와 임했네

주석

1) 慘(참): 黲(참)과 통용. 색채가 암담(暗淡)함.
2) 酒禁(주금): 금주령(禁酒令).
3) 국화가 피는 가을 중구절(重九節)에는 산수유주머니를 차고 등고(登高)하여, 국화주를 마시면서 사악한 기운을 쫓고, 무병장수를 기원하는 풍습이 육조 때부터 있었음.

적벽도 赤壁圖[1]

沈沙戟折怒濤秋	모래에 묻힌 창은 부러지고 노도의 가을에
殘壘蒼蒼戰鬪休	남은 보루 창창한데 전투가 끝났네
風火千年消伯氣[2]	풍화의 천년 후 백기가 소멸되고

江山一幅挂淸愁	강산엔 한 폭이 맑은 수심을 내걸었네
丈夫不學曹孟德[3]	장부는 조맹덕을 배우지 말고
生子當如孫仲謀[4]	자식 낳음은 마땅히 손중모 같아야 하리라
機會難逢形勝在	기회는 만나기 어려우나 형승이 남아있으니
狂歌弔古謾悠悠	광가로 옛날을 조문하며 마음껏 유유하네

주석

1) 赤壁圖(적벽도): 삼국 위나라와 오나라가 싸웠던 적벽대전을 그린 그림.
2) 伯氣(백기): 패기(霸氣).
3) 曹孟德(조맹덕). 조조(曹操). 『속자치통감장편(續資治通鑑長編)』에 "석륵(石勒)은 한 참위(僭僞)한 임금이었지만, 오히려 '끝내 조맹덕(曹孟德)과 사마중달(司馬仲達)이 호미(狐媚)로써 천하를 취한 것을 배우지 않겠다'고 했다"고 했다.
4) 조조가 일찍이 "자식 낳음은 마땅히 손중모 같아야 하는데, 유경승(劉景升)의 아이는 돼지나 개와 같을 뿐이다"라고 했음. 손중모는 손권(孫權).

관사 벽에 적다 題官舍壁

官舍千峯裏	관사가 천 봉우리 안에 있으니
迎秋氣已淸	가을기운을 맞이하여 이미 맑네
池烟明鶴影	못 안개에 학 그림자 밝고
林雨斷蟬聲	숲의 비에 매미소리 끊겼네
紅惜芙蓉落	붉은 연꽃 떨어짐이 애석한데

青憐薜荔生[1]	푸른 벽려가 자라남이 어여쁘네
今朝少公事	오늘 아침은 공사가 적으니
吟嘯且怡情	읊조려 노래하며 정을 기쁘게 하리라

주석

1) 薜荔(벽려): 다년생 상록덩굴식물. 별칭으로 목련(木蓮)·양분과(凉粉果)·귀만두(鬼饅頭)·양분자(凉粉子)·목만두(木饅頭)·병병자(乒乓子) 등이 있음.

주덕윤 朱德潤

주덕윤(1294-1365), 자는 택민(澤民), 세조(世祖)의 관향은 휴양(睢陽: 하남성)이었는데, 후세에 평강(平江: 강소성)으로 옮겨왔다. 시문(詩文)을 좋아하고, 서찰을 잘 썼으며, 산수와 인물을 잘 그렸다. 응봉한림문자(應奉翰林文字)·국사원편수관(國史院編修官)·진동행성유학제거(鎭東行省儒學提擧) 등을 지냈다. 저서로 『존복재집(存復齋集)』이 있다.

덕정비 德政碑[1]

德政碑	덕정비로
路旁立石高巍巍[2]	길가에 세운 비석이 우뚝이 높네
傳是邑中賢太守[3]	읍 안의 어진 태수를
三年秩滿人頌之	삼년 기간이 차자 사람들이 칭송했네
刻石道傍紀德政	길가에 비석을 깎아서 덕정을 기념했는데
傍人見者或歔欷	옆에서 보는 자가 간혹 한숨을 내쉬네
借問歔欷者誰子	탄식하는 자는 누구인가?
云是西家鐫石兒[4]	서쪽 집의 비석장이라네
去年官差鐫此石[5]	지난해 관리가 이 비석을 새기라며
官司督工限十日[6]	관사에서 공비를 감독하며 십일 기한이었네
上戶歛錢支半工[7]	상호에서 돈을 걷어서 반 공비를 지탱하니
每年準備遭驅責	매년 준비를 강요당하네
城中書生無學体	성안의 서생은 학봉도 없어서
但得錢多好作頌	단지 많은 돈을 벌려고 즐겨 비문을 짓네
豈知太守賢不賢	태수가 어진지 어떤지 어찌 알리오?
且喜豪民來饋送[8]	다만 호민이 돈을 보내옴을 기뻐하네
德政碑磨不去	덕정비는 마모돼도 치우지 않는데
勸君改作橋梁柱	그대여 교량의 다리로 사용하여서
乞與行人濟不通	행인들이 강을 건너지 못함을 구제하고
免使後來觀者疑其故	후래에 보는 자가 사실을 의심하지 않게 해주오

주석

1) 德政碑(덕정비): 관리의 치적을 송도하는 비석. 당나라 백거이(白居易)의 〈청석(靑石)〉시를 모방한 것임.

2) 巍巍(외외): 높이 솟은 모양.

3) 太守(태수): 원나라 관직에는 태수가 없는데, 지주(知州)를 대신한 말임.

4) 鐫石兒(전석아): 비석을 새기는 비석장이.

5) 官差(관차): 관리.

6) 官司(관사): 관청.

7) 上戶(상호): 부가(富家).

8) 豪民(호민): 부가(富家).

사호에서 저녁에 돌아오다 沙湖晚歸

山野低迴落鴈斜	산야엔 낮게 돌며 떨어지는 기러기 비껴있고
炊煙茅屋起平沙[1]	초가의 밥 짓는 연기는 모래밭으로 피어나네
櫓聲歸去浪痕淺	노 젓는 소리 돌아가니 물결 흔적이 얕은데
搖動一灘紅蓼花[2]	요동치는 한 여울에 붉은 여뀌꽃이 있네

주석

1) 平沙(평사): 드넓고 평탄한 모래밭.

2) 紅蓼花(홍료화): 붉은 여뀌꽃. 일년생 초본식물. 주로 습한 곳에서 자람.

관운석 貫雲石

관운석(1286-1324), 원명은 소운석해애(小雲石海涯), 호는 산재(酸齋)·노화도인(蘆花道人), 부친의 이름이 관지가(貫只哥)였기 때문에, 관(貫)으로써 성을 삼았다. 유오이족(維吾爾族) 귀족출신으로서, 부친의 관직을 계승받아서 양회만호달노화적(兩淮萬戶達魯花赤)을 지냈다. 곧 아우에게 관직을 양보하고, 북쪽으로 가서 요수(姚燧)에게 학문을 배웠다. 인종(仁宗) 때 한림시독학사(翰林侍讀學士)·지제고동수국사(知制誥同修國史) 등을 지냈다. 나중에 강남으로 가서 은거했다. 초서와 예서를 잘 썼고, 시문에 뛰어났는데, 특히 산곡(散曲) 작가로서 유명했다.

군산행 君山行[1]

北溟魚背幾千里[2]	북명의 물고기 등은 몇 천리인가?
負我大夢遊弱水[3]	내 큰 꿈을 싣고 약수에서 노니네
蓬萊隔眼不盈拳[4]	봉래산이 시야를 가리며 주먹만하고
碧落香銷吹不起[5]	벽락의 향기 사라져 불어도 피어나지 않네
茜裙女兒懷遠遊[6]	붉은 치마 여아들은 먼 여행을 생각하는데
遠人不歸明月羞[7]	먼 곳 사람이 돌아오지 않아 밝은 달이 부끄럽네
寶釵縮鬢翠欲流	보차로 머리 묶으니 푸름이 흐르려 하고
鳳鬟十二照暮秋[8]	봉환 열두 개가 저무는 가을을 비추네
女媧煉石補天手[9]	여와는 돌을 단련해 하늘을 메우던 솜씨인데
手拙石開露天醜	손이 졸렬하여 돌이 터지니 추한 하늘 드러났네
瓊樓玉宇亦人間	경루와 옥우 또한 인간 세상이니
直指示君君見不	곧장 가리켜 그대에게 보이는데 그대는 보았는가?
斯須魚去夢亦還	금방 물고기가 떠나가니 꿈 또한 돌아오고
白雲與我遊君山	흰 구름만 나와 함께 군산을 유람하네

주석

1) 君山(군산): 동정호(洞庭湖) 안에 있는 산. 일명 상산(湘山). 『수경주(水經注)·상수(湘水)』에 "이 산은 상군(湘君)이 놀던 곳이다. 그래서 군산(君山)이라고 한다"고 했다. 상군(湘君)은 순(舜)의 두 명의 비(妃)인 아황(娥皇)과 여영(女英). 순이 남순(南巡)하다가 죽자, 아황과 여영 또한 상수에 투신하여 죽었는데, 상수의 신 상군이 되었다고 함.

2) 北溟魚(북명어): 『장자(莊子)·소요유(逍遙游)』에 "북명(北溟)에 물고기가

있는데……변하여 새가 된다. 그 이름은 붕(鵬)이다. 붕의 등은 몇천 리인지 알 수 없다"고 했다.
3) 弱水(약수): 전설 속의 물의 이름. 물의 힘이 약하여 깃털도 뜨지 못한다고 함.
4) 蓬萊(봉래): 여기서는 군산(君山)을 말한 것임.
5) 碧落(벽락): 도교(道敎)에서 말하는 천공(天空).
6) 茜裙女兒(천군여아): 아황과 여영을 말함. 동정호 옆에 황릉산(黃陵山)이 있는데, 전설에 순의 두 명의 비의 묘가 그 위에 있다고 함. 당나라 이군옥(李群玉)의 〈황릉묘(黃陵廟)〉시에 "黃陵廟前莎草春, 黃陵女兒茜裙新"이라 했음.
7) 遠人(원인): 남쪽으로 순행한 순(舜)을 말함.
8) 鳳鬟十二(봉환십이): 군산(君山)을 말함.『산해경(山海經)·중산경(中山經)』에 "동정(洞庭)의 산에 제(帝)의 두 딸이 산다"고 했는데, 임연(任淵)의 주에 "군산의 모습은 십이라계(十二螺髻) 같다"고 했다.
9) 신화에 여와(女媧)가 하늘이 터진 곳을 돌을 단련하여 메웠다고 했음.

갈대꽃 이불 蘆花被[1]

내가 양산박(梁山泊)을 지나가는데, 어떤 어옹(漁翁)이 갈대꽃으로 이불을 짜고 있었다. 나는 그 청빈함을 사랑하여, 그것을 명주와 바꾸려고 했다. 어옹이 말하기를 "그대가 나의 청빈함을 숭상한다면, 시를 지어주시오"라고 했다. 시를 지으니, 과연 명주는 물리쳤다.

採得蘆花不浣塵[2]	갈대꽃을 채취하니 티끌 하나 없고
翠蓑聊復藉爲茵	푸른 도롱이를 잠시 다시 자리로 까네
西風刮夢秋無際	서풍이 꿈을 깎아내는 가을이 끝없는데
夜月生香雪滿身[3]	밤 달에 향기 피고 눈발이 몸에 가득하네

毛骨已隨天地老	모골은 이미 천지를 따라 늙었는데
聲名不讓古今貧	성명은 고금의 청빈에 양보하지 않네
靑綾莫爲鴛鴦妬	푸른 능라가 원앙에게 질투당하지 않으니
欸乃聲中別有春[4]	어기어차 노 젓는 소리 속에 특별한 봄이 있네

주석

1) 蘆花被(노화피): 갈대꽃의 솜으로 만든 이불.
2) 浣塵(완진): 먼지에 오염됨.
3) 雪(설): 갈대꽃을 말함.
4) 欸乃(애내): 노를 젓는 소리.

평설

- 『원시선』에 "구양현(歐陽玄)이 지은 「관운석신도비(貫雲石神道碑)」에 '운석이 일찍이 양산(梁山)을 지나가다가, 어부가 갈대꽃의 솜으로 이불을 짜는 것을 보았다. 그것을 사랑하여 명주로써 그 이불과 바꾸려고 했다. 어부가 귀한 것을 천한 것과 바꾸려는 것을 보고, 그 사람됨을 이상히 여기고서 「그대가 내 이불을 가고자 한다면, 마땅히 시를 지어야 하오」라고 했다. 공이 붓을 들고 곧장 시를 짓고는 이불을 가지고 갔다. 시가 세상에 전해졌는데, 노화도인(蘆花道人)이라 불렀다. 공이 전당(錢唐)에 이르자, 그로 인하여 자호로 삼았다'고 했다"고 했다.

주권 周權

주권(1286?-1345?), 자는 형지(衡之), 호는 차산(此山), 처주(處州) 여수(麗水: 절강성) 사람. 재능을 지니고서도 평생 출사하지 못했다. 시에 뛰어나서 조맹부(趙孟頫)·원각(袁桷) 등의 칭송을 받았고, 진려(陳旅)와 친했다. 저서로 『주차산시집(周次山詩集)』이 있다.

냉천정 冷泉亭[1]

昔人來自天竺國[2]	옛 사람이 천축국에서 와서
縹緲孤雲伴飛錫[3]	아득한 외로운 구름이 비석과 동반했네
天風吹落凝不去	하늘 바람이 불어 떨어져 엉겨서 가지 않고
化作奇峰聳空碧[4]	기이한 봉우리로 변해서 푸른 하늘에 솟았네
至今裂峽餘雲髓[5]	지금 찢긴 협곡에는 흐르는 물이 넘쳐서
桂冷松香流未已	계수 차갑고 솔 향기롭고 물길은 그치지 않네
翠光圍住玉壺秋[6]	푸른빛이 둘러서 머문 옥호의 가을인데
不放晴雷度山趾	맑은 천둥을 풀지 않아도 산기슭을 지나가네
道人宴坐無生滅[7]	도인은 연좌하여 생멸이 없고
炯炯層胸照氷雪	형형한 층층의 가슴엔 빙설이 비추네
夜深出定汲清泠[8]	밤 깊어 선정을 풀고 맑은 물을 길으니
寒猿啼斷西巖月	추운 원숭이소리 서암의 달빛 속에 끊겼네

주석

1) 冷泉亭(냉천정): 항주(杭州) 서호(西湖)의 영은사(靈隱寺) 앞 비래봉(飛來峰) 아래에 있음. 백거이(白居易)의 「냉천정기(冷泉亭記)」에 "동남의 산수는 여항군(餘杭郡)이 최고이다. 군(郡)에서는 영은사(靈隱寺)가 좋다고 하는데, 절에서 보면 냉천정(冷泉亭)이 으뜸이다. 냉천정은 산 아래 물의 중앙, 절의 서쪽 모퉁이에 있다"고 했다.

2) 昔人(석인): 동진(東晋) 때의 천축(天竺)에서 온 승려 혜리(惠理)를 말함. 天竺國(천축국): 인도(印度)의 옛 명칭.

3) 飛錫(비석): 불교용어. 승려가 외출할 때는 즐겨 석장(錫杖)을 지니기 때문에 승려의 여행을 비석이라고 함. 여기서는 혜리를 말함.

4) 奇峰(기봉): 비래봉(飛來峰)을 말함. 전설에 혜리가 이 산에 올라서 말하기를 "이는 중천축국(中天竺國) 영취산(靈鷲山)의 작은 봉우리인데, 언제 날아왔는지 모르는가?"라고 했다고 함. 이로 인하여 영은사를 세우고, 이 산의 이름을 비래봉이라고 했다고 함.
5) 裂峽(열협): 봉우리가 터진 곳. 雲髓(운수): 유수(流水)를 말함.
6) 玉壺(옥호): 냉천정을 말함.
7) 宴坐(연좌): 좌선(坐禪).
8) 出定(출정): 선정(禪定)에서 나오는 것.

성곽 밖 郭外

郭外人家少	성곽 밖에는 인가가 적고
魚村颭酒旗	어촌엔 술집깃발 날리네
江雲低壓樹	강 구름은 숲을 누르며 나직하고
沙竹細穿籬[1]	사죽은 울타리를 뚫고 작네
地暖梅花早	땅 따뜻하니 매화가 이르고
天寒潮信遲[2]	날 추우니 조신이 더디네
夕陽烟景外	석양의 연경 밖에서
倚杖立移時	지팡이 집고 서서 시간을 보내네

주석 ⟳

1) 沙竹(사죽): 세죽(細竹).
2) 潮信(조신): 조수(潮水)가 왕래하는 정해진 때.

341

이효광 李孝光

이효광(1285-1350), 자는 계화(季和), 호는 오봉광객(五峰狂客), 온주(溫州) 낙청(樂淸: 절강성) 사람. 박학하고, 복고(復古)에 돈독히 뜻을 두고, 안탕산(雁蕩山) 오봉(五峰) 아래서 강학했다. 나중에 출사하여 비서감저작랑(秘書監著作郎)·문림랑(文林郎)·비서감승(秘書監丞)을 지냈다. 문장으로 유명하여, 양유정(楊維楨)·살도자(薩都刺)·장우(張雨) 등과 친했다. 저서에 『오봉집(五峰集)』이 있다.

〈태을진인가〉를 〈연주도〉에 적다 太乙眞人歌, 題蓮舟圖[1]

銀河跨西海	은하수가 서해로 넘어가니
秋至天爲白	가을이 와서 하늘이 하얗네
一片玉芙蓉[2]	한 송이 옥부용이
洗出明月魄[3]	밝은 달빛 속에 씻겨 나왔네
太乙眞人挾兩龍	태을진인이 두 용을 끼고서
脫巾大笑眠其中	건을 벗고 크게 웃으며 그 안에서 자네
鳳麟洲西與天通[4]	봉린주 서쪽은 하늘과 통하니
扶桑乃在碧海東[5]	부상이 곧 푸른 바다 동쪽에 있네
手把白雲有兩童	흰 구름을 손으로 잡은 두 동자가 있어
挈㩦二鳥開金籠	두 마리 새를 꺼내려고 황금 새장을 여네

주석

1) 太乙眞人(태을진인): 도교(道敎) 신선의 이름. 蓮舟圖(연주도): 태을연주도(太乙蓮舟圖). 태을진인도(太乙眞人圖)의 별칭. 송나라 이공린(李公麟)의 〈태을진인도〉가 있는데, 진인이 큰 연잎 안에 누워서 책을 읽고 있는 그림임.

2) 玉芙蓉(옥부용): 백련(白蓮).

3) 月魄(월백): 달은 음(陰)이기 때문에 월백이라고 함. 해는 양(陽)이기 때문에 일혼(日魂)이라고 함.

4) 鳳麟洲(봉린주): 신선이 산다는 전설의 장소.

5) 扶桑(부상): 전설 속의 신목(神木). 동해에 있는데, 그곳에서 해가 떠오른다고 함.

평설

- 『원시선』에 "철아(鐵雅: 楊維楨)가 평하기를 '이 작품은 곧 이기경(李騎鯨: 李白)이다. 누가 이 노인은 몽둥이가 둔하여 상기(爽氣)가 없다고 하겠는가? 「이조(二鳥)」는 해와 달을 지어보인 것이다'라고 했다"고 했다.

배로 오강을 지나다 舟過吳江[1)]

十五女郎可憐生[2)]	열다섯 살 여랑이 어여쁜데
牽挽百丈踏泥行	배를 끌고 백 길 진창을 밟아가네
洗脚上船歌白苧[3)]	발을 씻고 배에 올라 〈백저곡〉을 부르는데
春風吹過闔閭城[4)]	봄바람이 합려성에 불어 지나가네

주석

1) 원래 2수임. 吳江(오강): 오송강(吳淞江).

2) 生(생): 어조사.

3) 白苧(백저): 백저(白紵)와 같음. 고악부(古樂府)의 이름. 〈백저가(白紵歌)〉·〈백저사(白紵辭)〉라고도 함.

4) 闔閭城(합려성): 오(吳)나라 도읍지였던 오현(吳縣)을 말함. 합려(闔閭)는 오왕(吳王)의 이름.

허유임 許有壬

허유임(1287-1364), 자는 가용(可用), 창덕로(彰德路) 탕음(湯陰: 하남성) 사람. 연우(延祐) 2년 진사가 되어, 50여 년 동안 7조(朝)에 걸쳐 벼슬하며 중서좌승(中書左丞)에 이르렀다. 항상 직언으로 간쟁(諫爭)하여 관직에서 파란이 많았다. 저서로 『지정집(至正集)』이 있다.

버려진 아이를 슬퍼하다 哀棄兒

雪霜載途風裂肌	눈서리 길에 가득하고 바람이 피부를 찢는데
有兒鶉結行且啼[1]	한 아이가 누더기 걸치고 가면서 울고 있네
問兒何事乃爾悲	아이야 무슨 일로 너는 슬퍼하느냐?
父母棄之前欲追	부모가 버려서 앞으로 쫓아간다네
木皮食盡歲又饑	나무껍질도 다 먹었는데 또 기한이 들어서
夫婦行乞甘流離	부부가 걸식하며 떠돎을 달게 여긴다네
負兒遠道力已疲	아이를 업고 먼 길에 힘이 이미 피로하니
勢難俱生灼可推	형세가 함께 살아남기 어려움을 분명히 알 수 있네
與其寘尾莫我隨[2]	차라리 넘어져서 우릴 따라오지 말고
不如忍割從所之	헤어져서 가고 싶은 곳으로 가는 것이 나으리라
今夕曠野兒安歸	오늘 밤 광야에서 아이는 어디로 돌아가야 하는가?
明朝道殣非兒誰	내일 아침 길에서 굶어죽은 이가 아이 아니면 누구겠는가?
父兮母兮豈不慈	부모가 어찌 인자하지 않겠는가만
天倫遽絶天實爲	천륜이 갑자기 끊긴 것은 하늘이 실로 만든 것이네
十年執政雖咸腓[3]	십년 집정하며 모두가 비호했더라도
發廩有議常堅持[4]	창고를 열어야 한다는 의론을 항상 견지했네
昔聞而知今見之	예전에 들어 안 것을 지금 목격하는데
倉皇援手無所施	창황 간에 구원의 손길을 베풀 수가 없네
兒行不顧寒日西	아이는 가며 돌아보지 않는데 찬 해는 서쪽으로 기울고
哭聲已遠猶依稀	통곡소리 이미 멀어졌는데 오히려 들리는 듯하네

주석
1) 鶉結(순결): 메추라기 깃털은 알록달록하여 마치 백번 누벼놓은 누더기 같다고 함.
2) 疐尾(체미): 넘어짐. 『시경·빈풍(豳風)·낭발(狼跋)』에 "狼跋其胡, 載疐其尾"라고 했음.
3) 腓(비): 비(庇)와 같음. 비호(庇護).
4) 發廩(발름): 나라의 곡창을 열어서 기민을 구제하는 것.

적항에서 아침에 출발하다 荻港早行[1]

水國宜秋晚	물나라는 가을 깊음이 어울리니
羈愁感歲華	나그네 수심은 세월에 감개하네
淸霜醉楓葉	맑은 서리에 단풍잎이 취했고
淡月隱蘆花	옅은 달빛에 갈꽃이 숨었네
漲落高低路	물 넘치고 줄어든 높고 낮은 물길인데
川平遠近沙[2]	평야의 원근은 모래밭이네
炊烟靑不斷	밥 짓는 연기 파랗게 끊이지 않으니
山崦有人家	산 속에 인가가 있네

주석
1) 荻港(적항): 지명. 안휘성 번창현(繁昌縣) 서북부의 장강(長江) 가에 있음.
2) 川平(천평): 평천(平川). 광활하고 평탄한 평야.

왕면 王冕

왕면(1287-1359), 자는 원장(元章), 호는 자석산농(煮石山農)·방우옹(放牛翁)·회계외사(會稽外史)·매화옥주(梅花屋主) 등이고, 제기(諸暨: 절강성) 사람. 농민 출신으로 어려서는 소를 키우며, 밤에는 절에서 독서했다. 나중에 한성(韓性)의 문하에서 공부하여 통유(通儒)가 되었다. 한 번 진사에 응시했으나 합격하지 못했다. 회계(會稽) 구리산(九里山)에 은거하여, 그림을 그려서 생계를 이었다. 매화를 잘 그렸는데, 연지(臙脂)로써 몰골체(沒骨體)로 그렸다. 죽석(竹石)도 잘 그렸으며, 시도 잘 지었다. 저서로 『죽재집(竹齋集)』이 있다.

『사고전서총목』에 "왕면은 천재(天才)가 종일(縱逸)하고, 그 시는 배오주왕(排奡遒往)한 기(氣)가 많은데 상격(常格)으로서 구속할 수 없다. 그러나 고시활보(高視闊步)하고 낙락독행(落落獨行)하여 양유정(楊維楨) 등의 궤준섭측(詭俊纖仄)한 습기(習氣)가 없다. 원나라 명나라 사이에서 요컨대 작자(作者)가 된다. 시집 안에 절구(絶句)가 없는데, 오직 화매(畵梅)는 곧 절구로써 제(題)하였다. 속집에 수록한 것은 모두 자제(自題)한 화매시(畵梅詩)이다. 사서(史書)에서 말하기를 '그가 구리산(九里山)에 은거할 때 매화 천 그루를 심어놓고, 매화옥주(梅花屋主)라고 자호했다. 매화를 잘 그려서, 구하러 오는 자들이 줄을 이었는데, 폭의 길고 짧음으로써 쌀을 차등하게 얻었다'고 했다"라고 했다.

검가행을 차운하다 劍歌行次韻

先輩匣中三尺水[1]	선배 갑중의 삼척수
斬蛟曾入吳潭裏[2]	교룡을 베려고 일찍이 오담 안으로 들어갔네
提歸未肯策奇勳[3]	들고 돌아와도 큰 공적을 기록해 주지 않으니
軒冕泥塗眞戲耳	진탕 속 헌면을 참으로 탄식할 뿐이네
雞林削鐵不足比[4]	계림에서 깎은 쇠도 비할 수 없고
昆吾百鍊安能齒[5]	곤오의 백번 단련도 같을 수가 없네
淬花不瀅碼鵝膏[6]	쉬화하여 벽제의 기름칠해 광내지 않고
掉箭却敲鸞鳳髓[7]	찰집에서 뽑아 난봉의 골수를 치네
憶昔破敵如破竹	지난날 파죽처럼 적을 격파한 걸 기억하고
帶霜飛渡桑乾曲[8]	서리 기운 띠고 상건하의 굽이를 날아 건넜네
于今鏽澁渾鉛刀[9]	지금은 부식되어 온통 연도와 같은데
不遇何異荊山玉[10]	불우함이 형산의 옥과 무엇이 다르겠는가?
驚雷夜作靑龍哭	큰 천둥소리 밤에 일어나니 청룡이 통곡하고
血痕冷剝苔花綠[11]	피 흔적 차갑게 벗겨져 삭은 녹이 푸르네
野人一見駭心目	시골사람이 한 번 보고 마음과 눈이 놀라고
到手撫摩看不足	손으로 매만지며 보기를 그치지 않네
雪花皎皎明闌干[12]	설화가 교교하게 난간을 밝히니
毛髮凜凜肝膽寒	모발이 서늘하고 간담이 차갑네
老軍弊將長慨歎	늙고 쇠락한 장군은 길게 개탄하고
願欲置諸武庫間	무고에 놓아두길 원하네
書生無用且挂壁	서생은 쓸모없어 벽에 걸어두고
引杯時接殷勤歡	술잔 들고 때때로 접하고서 은근히 기뻐하네

天眼太高俗眼頑	천안은 너무 높고 속안은 완고한데
銳鍔宜許兒曹看¹³⁾	예리한 날을 어찌 애들에게 보이겠는가?
先生有志不在此	선생의 지닌 뜻은 여기에 있지 않으니
出處每談徐孺子¹⁴⁾	출처에서 매번 서유자를 말하네
淸高厭覓萬戶侯	청고하여 만호후 구함을 싫어하고
笑引江山歸畫史	웃으며 강산을 끌어다가 화사가 되었네
我來四十鬢已斑	내가 온 지 사십 년인데 머리가 이미 쇠었고
學劒學書俱廢弛¹⁵⁾	학검과 학서 모두를 폐하고 게으르네
五更聞鷄狂欲起¹⁶⁾	오경에 닭 울음을 듣고 미친 듯 일어나려 하니
何事英雄心未已	어찌하여 영웅의 마음을 그치지 못했던가?

주석

1) 三尺水(삼척수): 보검(寶劍). 이하(李賀)의 〈춘방정자검자가(春坊正字劍子歌)〉 시에 "先輩匣中三尺水, 曾入吳潭斬龍子"라고 했음.

2) 오(吳)나라 주처(周處, 236-297)가 향리 사람들 위해 해를 끼치는 노호(老虎)를 죽이고, 못 속의 교룡(蛟龍)과 삼일 밤낮으로 싸워서 죽였음.

3) 策奇勳(책기훈): 공작을 간책(簡策) 위에 기록하는 것.

4) 雞林(계림): 신라(新羅)의 별칭.

5) 昆吾(곤오): 돌의 이름. 『운급칠첨(雲笈七籤)』에 "유주(流洲)는 서해 안에 있는데, 땅이 사방 3천 리이고, 동해 연안과 거리가 19만 리이다. 산천에 적석(積石)이 많은데 이름이 곤오(昆吾)라고 한다. 그 돌로 연마하여 철로 검을 만들면 빛이 환히 비추는 것이 수정(水精)과 같다"고 했다. 齒(치): 병렬(竝列).

6) 淬花(쉬화): 쉬화(淬火). 달군 쇠를 물이나 기름 속에 담가 열처리하여 견고하게 하는 것. 瀅(형): 형(瑩)의 잘못. 밝게 광을 내는 것. 鶪鵜膏(벽제고):

벽제는 물새의 이름. 논병아리. 속칭 유압(油鴨). 오리와 비슷하나, 좀더 작으며 잠수를 잘함. 그 기름을 도검(刀劍)에 칠하여 녹을 방지했음. 이하(李賀)의 〈춘방정자검자가(春坊正字劍子歌)〉시에 "鸊鵜淬花白鷳尾"이라고 했음.

7) 掉鞘(도소): 칼집에서 검을 뽑는 것. 소(鞘)는 초(鞘)와 같음. 이하(李賀)의 〈공막무가(公莫舞歌)〉에 "腰下三看寶玦光, 項莊掉鞘攔前起"라고 했음.

8) 桑乾(상건): 상건하(桑乾河). 하서(河西)에서 발원하여 하북(河北) 동부와 북경 근교를 지나 영정하(永定河)로 흘러들어감. 낙빈왕(駱賓王)의 〈송정소부입료공부협객원종융(送鄭少府入遼共賦俠客遠從戎)〉시에 "邊烽警楡塞, 俠客渡桑乾"라고 했음.

9) 鉛刀(연도): 납으로 만든 무른 칼.

10) 荊山玉(형산옥): 형산은 호북성 남장현(南漳縣) 서쪽에 있음. 초(楚)나라 화씨벽(和氏璧)을 말함. 『한비자(韓非子)·화씨편(和氏篇)』에 "초인(楚人) 화씨(和氏)가 초산(楚山) 중에서 옥박(玉璞)을 얻어서 여왕(厲王)에게 바쳤다. 여왕이 옥인(玉人)에게 살펴보도록 했다. 옥인이 돌이라고 했다. 왕이 화씨가 속였다고 하여 그 좌측 발꿈치를 잘라버리게 했다. 여왕이 죽자, 무왕(武王)이 즉위했다. 화씨가 또 그 옥박을 올렸다. 왕이 옥인에게 살펴보게 하니, 옥인이 또 돌이라고 했다. 왕이 회씨가 속였다고 하여 그 우측 발꿈치를 절단하라고 했다. 무왕이 죽자 문왕(文王)이 즉위했다. 화씨는 그 옥박을 품고 초산 아래서 삼일 밤낮 동안 통곡했는데, 눈물이 말라서 피가 흘러나왔다. 왕이 그것을 듣고 사람을 시켜 까닭을 물어보게 했다. '천하에는 발꿈치를 절단당한 사람이 많은데, 그대는 어찌 그토록 슬프게 통곡하는가?'라고 물으니, 화씨가 '나는 발꿈치를 절단당한 것을 슬퍼하는 것이 아니라, 보옥을 돌이라고 감정하고, 바른 사람을 사기꾼이라고 부르는 것을 슬퍼하는 것이다'라고 했다. 왕이 옥인에게 그 옥박을 가공하게 하여 보옥을 얻고서 마침내 화씨벽(和氏璧)이라고 명명했다"고 했다.

11) 苔花(태화): 토화(土花). 쇠가 삭은 녹.

12) 雪花(설화): 설화빈철(雪花鑌鐵). 서역에서 생산되는 일종의 정철(精鐵).

13) 宜(의): 기의(豈宜). 兒曹(아조): 일반인을 말함.

14) 徐孺子(서유자): 서치(徐穉). 동한(東漢) 남창(南昌) 사람. 청빈한 고사(高士)로서 은거하여 출사하지 않았음. 진번(陳蕃)이 태수로 있을 때 서치를 위하여 특별히 의자 하나를 만들어두고서, 서치가 오면 그 의자에 앉게 하고, 그가 떠나가면 그 의자를 매달아두었음.

15) 學劍學書(학검학서):『사기·항우본기(項羽本紀)』에 "항우가 젊었을 때 학서(學書)도 이루지 않고, 학검(學劍)도 버리고서 또한 이루지 않았다"고 했다.

16) 聞鷄(문계):『자치통감(資治通鑑)』에 "범양(范陽) 조적(祖逖)은 젊어서 대지(大志)를 지녔는데, 유곤(劉琨)과 함께 사주주부(司州主簿)가 되었다. 함께 잠을 자는데 한밤중에 닭 울음을 듣고, 유곤을 발로 차서 깨우고는 '이는 사악한 소리가 아니겠는가!'라고 하고는 일어나서 춤을 추었다"고 했다.

정호를 슬퍼하다 傷亭戶[1]

淸晨度東關[2]	맑은 새벽에 동관을 건너서
薄暮曹娥宿[3]	석양에 조아강에서 자네
草牀未成眠	풀 침상에서 잠을 못 이루고
忽起西鄰哭	문득 일어나니 서쪽 이웃에서 통곡을 하네
敲門問野老	문 두들기고 시골노인에게 물어보니
謂是鹽亭族[4]	염정족이라고 하네
大兒去采薪	큰애는 땔나무하러 갔다가
投身歸虎腹	투신하여 호랑이 뱃속으로 들어갔고
小兒出起土	작은애는 나가서 흙을 파다가
衝惡入鬼籙[5]	험악한 데 부딪혀 귀록으로 들어갔네
課額日以增	과세액은 날로 증가하고

官吏日以酷	관리들은 날로 혹독해지네
不爲公所幹	관청의 업무는 하지 않고
惟務私所欲	오직 개인의 욕심에만 힘쓰네
田關供給盡[6]	전관에 공급을 다했지만
鹺數屢不足	소금의 수량은 자주 부족하네
前夜總催罵[7]	이전날 밤엔 총최가 욕을 하고
昨日場胥督[8]	어젯밤엔 장서가 독촉하네
今朝分運來[9]	오늘아침엔 분운이 와서
鞭笞更殘毒	채찍질하며 더욱 잔학하게 구네
竈下無尺草	아궁이 아랜 땔 풀도 없고
甕中無粒粟	옹기엔 한 톨 곡식도 없네
旦夕不可度	조석도 지낼 수 없는데
久世亦何福	오랜 세대에 또한 무슨 복이 있겠는가?
夜永聲語冷	밤 깊어 말소리 차가운데
幽咽向古木	오열소리 고목을 향하네
天明風啓門	날 밝아 바람이 문을 열면
僵屍挂荒屋[10]	강시가 부서진 지붕에 매달려있으리라

주석

1) 亭戶(정호): 일종의 염호(鹽戶)의 하나. 특별한 호적을 두고서 관청의 소금만 제조하게 했음.

2) 東關(동관): 절강성 소흥(紹興).

3) 曹娥(조아): 조아강(曹娥江). 소흥을 경유하여 흘러감.

4) 鹽亭族(염정족): 정호(亭戶). 관청 소속의 염전민.

5) 鬼籙(귀록): 귀신의 부적(簿籍).

6) 田關(전관): 부세를 징수하는 곳.

7) 總催(총최): 염전을 관리하는 관원.

8) 場胥(장서): 염전을 관리하는 관원.

9) 分運(분운): 염전을 관리하는 관원.

10) 僵屍(강시): 엎어져 죽은 시체.

묵매 墨梅

1

我家洗硯池頭樹	내 집의 벼루 씻는 못 앞 나무에
箇箇花開淡墨痕	송이송이 꽃 피어서 담묵의 흔적이네
不要人誇好顏色	남들에게 고운 얼굴을 자랑하지 않고
只留淸氣滿乾坤	맑은 향기만 남겨서 건곤에 가득하네

평설

- 청나라 손승택(孫承澤)의 『경자소하기(庚子銷夏記)』에 "원장(元章)의 묵매(墨梅) 한 그루는 붓 따라 휘둘러서 곧장 고일(古逸)로써 형세를 취했는데, 스스로 시 한 수를 적기를 '我家洗硯池頭樹……'라고 했다. 송나라와 원나라 사람들이 매화를 그린 것 중에는 공교함으로써 뛰어난 것이 있는데, 운치(韻致)로써 논한다면 오직 원장일 뿐이다"라고 했다.

2
莫厭緇塵染素衣　검은 먼지가 흰 옷을 더럽힘을 꺼리지 않고
山間林下自相宜　산속의 숲 아래서 스스로 서로 마땅하네
玉堂多少閒風月　옥당에 다소의 풍월이 한가한데
老子熟眠殊不知　늙은이는 깊이 잠들어 특히 알지 못하네

매화그림에 적다 題畫梅

疎花粲粲照寒水　성근 꽃 찬란히 찬 물에 비추고
瑪瑙坡前春獨回[1]　마뇌파 앞에 봄이 홀로 돌아왔네
却憶去年風雪裏　문득 지난해 풍설 속을 추억하니
吹簫曾棹酒船來　소를 불며 노 저어 술 실은 배가 왔었지

주석

1) 瑪瑙坡(마뇌파): 『서호유람지(西湖游覽志)』에 "마뇌파(瑪瑙坡)는 고산(孤山) 동쪽 쇄석(碎石)에 있는데, 문형(文瑩)이 마뇌(瑪瑙) 같다"고 했음. 강소성 항주(杭州) 고산(孤山)에 있음. 송나라 임포(林逋)의 묘가 근처에 있음.

응교로 매화그림에 적다 應敎題梅[1]

刺刺北風吹倒人[2]　쏴아쏴아 북풍이 사람을 불어 넘어뜨리니
乾坤無處不沙塵　건곤에 모래바람이 날리지 않은 곳이 없네

戍兵凍死長城下　수루의 병사는 장성 아래서 얼어 죽는네
誰信江南別有春　누가 강남에 별도의 봄이 있음을 믿겠는가?

주석

1) 應敎(응교): 황제나 태자 등의 명령으로 지은 시를 응교시(應敎詩)라고 함. 이 시는 주원장(朱元璋)이 오국공(吳國公)으로 자처하고 있을 때, 주원장의 명으로 지은 시임. 주원장이 왕면을 자의참군(諮議參軍)으로 임명했으나, 왕면은 오래지 않아서 급사했음.

2) 刺刺(자자): 엽렵(獵獵). 바람이 부는 소리.

장저 張翥

장저(1287-1368), 자는 중거(仲擧), 호는 태암(蛻庵), 진녕(晉寧) 양릉(襄陵: 산서성) 사람. 이존(李存)과 구원(仇遠)을 스승으로 모시고 시문을 배워서 명성이 있었다. 한림국사원편수관(翰林國史院編修官)·태상박사(太常博士)·국자좨주(國子祭酒)·한림학사승지(翰林學士承旨) 등을 역임했다. 저서로『태암집(蛻庵集)』이 있다.

형원곡螢苑曲[1]

楊花吹春一千里	버들꽃이 봄기운을 천 리에 부니
獸艦如雲錦帆起[2]	구름 같은 수함에 비단 돛이 세워졌네
咸洛山河眞帝都[3]	함양과 낙양의 산하가 참된 황제의 도성인데
君王自愛揚州死[4]	군왕은 스스로 양주에서의 죽음을 사랑했네
軍裝小隊皆美人[5]	군장한 소대는 모두 미인들이고
畫龍韉汗金麒麟[6]	용 그림 안장깔개를 한 금 기린들이네
香風搖蕩夜遊處	향기로운 바람은 밤 유람처에 휘날리고
二十四橋珠翠塵[7]	이십사교엔 주취의 먼지를 날리네
騎行不用燒紅燭	기마행렬은 붉은 촛불을 사용하지 않고
萬點飛螢炫川谷[8]	만 점의 나는 반딧불이 개울 골짜기에서 빛나네
金釵歌度苑中來	금비녀 미인의 노래가 원 안을 넘어오고
寶帳香迷樓上宿[9]	보장의 향기는 누대 위에서 헤매며 머무네
醉魂貪作花月荒	취혼은 탐욕하게 화월이 되어 황량한데
肯信戟劒生宮墻[10]	창칼이 궁장에서 나올 것을 믿었겠는가?
爛斑六合洗秋露[11]	육합성에 얼룩진 피 가을이슬에 씻기니
尙疑怨血凝晶光	오히려 원한 맺힌 피에 빛이 엉겼나 싶네
至今落日行人路	지금도 해질 때 행인들의 길에선
鬼火狐鳴隔煙樹	귀신불 여우 울음소리가 연기 낀 숲 너머에 있네
腐草無情亦有情[12]	무정한 썩은 풀도 또한 정이 있어서
年年爲照雷塘墓	해마다 뇌당의 묘를 비춰주네

주석

1) 螢苑(형원): 수양제(隋煬帝)가 낙양(洛陽)에서 밤놀이 하던 산 속에 반딧불 수 곡(斛)을 풀어놓고 암곡(巖谷)을 비추게 했다. 나중에 또 양주(揚州)에다 방형원(放螢苑)을 세웠다.

2) 獸艦(수함): 수양제가 조성한 용선(龍船)을 말함. 높이 45척(尺), 길이 2백 척, 누대가 4층이었고, 비단 돛을 사용했음.

3) 咸洛(함락): 함양(咸陽: 西安)과 낙양(洛陽). 역대 왕조의 도성들이었음.

4) 수양제 양광(楊廣)은 즉위한 후 6년 동안 대운하 통제하(通濟河)를 파고, 동도(東都) 낙양(洛陽)에 대규모의 궁전과 서원(西苑)을 건축했다. 대업(大業) 원년(605)에서 12년(616) 동안 3차례 화려한 용주(龍舟)를 타고 남쪽 강도(江都: 揚州)로 유람했다. 그러나 마지막 유람에서 낙양으로 돌아오지 못하고 결국 금군장령(禁軍將領) 우문화급(于文化及) 등에게 붙잡혀 액살(縊殺)당했다.

5) 軍裝小隊(군장소대): 궁녀들이 군장하고 말을 타고 행렬을 이루어 가는 것.

6) 韉汗(천한): 안장에 까는 덮개. 金麒麟(금기린): 준마를 말함.

7) 二十四橋(이십사교): 지금의 양주(揚州) 서교(西郊)에 있었음. 일명 홍약교(紅葯橋). 전설에 24명의 미인들이 이곳에서 소(簫)를 불었다고 함. 珠翠(주취): 주옥(珠玉)과 취우(翠羽)장식.

8) 대업(大業) 말에 천하에 도둑이 이미 창궐했는데, 수양제는 경화궁(景華宮)에서 반딧불 수 곡(斛)을 잡아오게 하여 밤놀이를 하며 반딧불을 풀어놓고 즐겼다고 함.

9) 수양제는 양주성 서북 7리에 미루(迷樓)를 세웠는데, "만약 진선(眞仙)일지라도 여기에서 노닌다면 스스로 마땅히 헤맬 것이다"라고 했다고 함.

10) 우문화급(于文化及) 등의 모반을 말함.

11) 六合(육합): 수양제가 건축했던 행성(行城)의 이름. 사방 주위가 8리이고, 높이가 10인(仞)인 큰 성이었음.

12) 옛 사람들은 반딧불이 썩은 풀에서 나온다고 생각했음.

구월 팔일에 위태박을 모시고, 양구사와 성남 삼학사와 만수사를 유람하다 九月八日, 陪危太樸, 偕梁九思, 游城南三學寺・萬壽寺[1]

南城多佛刹	남성에는 불찰이 많은데
結構自遼金	세운 것은 요나라 금나라 때였네
傍舍遺民在	옆 건물에 유민들이 있는데
殘碑好事尋	부서진 비석을 호사자가 찾아가네
雨苔塵壁暗	비 젖은 이끼는 먼지 벽에서 검고
風葉石牀深	바람에 날린 잎은 석상에 쌓였네
一飯蒲團了[2]	포단에서 식사를 마쳤는데
蕭蕭鐘磬音	소소하게 종경소리가 울리네

주석

1) 危太樸(위태박): 위소(危素, 1303-1372), 자는 태박(太樸), 호는 운림(雲林). 원나라 말의 저명한 문신으로서 참지정사(參知政事)・한림학사(翰林學士) 등을 지냈음. 梁九思(양구사): 양유(梁有). 대도(大都) 남성(南城) 사람.
2) 蒲團(포단): 부들로 짠 둥근 자리.

절성 참정 주옥파에게 부치다 寄浙省參政周玉坡[1]

天子臨軒授鉞頻[2]	천자가 헌에 임하여 월을 주는 것이 빈번함은
東南無地不紅巾[3]	동남에 홍건적이 없는 곳이 없기 때문이네

鐵衣遠道三軍老	먼 길에선 철갑 입은 삼군이 늙어가고
白骨中原萬鬼新	중원에선 백골의 만 귀신들이 새롭네
義士精靈虹貫日[4]	의사들의 정령이 무지개를 뚫는 날에
仙家談笑海揚塵[5]	선가가 담소하니 바다에 먼지가 날리네
只將兩眼淒涼淚	다만 두 눈의 처량한 눈물로써
哭盡平生幾故人	곡을 한 것이 평생 몇 명의 친구들이던가?

주석

1) 제목이 〈수월(授鉞)〉로 된 판본도 있음. 수월은 병권(兵權)을 부여하는 것. 周玉坡(주옥파): 주백기(周伯琦: 1298-1369). 한림수찬(翰林修撰) 등을 지냈다. 시문에 뛰어나고, 전서·예서·초서 등을 잘 썼음.
2) 臨軒(임헌): 황제가 정전(正殿)에 앉아있지 않고, 전전(前殿)에 행차하는 것.
3) 당시 장사성(張士誠)의 홍건적은 평강(平江)을 점령하고, 주원장(朱元璋)은 건강(建康)을 점령하고, 방국진(方國珍)은 민절(閩浙) 일대를 점령하여, 동남 지역이 홍건적들의 수중에 있었음.
4) 義士(의사): 홍건적에 대항하였던 원나라 군사들.
5) 갈홍(葛洪)의 『신선전(神仙傳)』에서, "마고(麻姑)가 왕방평(王方平)을 보고, 동해가 3번이나 뽕밭이 되었다고 하니, 방평이 웃으면서 '성인(聖人)들이 모두 바다 안에서 다시 먼지가 난다고 했다"라고 했다.

평설

- 명나라 도종의(陶宗儀)의 『철경록(輟耕錄)』에 "이는 지정(至正) 신축(辛丑) 연간에 장태암(張蛻菴) 승지(承旨) 저(翥)가 도하(都下)에서 절성(浙省) 주문파(周玉坡) 참정(參政) 백기(伯琦)에게 부친 시이다. 대저 한원

(翰苑)의 사신(詞臣)이면서 우언(寓言)이 이와 같으니, 시사에 감개한 뜻을 알 수 있다"고 했다.

- 『원시선』에 "중원(中原)의 홍건(紅巾) 처음 일어났을 때, 깃발 위의 1연에 '虎賁三千直抵幽燕之地, 龍飛九五重開大宋之天'이라고 했다, 그 후 모귀(毛貴) 등이 산동(山東)에 횡행하고, 기전(畿甸)을 침범하니, 어가(御駕)가 난경(灤京)으로 피난가고, 적세(賊勢)가 창궐함이 당나라 말과 다름이 없었다. 중거(仲擧)가 도하(都下)에서 이 시를 지어 절성(浙省) 주옥파(周玉坡) 참정(參政) 배기(伯琦)에게 부치기를, ……"라고 했다.

부산으로 가는 중에 浮山道中[1]

處處人煙有酒旗	곳곳마다 밥 짓는 연기 속에 술집깃발이 있고
楝花開後絮飛時[2]	멀구슬 꽃핀 후 버들솜 날 때이네
一溪春水浮黃頰[3]	한 개울 봄물에 황협어가 떠있고
滿樹暄風叫畫眉[4]	온 숲의 따뜻한 바람에 화미조가 우네
入境漸聞人語好[5]	경내로 들어가며 점차 사람 말투 들음이 좋은데
看山不厭馬行遲	산을 보며 싫지 않아서 말 가는 것 더디네
江蘺綠徧汀洲外[6]	강리의 녹음이 물섬 너머에 가득하니
擬折芳馨寄所思	방향을 꺾어서 그리운 사람에게 부치고 싶네

주석

1) 浮山(부산): 강소성 우이현(盱眙縣) 서쪽에 있는 산.

2) 楝花(연화): 멀구슬나무의 꽃. 낙엽교목. 오월에 연보라색의 꽃이 피고, 9월에 노란 열매가 맺힘.

3) 黃頰(황협): 감어(鱤魚). 민물고기의 일종. 육식성 물고기로서, 별칭으로 황전(黃鱄)·간어(竿魚)·수로호(水老虎) 등이 있음.

4) 畵眉(화미): 일명 금화미(金畵眉). 참새만한 크기의 눈자위가 하얗고, 몸은 주황색인 새. 학명은 Garrulax canorus.

5) 人語(인어): 오어(吳語)의 말투를 말함.

6) 江蘺(강리): 일명 미무(蘼蕪). 궁궁(芎藭)이의 싹을 말함. 일종의 향초.

진려 陳旅

진려(1288-1343), 자는 중중(衆仲), 홍화(興化) 버전(莆田: 복건성) 사람. 어려서 고아가 되어 학문에 전력했다. 민해유학관(閩海儒學官)으로 추천되었다. 마조상(馬祖常)과 우집(虞集)에게 칭송을 받았다. 응봉한림문자(應奉翰林文字)·국자감승(國子監丞) 등을 지냈다. 저서로 『안아당집(安雅堂集)』이 있다.

소수재의 〈가풍대〉에 화답하다 和蕭秀才歌風臺[1]

歌風臺前野水長	가풍대 앞 들 물이 길고
王媼賣酒茅屋凉	왕노파가 술을 파는 초가가 서늘하네
酒邊父老說劉季[2]	술 옆의 부로들이 유방 이야기를 하는데
頭戴竹冠歸故鄕[3]	머리에 죽관을 쓰고 고향에 돌아왔다네
山河霸氣已消歇	산하의 패기는 이미 사라지고
颯颯老柳吹斜陽	바람 살랑살랑 늙은 버들에 부는 석양이네
臺前小兒更擊筑	대 앞의 어린애들이 다시 축을 치니
筑聲更似三侯章[4]	축소리가 더욱 〈삼후장〉과 같네

주석

1) 歌風臺(가풍대): 한고조(漢高祖) 유방(劉邦)이 천하를 차지한 후 고향으로 돌아와 〈대풍가(大風歌)〉를 불렀다는 곳. 후인들이 그것을 기념하여 세운 것임. 강소성 패현(沛縣) 경내의 사수(泗水) 가에 있음.
2) 劉季(유계): 유방(劉邦). 계(季)는 유방의 자.
3) 竹冠(죽관): 죽피관(竹皮冠). 유방이 정장(亭長)이었을 때 대나무껍질로 만든 관을 썼는데, 귀하게 되었을 때도 그것을 썼기 때문에, 사람들이 '유씨관(劉氏冠)'이라고 불렀다고 함.
4) 三侯章(삼후장): 〈대풍가〉의 별칭.

황진성 黄鎮成

황진성(1288-1362), 자는 원진(元鎭), 스스로 추성자(秋聲子)라고 불렀다. 소무(昭武: 복건성) 사람. 학문에 뜻을 두고, 영리를 좋아하지 않아서 평생 출사하지 않았다. 남전경사(南田耕舍)를 세우고, 은거하여 저술에만 힘썼다. 지순(至順) 연간에 전국의 여러 지역을 여행했다. 저서로『추성집(秋聲集)』이 있다.

동양으로 가던 중에 東陽道中[1]

出谷蒼煙薄	골짜기를 나서니 푸른 연기 엷고
穿林白日斜	숲을 뚫고 해가 기울었네
岸崩迂客路	언덕 무너져 객로가 멀어지고
木落見人家	낙엽 지니 인가가 드러났네
野碓喧春水	들의 물방아엔 봄물소리 요란하고
山橋枕淺沙	산 다리는 얕은 모래밭을 베고 있네
前村烏桕熟[2]	앞마을의 오구 열매가 익으니
疑是早梅花	이른 매화인가 싶었네

주석

1) 東陽(동양): 지금의 절강성에 있음.
2) 烏桕(오구): 중국 원산의 낙엽교목. 여름에 꽃이 피고, 종자는 기름을 짜서 약용이나 공업용으로 사용함.

배로 대모양을 지나다 舟過大茅洋[1]

漲海渾茫寄一桴	넘실대는 바다 혼망한데 한 부목을 붙여서
候神東去接方壺[2]	신선을 물으며 동쪽으로 가서 방호에 닿았네
帆隨雪浪高還下	돛은 흰 물결을 따라 오르내리고
島浸冰天有若無	섬은 찬 하늘에 닿아 있는 듯 없는 듯하네
鴈影斜翻西日遠	기러기 그림자 비껴 날고 서쪽 해가 먼데

潮聲直上晚雲孤	조수소리 곧장 오르고 저녁구름이 외롭네
投綸擬學任公子[3]	낚시 드리우고 임공자를 본떠 배워서
掣取封鱷飫萬夫[4]	큰 고래를 잡아서 만 사람을 먹이리라

주석

1) 大茅洋(대모양): 남해에 있는 바다 이름.

2) 方壺(방호): 방장산(方丈山). 전설 속의 삼신산(三神山) 중의 하나.

3) 任公子(임공자):『장자(莊子)・외물(外物)』에서, 임공자가 50마리 소의 고기를 미끼로 사용하여 회계산(會稽山)에서 동해로 낚시를 던져서, 대어(大魚) 한 마리를 낚아서 하수(河水)의 동쪽과 창오(蒼梧) 북쪽 일대의 사람들을 모두 먹였다고 했음.

4) 封鱷(봉경): 장경(長鯨). 큰 고래.

주정진 周霆震

주정진(1292-1379), 자는 형원(亨遠), 자호는 석전자초(石田子初)인데, 줄여서 석초(石初)라고 했다. 길주(吉州) 안성(安成: 강서성) 사람. 과거시험에 실패하고, 시문에만 전념하며, 숙사(塾師)로 생업을 삼았다. 저서로『석초집(石初集)』이 있다.

『사고전서총목(四庫全書總目)』에 "정진은 전지원(前至元) 29년 임진년에 태어나서, 명나라 홍무(洪武) 20년 기미년에 죽었는데, 88세였다. 몸소 원대(元代)의 융성함과 보고, 또 원대의 망함을 친히 보았기 때문에 그 시는 우시상란(憂時傷亂)한 감분(感憤)이 매우 깊다. ……옛날 왕원량(汪元量)의『수운집(水雲集)』을 논자(論者)가 송말(宋末)의 시사(詩史)라고 했는데, 정진의 이 시집 또한 원말(元末)의 시사(詩史)가 아니겠는가?"라고 했다.

구일 九日[1]

荒荒萸菊負登臨[2]	황황한 산수유 국화주는 등림을 저버리고
莽莽乾坤互古今[3]	망망한 건곤은 고금을 잇네
淮浪逆舟寒日淡[4]	회수의 물결은 배를 밀치고 찬 해는 맑고
楚山連戍暮雲深[5]	초산은 수루를 잇고 저녁구름이 짙네
孤生自滴思親淚[6]	외로운 생애는 스스로 부친 생각에 눈물짓고
多難誰攄報國心	다난할 때 누가 보국의 마음을 펴는가?
道路幾時辭逆旅	도로에서 언제나 나그네신세를 그만 두려나?
關河無地避秋砧[7]	관하에선 가을 다듬질소리를 피할 곳이 없네

주석

1) 원래 2수임. 구일은 중구일(重九日). 음력 9월 9일.
2) 荒荒(황황): 암담(暗淡)한 모양. 萸菊(유국): 산수유(山茱萸)와 국화주(菊花酒). 중구일에는 산수유 향낭을 차고, 국화주를 휴대하고, 높은 곳에 올라가서 사악한 기운을 물리치고 무병장수를 기원했음.
3) 莽莽(망망): 끝이 없는 모양.
4) 淮(회): 회수(淮水).
5) 楚山(초산): 초(楚) 지역의 산들.
6) 자주에 "선부(先父)는 송나라 순우(淳祐) 9년 9월 9일 생이다"라고 했다.
7) 關河(관하): 산서성 장치(長治) 무양현(武陽縣) 경내에 있음. 현재의 이름은 용호(龍湖).

정원우 鄭元佑

정원우(1292-1364), 자는 명덕(明德), 처주(處州) 수창(遂昌: 절강성) 사람. 어려서 유모의 실수로 오른쪽 어깨를 다쳤는데, 왼손으로 해서(楷書)를 잘 썼다. 자호를 상좌생(尙左生)이라 했다. 평강유학교수(平江儒學敎授)와 강절유학제거(江折儒學提擧)를 지냈다. 저서로 『교오집(僑吳集)』이 있다. 『원시선』에 "문장은 방패호탕(滂沛豪宕)하여 옛 작자의 풍이 있고, 시 또한 청준창고(淸峻蒼古)하다"고 했다.

세모에 시사에 감개하다 歲暮感事

歲除風雪苦陰寒	세모의 풍설이 몹시 음산하고 추운데
民庶逋租悉繫官[1]	백성들은 세금을 못 내고 모두 관청에 묶어있네
破蕩未充狼虎欲	파탕하여 이리와 범의 욕심을 채울 수 없는데
係累只作馬牛看	묶여서 다만 말과 소가 되는 것을 보네
何人肯破陽城械[2]	누가 기꺼이 양성의 기계를 깨뜨릴 것인가?
有客空彈貢禹冠[3]	객은 공연히 공우의 관모를 터네
上力已窮民力瘁	위의 힘이 이미 고갈되어 백성들 초췌한데
腐儒頭白淚闌干[4]	썩은 유생은 백발로 눈물만 줄줄 흘리네

주석

1) 逋租(포조): 세금을 미납한 것.

2) 陽城械(양성계): 농민들의 봉기를 말함. 진(秦)나라 말에 진승(陳勝)이 농민들을 이끌고 봉기했는데, 양성(陽城) 사람이었음.

3) 한(漢)나라 왕길(王吉)이 관리가 되자, 그 친구 공우(貢禹)도 관모의 먼지를 털었음. 관모의 먼지를 턴다는 것은 벼슬에 나아감을 말함. 공연히 관모의 먼지를 털었다는 것은 재능을 지니고도 불우함을 말한 것임.

4) 闌干(난간): 눈물을 줄줄 흘리는 모양.

성정규 成廷珪

성정규(1292?-1362?), 자는 원상(原常)·원장(元章)·예집(禮執), 양주(揚州: 강소성) 사람. 호학하고 시에 뛰어났는데 벼슬을 구하지 않았다. 오로지 시에 전념하며, 장저(張翥)와 망년지교를 나누었다. 저서로 『거죽헌집(居竹軒集)』이 있다.

『사고전서(四庫全書)·거죽헌시집(居竹軒詩集)』의 서문에 "유흠(劉欽)이 일찍이 정규(廷珪)를 칭찬하기를 '오언은 자연스러움에 힘쓰고, 조귀(雕劂)를 섬기지 않았고, 칠언이 가장 공교한데, 몹시 당인(唐人)의 체(體)에 합치한다'고 했다. 지금 그 시집을 살펴보니, 유흠이 한 말은 오히려 지나친 칭찬이 아니다. 칠언고시는 청화주려(淸華遒麗)하여, 자못 강기(姜夔) 일파(一流)에 가깝고, 또한 스스로 낭랑(琅琅)하여 외울 만하다"고 했다.

임천의 백성을 읊다 賦林泉民[1]

輩居傍城郭	여러 거처들은 성곽 옆에 있는데
獨汝向林泉	홀로 너는 임천을 향했구나
亂世誰知在	난세에 누가 남았는지 아는가?
荒村只自憐	황량한 마을을 단지 스스로 동정하네
白雲棲晚樹	흰 구름은 저녁 숲에 서렸고
流水界秋田	흐르는 물은 가을밭에 접했네
亦有催租吏	또한 세금 재촉하는 관리가 있어서
敲門橫索錢	문 두들기고 멋대로 돈을 뒤지네

주석

1) 林泉民(임천민): 은자(隱者)를 말함.

주백례의 서촌초당에 적다 題朱伯禮西村草堂

愛汝西村之草堂	너의 서촌초당을 사랑하니
囂塵不到堂中央	소란한 먼지가 초당 중앙에 이르지 못하네
夕陽欲下山更好	석양이 내리려하면 산이 더욱 좋고
大火未流夜已涼[1]	대화성이 흘러가기 전이지만 밤이 이미 서늘하네
二屨也能來戶外[2]	두 짝 신발을 문 밖에 오게 할 수 있고
小舟卽遣繫籬傍	작은 배를 즉시 울타리 가에 매게 할 수 있네
豈無百榼揚州酒	어찌 백 통의 양주 술이 없겠는가?

與子同喫歌滄浪[3]　　그대와 함께 마시며 <창랑가>를 부르리라

주석

1) 大火(대화): 별 이름. 영혹성(熒惑星). 5월 황혼에는 정남쪽에서 보이고, 7월 황혼에는 중앙에서 점차 서쪽으로 이동함. 이때 더위도 점차 물러나기 시작함.
2) 二鳧(이구): 한(漢)나라 왕교(王喬)가 현(縣)에서 조정에 올 때 수레를 사용하지 않고, 두 짝 신발을 쌍 오리로 변하게 하여, 그것을 타고 날아왔다고 함.
3) 滄浪(창랑): 옛 노래의 이름. 『초사(楚辭)·어부(漁父)』에 "滄浪之水淸兮, 可以濯我纓. 滄浪之水濁兮, 可以濯我足"이라고 했음.

가을날 감로사에 올라 저녁에 조망하다 秋日, 登甘露寺, 晩眺[1]

醉裏摩挲望眼開[2]	취해서 흐릿한데 눈을 뜨고 바라보니
江風寥落暗風埃	강바람 쓸쓸하고 풍진이 어둡네
猶聞西府兵麾滿[3]	오히려 서부의 군사들 지휘소리 가득함을 듣는데
不見中原驛馬來	중원에서 역마가 오는 것을 볼 수 없네
今日賈生須痛哭[4]	오늘 가생은 반드시 통곡할 것이고
當時祖逖是英才[5]	당시 조적은 영재였다네
翩然一笑下山去	문득 한 번 웃고 산을 내려가서
試看高僧話劫灰[6]	고승이 겁회를 말하는 것을 보네

주석

1) 甘露寺(감로사): 강소성 진강(鎭江) 북고산(北固山) 위에 있음. 장강(長江)이 아래 임했음.

2) 摩挲(마사): 시야가 흐릿한 모양.

3) 西府(서부): 동진(東晋) 때 역양(歷陽: 안휘성 和縣)을 서부라고 했는데, 예주(豫州)를 두고, 군부(軍府)를 세웠음. 여기서는 건강(建康) 서쪽의 안휘성 부분의 지역을 말함.

4) 賈生(가생): 서한(西漢)의 가의(賈誼). 가의는 참소를 당하여 장사왕태부(長沙王太傅)로 쫓겨난 후, 서한 초 흉노(匈奴)의 침범과 제후들의 반란에 직면하여 문제(文帝)에게 「진정사소(陳政事疏)」를 올렸는데, "臣竊惟事勢可爲痛哭者一, 可爲流涕者二, 可爲長太息者六"이라고 했음.

5) 祖逖(조적): 진(晋)나라 장군. 영가(永嘉) 5년(311), 흉노족(匈奴族) 유요(劉曜)가 낙양(洛陽)을 함락시키고, 진나라 회제(懷帝)가 포로가 되자, 조적은 수백 가구를 인솔하여 강을 건너 남쪽으로 피난했는데, 강을 건너면서 노로 뱃전을 두들기며 맹서하기를 "내가 중원을 소탕하여 다시 강을 건너지 않을 것이 대강(大江)과 같을 것이다!"라고 했음. 원제(元帝) 때 황하 이남의 지역을 수복했음.

6) 劫灰(겁회): 겁화(劫火)의 남은 재.

오래 吳萊

오래(1297-1340), 자는 입부(立夫), 무주(婺州) 포강(浦江: 절강성) 사람. 황진(黃溍)과 유관(柳貫)과 함께 방봉(方鳳)에게서 수업했다. 진사에 응시했으나 낙방했다. 나중에 요주로장향서원산장(饒州路長薌書院山長)에 추천되었으나, 병으로 나가지 못하고 죽었다. 제자 송렴(宋濂) 등이 '연영선생(淵穎先生)'이라고 사시(私諡)를 올렸다. 저서로 『연영오선생문집(淵穎吳先生文集)』이 있다.

명나라 호응린(胡應麟)의 『시수(詩藪)』에 "오립부(吳立夫)는 두보(杜甫)를 배웠는데, 대편(大篇)은 기골(氣骨)이 볼만하고, 기벽(奇僻)한 글자가 많다"고 했다.

저녁에 해동에 배를 띄우고, 매잠산 관음대사동을 찾아가서 반타석에 올랐다. 해가 뜨는 곳과 동곽산을 바라보고, 돌아와 옹포를 지나서 서언왕의 옛 성을 방문했다 夕泛海東, 尋梅岑山觀音大士洞, 遂登盤陀石, 望日出處及東霍山, 回過翁浦, 問徐偃王舊城[1]

老篙迴我舟[2]	늙은 사공이 내 배를 돌리니
沙墺晚烟起	모래물가에 저녁연기 일어나네
蒼茫魚鹽場[3]	창망한 어렴장이고
寂歷鼓吹里[4]	적막한 고취리이네
人民悲舊王[5]	백성들은 옛 왕을 슬퍼하고
歲月祀遺趾	세월마다 유지에 제사 하네
終捐玉几硏[6]	끝내 옥궤연을 버리고
不捄朱弓矢[7]	붉은 활의 화살을 구하지 못했네
東西八駿馬[8]	동서의 팔준마도
今古萬螻螘	고금의 만 땅강아지 개미와 같은데
此事如或然	이 일도 또한 그런 것인가?
須湔會稽水	반드시 회계수에 원한을 씻었으리라

주석

1) 원래 8수임. 절강성 정해현(定海縣) 동해(東海) 지역을 여행하며 옛 역사를 회고한 시이다. 왕방채(王邦采) 전본(箋本)의 『연영집(淵穎集)』에 "선생의 「용동기(甬東記)」를 살펴보니, 매잠산(梅岑山)은 매자진(梅子眞)이 연약(煉藥)했던 곳의 산이다. 『범서(梵書)』에서 이른바의 보달락가산(補怛洛迦山)이다.

당(唐)나라에서는 소백화산(小白花山)이라 했다. 산에서 동쪽으로 가다가 서쪽으로 꺾어지면 관음동(觀音洞)이다. ……또 산 북쪽으로 돌아가면 반타석(盤陀石)이다. ……동남쪽으로 동곽산(東霍山)을 바라본다. ……서쪽으로 돌면 따로 양산(洋山)이 된다. 그 안에 대어(大魚)가 많다. 또 북쪽은 구산(朐山)·대산(岱山)·석란산(石蘭山)인데, 어염(魚鹽)하는 자들이 모여드는 곳이다. 또 북쪽에서 남쪽으로 가면, 서언왕(徐偃王)이 싸우던 바다이다. 세상에서 말하기를, 서언왕은 이미 패한 후에 팽성(彭城)으로 가지 않고, 월(越)로 갔는데, 옥궤연(玉几硯)을 회계(會稽)의 물에다 버렸다고 한다"고 했다.

2) 老篙(노호): 늙은 뱃사공.

3) 蒼茫(창망): 끝없이 넓은 모양.

4) 鼓吹里(고취리): 지명.

5) 舊王(구왕): 서주(西周) 시대 서(徐)나라의 언왕(偃王)을 말함. 주나라 목왕(穆王)의 침략으로 패배하여 남쪽으로 도망갔음. 사적(史籍)에서는 팽성(彭城) 무원현(武原縣: 강소성 徐州 邳縣) 동산(東山)에서 죽었다고 함. 그러나 여러 지방지에서는 월(越: 절강성)로 도망갔다고 했음.

6) 玉几研(옥궤연): 옥궤연(玉几硯). 전설에 서언왕이 도망갈 때 회계(會稽)의 물속에 옥계연을 빠뜨렸다고 함.

7) 捄(구): 구(救).

8) 八駿馬(팔준마): 주목왕(周穆王)의 8필의 준마.

곽주 滐州[1]

數株楊柳弄輕煙	몇 그루 버들은 가벼운 연기를 놀리고
舟泊滐州河水邊	배를 곽주의 하수 가에 정박했네
牛羊散野春草短	소와 양떼들은 들에 흩어지고 봄풀은 짧은데

敕勒老公方醉眠²⁾　칙륵 노공이 지금 취하여 잠들어있네

주석 ∽

1) 원래 2수임. 漷州(곽주): 한(漢)나라 때의 어양군(漁陽郡) 천주현(泉州縣) 지역. 요(遼)나라 초에 곽양진(漷陽鎭)이라 했고, 원나라 때 곽주로 승격시켰음. 옛 성이 지금의 북경(北京) 통현(通縣) 남쪽에 있음.

2) 敕勒(칙륵): 중국 북방 민족의 이름. 철륵(鐵勒) 혹은 고거(高車)라고도 함. 칙륵족의 민가 〈칙륵가(敕勒歌)〉 "勅勒川, 陰山下, 天似穹廬, 籠蓋四野. 天蒼蒼, 野茫茫, 風吹草低見牛羊"이 있음.

양유정 楊維楨

양유정(1296-1370), 자는 염부(廉夫), 호는 철애(鐵崖)·철적도인(鐵笛道人), 회계(會稽: 절강성 諸暨) 사람. 태정(泰定) 4년에 진사가 되어, 천태윤(天台尹)·전청장염사령(錢淸場鹽司令), 강절(江浙) 지방의 유학제거(儒學提擧) 등을 지냈다. 원나라 말의 시단의 영수로서, 그와 그의 추종자들을 '철애파(鐵崖派)'라고 했고, 그의 시는 '철애체(鐵崖體)'라고 했다. 저서로 『철애선생고악부(鐵崖先生古樂府)』와 『동유자집(東維子集)』이 있다.

『원시선』에 "지은 글이 수백 권인데, 그 고악부(古樂府)가 더욱 성행(盛行)했다. 장백우(張伯雨)가 말하기를 '삼백편(三百篇) 이하에서 비흥(比興)의 뜻을 잃지 않은 것은 오직 고악부가 그것에 가깝다. 지금 시대에는 이계화(李季和)와 양염부(楊廉夫)가 마침내 작자라고 칭해졌다. 염부는 위로는 한위(漢魏)를 법으로 삼고, 소릉(少陵: 杜甫)과 이리(二李: 李白과 李賀)의 사이를 출입했기 때문에 그 지은 것은 은연(隱然)히 광세(曠世)의 금석성(金石聲)이 있다. 또 때때로 용귀(龍鬼)와 사신(蛇神)을 내어서 한 시대의 이목을 현탕(眩蕩)시켰는데, 이 또한 기이하다'고 했다. 원시(元詩)의 일어남은 유산(遺山: 元好問)으로부터 시작되었다. 중통(中統)과 지원(至元) 이후 시대가 태평했는데, 송나라 금나라의 여습(餘習)을 다 씻어낸 것은 송설(松雪: 趙孟頫)이 그 창도였다. 연우(延祐)와 천력(天歷) 간에는 문장이 몹시 성대했는데, 대가(大家)를 바라고 좇은 것은 우집(虞集)·양재(楊載)·범팽(范梈)·게혜사(揭傒斯)가 그 최고였다. 지정(至正)과 개원(改元)에는 인재의 무리가 나와서 새것을 표방하고 기이한 것을 이끌었는데, 염부가 그 최고였고, 원시의 변화가 지극했다. 명나라 초에 원해수(袁海叟)와 양미암(楊眉菴)의 무리는 모두 철애(鐵崖)의 문하에서 나왔다. 어떤 이가 말하기를 '철체(鐵體)는 미미(靡靡)한데 오래되도록 제거하지 못했다'고 하는데, 이 말은 철애를 승복시킬 수 없을 것이다"고 했다.

홍문의 연회 鴻門會[1]

天迷關	하늘엔 관문이 어둡고
地迷戶	땅에는 집들이 어두운데
東龍白日西龍雨	동룡은 밝은 해이고 서룡은 비 내리네
撞鐘飮酒愁海飜	종 치며 술 마시는데 수심의 바다가 뒤집히고
碧火吹巢雙獜猵[2]	푸른 불빛 둥지로 부는데 두 비휴가 있네
照天萬古無二烏[3]	하늘 비춤에 만고에 두 까마귀가 없는데
殘星破月開天餘	잔성과 파월이 하늘 모퉁이를 열었네
坐中有客天子氣[4]	좌중의 객에게 천자의 기운이 있어
左股七十二子聯明珠[5]	좌측 넓적다리엔 일흔 두 점의 연명주가 있네
軍聲十萬震屋瓦[6]	십만 군사의 함성이 지붕의 기와를 진동하고
拔劍當人面如赭[7]	검을 뽑아 맞선 사람들의 얼굴이 벌겋네
將軍下馬力拔山[8]	장군은 말에서 내려 힘으로 산을 뽑아내고
氣卷黃河酒如瀉	기세는 황하를 말아서 술잔에 들이붓네
劍光上天寒彗殘	검광이 하늘로 오르자 찬 혜성이 스러지니
明朝畫地分河山[9]	내일 아침에 지역을 그려서 산하를 나누겠는가?
將軍呼龍客將走[10]	장군이 용을 불러서 객이 달아나려하니
石破靑天撞玉斗[11]	바위 터진 푸른 하늘에 옥두를 내리치네

주석

1) 鴻門(홍문): 섬서성 임동현(臨潼縣) 동쪽 5리 홍문보촌(鴻門堡村)에 있음. 한

(漢)나라와 초(楚)나라가 대치하고 있을 때, 항우(項羽)의 군사 40만 명이 신풍(新豊) 홍문에 주둔하고 있었고, 유방(劉邦) 군사 10만 명은 패상(覇上)에 주둔하고 있었다. 항우는 범증(范增)의 계책을 받아드려 유방을 홍문으로 초청하여 연회를 열고, 유방을 제거하려고 했으나 중도에 마음이 바뀌어 결국 유방을 달아나게 했다. 이를 '홍문회' 혹은 '홍문연(鴻門宴)'이라고 함.

2) 猰貐(알유): 전설 속의 사람을 잡아먹는다는 괴수(怪獸)의 이름. 여기서는 유방을 헤치려는 범증(范增)과 항장(項莊)을 말함.

3) 烏(오): 일오(日烏). 해를 말함. 해는 천자(天子)를 상징함.

4) 『사기』에 의하면, 유방이 있는 곳 위에는 항상 구름기운이 서렸다고 함.

5) 유방의 왼쪽 넓적다리에는 72개의 검은 점이 있었다고 함.

6) 十萬(십만): 패상(覇上)에 주둔하고 있었던 유방의 10만 군사를 말함.

7) 항장(項莊)과 항백(項伯)의 검무(劍舞)를 말함. 항장이 검무를 추며 유방을 죽이려고 하니, 항백이 함께 춤추며 유방을 보호했음.

8) 將軍(장군): 항우(項羽). 그의 〈해하가(垓下歌)〉에서 "力拔山兮氣蓋世"라고 했음.

9) 畵地(화지): 항우와 유방은 홍구(鴻溝)를 경계로 삼아서 천하를 양분하여, 서쪽은 한나라, 동쪽은 초나라가 차지하기로 약속을 했었음.

10) 유방의 장군 번쾌(樊噲)가 유방을 보호하여 탈출한 것을 말함.

11) 玉斗(옥두): 유방이 어쩔 수 없이 홍문연에 가면서, 장량(張良)을 시켜 백벽(白璧)을 항우에게 보내고, 옥두를 범증에게 보냈는데, 범증은 즉시 검을 뽑아서 옥두를 격파했음.

평설

• 명나라 진전지(陳全之)의 『봉창일록(蓬窓日錄)』에 '사고우(謝皋羽: 謝翶)의 시 중에서, 나는 그 〈홍문연(鴻門宴)〉 1편을 몹시 사랑한다. 이하(李賀)의 시집에도 〈홍문연〉 1편이 있는데, 이것에 미치지 못함이 매우

머니, 청출어람이라고 할 만하다. 원나라 양염부(楊廉夫)의 악부(樂府)는 이하를 힘써 추구했는데, 또한 이와 같은 시편이 있지만, 더욱 고우(及皐羽)에 미치지 못한다'고 했다.

- 전겸익(錢謙益)의 『열조시집(列朝詩集)』에 "부춘(富春) 오복(吳復)이 말하기를 '선생은 술에 취할 때는 항상 스스로 이 시를 노래했다. 이 시는 본래 하체(賀体: 李賀體)를 본받았는데, 기(氣)는 그것을 넘는다'고 했다"고 했다.

오호를 유람하다 五湖游[1]

鴟夷湖上水仙舟	치이호 위의 수선의 배
舟中仙人十二樓[2]	배 안의 선인들 십이루에 있네
桃花春水連天浮	복사꽃 봄물은 하늘에 이어져 떠있고
七十二黛吹落天外如青漚[3]	일흔 두 봉우리는 하늘 너머로 불려 떨어져 푸른 거품 같네
道人謫世三千秋	도인이 세상으로 귀양 온 지 삼천 년인데
手把一枝青玉虯[4]	손에 한 가지 청옥규를 잡고 있네
東扶海日紅桑樛[5]	동해 부상의 바다 해에 뽕나무 가지가 붉고
海風約住吳王洲[6]	해풍이 오왕주에 머무네
吳王洲前校水戰	오왕주 앞에서 수전을 겨루니
水犀十萬如浮漚[7]	수서군 십만은 물에 뜬 거품 같네
水聲一夜入臺沼	물소리가 하룻밤에 누대의 연못으로 들어가니

麋鹿已無臺上遊	사슴들은 이미 대 위에서 놀지 않네
歌吳歈[8]	오유를 노래하며
舞吳劍	오검으로 춤추며
招鴟夷兮狎陽侯[9]	치이를 불러 양후와 친하게 했네
樓船不須到蓬丘[10]	누선은 반드시 봉구에 도착할 수 없으니
西施鄭旦坐兩頭[11]	서시와 정단의 두 머리가 앉아있네
道人臥舟吹鐵笛[12]	도인이 배에 누워 철적을 불며
仰看靑天天倒流	푸른 하늘 우러러보니 하늘이 거꾸로 흘러가네
商老人	상노인은
橘幾奕[13]	귤 속에서 몇 번이나 바둑을 두었는가?
東方生[14]	동방생은
桃幾偸	선도를 몇 개나 훔쳤던가?
精衛塞海成甌窶[15]	정위는 변방 바다에서 구루를 이루었네
海盪邙山漂髑髏[16]	바닷물이 망산에 출렁이니 해골이 표류하는데
胡爲不飮成春愁	어찌하여 술을 마시지 않고 봄 수심을 짓는가?

주석

1) 五湖(오호): 태호(太湖). 즉 치이호(鴟夷湖). 치이는 범려(范蠡)를 말함. 월(越)나라 구천(句踐)을 보좌하여 오(吳)나라를 멸망시킨 후 서시(西施)와 함께 오호(五湖)에 배를 띄우고 떠나가서, 치이자피(鴟夷子皮)라고 변성명하고 은거했다고 함.

2) 十二樓(십이루): 선인(仙人)들이 거주하는 곳. 『사기·봉선서(封禪書)』에 "황제(黃帝) 때 오성십이루(五城十二樓)를 짓고, 집기(執期)에서 신인(神人)을 기다렸다"고 했다. 『집해(集解)』에 "곤륜현포(崑崙縣圃) 오성십이루(五城十二

樓)는 선인(仙人)들이 항상 거주하는 곳이다"라고 했음.

3) 七十二黛(칠십이대): 호수 안 동정산(洞庭山)의 72봉우리를 말함. 대(黛)는 청(靑). 산봉우리를 형용한 말임.

4) 靑玉虯(청옥규): 수장(手杖). 지팡이.

5) 東扶(동부): 동해의 부상(扶桑). 전설 속의 신목(神木)으로, 해가 떠오르는 곳이라고 함.

6) 吳王洲(오왕주): 태호(太湖)를 말함.

7) 水犀(수서): 수서군(水犀軍). 수서는 무소의 일종. 무소의 가죽으로 만든 갑옷을 입은 군대. 오왕(吳王) 부차(夫差)에게 13만 명의 수서군이 있었다고 함.

8) 吳歈(오유): 오가(吳歌).

9) 鴟夷(치이): 오나라 오자서(伍子胥)를 말함. 치이는 말가죽으로 만든 주머니. 오왕 부차는 오자서를 죽이고 그 시신을 말가죽 주머니에 넣어서 강에 던져 버리도록 했음. 陽侯(양후): 수신(水神)의 이름.

10) 蓬丘(봉구): 봉래(蓬萊).

11) 西施鄭旦(서시정단): 서시와 정단은 모두 월나라 미녀. 월왕 구천이 그녀들을 오나라 부차에게 보냈음.

12) 道人(도인): 시인 자신을 말함. 양유정은 철적을 잘 불었는데, 스스로 호를 '철적도인'이라 했음.

13) 우승유(牛僧孺)의 『유괴록(幽怪錄)』에 "귤 속에서 태어난 자들이 있는데, 그것을 쪼개보니, 네 노인이 있었다. 그 중 한 노인이 말하기를 '귤 속의 즐거움이 상산(商山)보다 덜하지 않다'고 했다"고 했다. 상산(商山)은 상산사호(商山四皓)를 말함.

14) 東方生(동방생): 동방삭(東方朔). 전설에 동방삭은 서왕모(西王母)의 선도(仙桃)를 3번이나 훔쳤기 때문에 인간세상으로 귀양 왔다고 함.

15) 精衛(정위): 전설 속의 새 이름. 『산해경(山海經)·북산경(北山經)』에 "북쪽 2백 리에 발구산(發鳩山)이 있다. 그 위에 고목(枯木)이 많은데 어떤 새가 산

다. 그 모양은 까마귀 같고, 무늬 있는 머리, 흰 부리, 붉은 발인데, 그 이름은 정위(精衛)이다. 그 울음소리가 스스로 외친 이름이다. 이는 염제(炎帝)의 소녀(少女)인데, 이름이 여와(女娃)이다. 여와는 동해에 놀러갔다가 익사하여 돌아오지 못하여 정위가 된 것이다. 항상 서산의 나뭇가지와 돌멩이를 물어다가 동해를 메운다. 그곳에서 장수(漳水)가 나와서 동쪽 하새해(河塞海)로 흘러가 구루(甌窶)를 이루었다"고 했다. 구루(甌窶)는 높고 협소한 구역.

16) 邙山(망산): 북망산(北邙山). 하남성 낙양(洛陽) 동북. 한(漢)나라 위(魏)나라 이후 오후(五侯)와 공경(公卿)들을 장례했던 곳임.

여산폭포 노래 廬山瀑布謠

갑신년 가을 8월 16일 밤에 나는 꿈속에서 산재 선객과 여산을 유람했는데, 각자 시를 읊었다. 산재는 〈팽랑사〉를 읊었고, 나는 〈폭포요〉를 읊었다(甲申秋八月十六夜, 予夢與酸齋仙客游廬山, 各賦詩, 酸齋賦〈彭郞詞〉. 予賦〈瀑布謠〉)[1]

銀河忽如瓠子決[2]	은하수가 갑자기 호자가 터진 듯
瀉諸五老之峰前[3]	오로봉 앞에 쏟아지네
我疑天仙織素練	나는 천선이 짠 흰 비단인가 싶은데
素練脫軸垂青天	흰 비단이 굴대에서 벗어나 청천에 드리웠네
便欲手把幷州剪[4]	곧 병주의 가위를 가지고
剪取一幅玻璃煙[5]	한 폭 유리 안개를 오려 가지네
相逢雲石子[6]	운석자를 상봉하니
有似捉月仙[7]	월선을 재촉하는 듯하네

酒喉無耐夜渴甚	술 마신 목구멍이 밤 갈증 심함을 참지 못하여
騎鯨吸海枯桑田	고래 타고 바닷물 들이키니 마른 뽕밭이 되네
居然化作十萬丈	거연히 변하여 십만 길이 되어
玉虹倒挂清泠淵	옥빛 무지개가 청량한 못에 거꾸로 매달렸네

주석

1) 甲申(갑신): 원나라 지정(至正) 4년(1344). 酸齋(산재): 관운석(貫雲石)의 자호.
2) 瓠子(호자): 지명. 하북성 복양현(濮陽縣) 남쪽. 한무제(漢武帝) 때 황하(黃河)가 이곳에서 터져서 범람했는데, 무제가 친히 와서 막았음. 당시 무제가 지었다는 〈호자가(瓠子歌)〉가 전한다.
3) 五老之峰(오로지봉): 여산의 최고봉인 오로봉(五老峰).
4) 幷州剪(병주전): 병주에서 생산한 전도(剪刀). 병주는 지금의 산서성 태원(太原). 옛날 전도의 생산으로 유명했음.
5) 玻璃煙(파리연): 유리처럼 투명하고 안개 같이 무연 폭포를 말함.
6) 雲石子(운석자): 관운석(貫雲石).
7) 月仙(월선): 이백(李白)을 말함. 전설에 이백이 술에 취해 물속의 달을 잡으려다 익사했다고 함.

평설

• 『요산당외기』에 "지정(至正) 갑신(甲申)년 가을 8월 16일 밤, 양염부가 꿈속에서 산재(酸齋) 선객(仙客)과 여산을 유람했는데, 각자 시를 지었다. 산재는 〈팽랑사〉를 짓고, 염부는 〈폭포요〉를 지었다. 다음날 아침, 부춘(富春) 오복(吳復)에게 말해주자, 오복이 궤안을 치면서 소리치기를, '산쟁의 사(詞)는 골계학랑(滑稽謔浪)하여 참으로 풍류재선(風流才

仙)이고, 선생의 요(謠)는 웅위준일(雄偉俊逸)하여 진정 천선(天仙)입니다'라고 했다"고 했다.

서호죽지가 西湖竹枝歌[1]

내가 서호(西湖)에서 한가히 지낸 지가 칠팔 년인데, 모산외사(茅山外史) 장정거(張貞居)와 초계(苕溪) 담구성(郯九成)의 무리와 창화하며 교제했다. 물빛과 산색이 가슴속에 젖어들어, 한 때의 분대(粉黛)의 습기(習氣)를 존중하던 것을 씻어내 버렸다. 이에 〈죽지(竹枝)〉의 가락이 있었는데, 호사자들이 남북에 유포하여, 명인과 운사(韻士)들이 이어서 화답한 것이 무려 백가(百家)였다. 풍유(諷諭)를 선양하여, 옛사람의 가르침을 넓힐 것이다. 이는 〈풍(風)〉의 한 변화로서, 현비(賢妃)와 정부(貞婦), 흥국(興國)과 현가(顯家), 열녀전(列女傳) 등이 지어졌다. 풍요(風謠)를 채집하는 자가 이를 소홀히 할 수 있겠는가? 지정(至正) 8년 가을 7월, 회계(會稽) 양유정이 옥당초당(玉山草堂)에서 쓰다.

1

蘇小門前花滿株[2]　소소 문전에는 꽃이 나무에 가득하고
蘇公堤上女當爐[3]　소공제 위에는 아가씨가 술집을 지키네
南官北使須到此　남관의 북사는 반드시 이곳에 오니
江南西湖天下無　강남의 서호는 천하에 없는 것이라네

주석

1) 원래 9수임.
2) 蘇小(소소): 소소소(蘇小小). 전당(錢塘)의 명창(名娼). 남제(南齊) 때의 사람. 『악부시집』에 〈소소소가(蘇小小歌)〉: "妾乘油壁車, 郎乘靑驄馬, 何處結同心? 西陵松柏下"가 전함.
3) 蘇公堤(소공제): 소제(蘇堤)라고도 함. 송나라 소식(蘇軾)이 항주(杭州)를 맡고 있을 때 서호에 쌓은 제방.

2
湖口樓船湖日陰　　호수 입구 누선들 있는데 호수 해가 어둡고
湖中斷橋湖水深　　호수 안의 끊긴 다리 있는데 호수가 깊네
樓船無舵似郎意　　누선에 키가 없는 것은 낭군의 마음 같고
斷橋無柱是儂心　　끊긴 다리에 기둥 없음은 제 마음이랍니다

3
勸郞莫上南高峯　　낭군께서는 남고봉에 오르지 마세요
勸儂莫上北高峯　　저에겐 북고봉에 오르지 말라 하세요
南高峯雲北高雨　　남고봉엔 구름 끼고 북고봉엔 비 내리니
雲雨相催愁殺儂　　구름과 비가 저를 수심 짓게 재촉하군요

4
石新婦下水連空[1)]　　석신부 아래는 물이 하늘에 이어지고

飛來峰前山萬重　　비래봉 앞은 산이 만 겹이네
妾死甘爲石新婦　　첩은 죽어서 기꺼이 석신부가 되었는데
望郞忽似飛來峰　　낭군 바라보니 문득 비래봉과 같네

주석 ⌒

1) 石新婦(석신부): 원주에 "석신부(石新婦)는 곧 진황(秦皇)의 남석(纜石)이 그 것이다"라고 했다.

평설 ⌒

- 명나라 양신(楊愼)의 『승암시화(升庵詩話)』에 "원나라 양염부의 〈죽지사〉는 한 때에 화답한 자가 50여 인이고, 시가 백여 수였다"고 했다.

- 명나라 호응린(胡應麟)의 『시수(詩藪)』에 "양염부는 승국(勝國) 말의 한 때의 영수(領袖)였다. 그 재능은 종횡호려(縱橫豪麗)하여 참으로 작자라고 할 만하다. 그러나 괴기(瑰奇)함을 탐하여 좋아하고, 기조(綺藻)에 침륜(沈淪)하여서, 비록 다시 온정균(溫庭筠)을 머금고 이하를 토하더라도, 요컨대 전성(全盛)한 전형(典刑)이 아니다. 그의 악부소시(樂府小詩)와 향렴근체(香奩近體)는 준일농상(俊逸濃爽)하여, 마치 신조(神助)가 있는 듯하다. 나는 매번 읽어볼 때마다 그 대기소성(大器小成)을 애석해 하지 않음이 없었다"고 했다. 또 "칠언절구의 경우, 〈서호(西湖)〉·〈오하죽지가(吳下竹枝歌)〉·〈춘협궁사(春俠宮詞)〉·〈속향렴(續香奩)〉·〈유선(游仙)〉 등의 작품은 본래 몽득(夢得: 劉禹錫)과 치광(致光: 韓偓)을 배웠는데, 필단(筆端)이 고상(高爽)한 곳은 종종 이공봉(李供奉: 李白)에 핍근한다. 〈만흥(漫興)〉은 두보(杜甫)를 배웠는데, 또한 대략 가깝다. 그 재정(才情)은 실로 조맹부(趙孟頫)나 계혜사(揭傒斯) 등 여러 사

람들보다 위이다"라고 했다.

- 『서호지찬(西湖志纂)』에 "신(臣)이 삼가 살펴보니, 유우석(劉禹錫)의 〈죽지서(竹枝序)〉에 '죽지(竹枝)는 파유(巴歈)이다. 음(音)이 황종우(黃鍾羽)에 맞고, 오성(吳聲)과 같지 않기 때문에 오인(吳人)들이 그것을 본받음이 많다'고 했습니다. 유정(維楨)이 처음 〈서호죽지(西湖竹枝)〉를 지었는데, 한 때 화답한 자가 백여 가(家)였습니다. 그 자서(自序)에 '분대(粉黛)의 습기(習氣)를 존숭함을 한 번 씻어버리고, 풍유(風諭)를 선양하여, 옛 사람의 가르침을 넓힐 것이다'라고 했습니다. 뜻이 대개 변풍(變風)을 위주로 했기 때문에 당인(唐人)의 척도(尺度)를 잃지 않았습니다. 이후 작자가 더욱 많아졌지만 율(律)에 맞는 것은 드물었습니다. 그 중 더욱 고아한 것을 수록하여서 시가(詩家)의 한 체(體)를 갖추고자 합니다"고 했다.

해향죽지가 海鄕竹枝歌[1]

顏面似墨雙脚赬	얼굴은 새까맣고 두 발은 붉은데
當官脫袴受黃荊[2]	관청에서 바지 벗고 형장을 맞네
生女寧當嫁盤瓠[3]	딸 낳으면 차라리 반호에게 시집보내고
誓莫近嫁東家亭[4]	맹세코 동쪽 집 염전민에게 가까이 시집보내지 마오

주석

1) 모두 4수임. 원주에 "〈해향죽지(海鄕竹枝)〉는 감히 풍인(風人)의 고취(鼓吹)

를 계승하고자 함이 아니고, 정민(亭民)의 질고(疾苦)를 표달하려는 것이다. 민풍을 살피는 자가 혹시 취함이 있을 것이다"라고 했다.

2) 黃荊(황형): 황형장(黃荊杖). 황형목(黃荊木)으로 만든 형장(刑杖). 황형은 목형(牧荊)의 별칭.

3) 盤瓠(반호): 반호(槃瓠). 전설 속의 중국 변방 서남(西南) 이민족의 시조 이름. 일설에는 남만(南蠻)의 시조라고 함. 널리 이민족을 지칭함.

4) 亭(정): 정호(亭戶). 소금을 굽는 염전 백성을 말함.

궁사 宮詞[1]

宮錦裁衣錫聖恩	궁중비단으로 옷을 지어 성은을 내리고
朝來金榜揭天門[2]	아침에 금방을 천문에 걸었네
老娥元是南州女[3]	늙은 궁녀는 원래 남주의 여인인데
私喜南人擢殿元[4]	속으로 남인이 장원이 됨을 기뻐하네

주석

1) 원래 12수임. 양유정의 소서(小序)에 "궁사(宮詞)는 시가(詩家)의 대향렴(大香奩)이다. 촌학구(村學究)의 말을 허용하지 않는다. 본조(本朝)의 궁사를 지은 자가 많다. 혹은 전고(典故)를 사용함에 구속되고, 또 혹은 국어(國語)를 사용함에 구속되어서, 모두 시체(詩體)를 잃었다. 천력(天歷) 연간에 나의 동년(同年) 살천석(薩天錫: 薩都剌)이 궁사를 잘 지었는데, 나에게 화답시 20장(章)을 구했다. 지금 12장을 남겨놓는다"고 했다.

2) 金榜(금방): 과거 합격자를 공포하는 방문. 원나라 때는 몽고인(蒙古人)과 색목인(色目人)을 일방(一榜)으로 삼고, 한인(漢人)과 남인(南人)을 일방으로

삼아서, 황궁 앞 홍문(紅門) 좌우에 내걸어 공포했음. 天門(천문): 궁궐의 문.
3) 南州(남주): 널리 남방 지역을 말함.
4) 殿元(전원): 장원(壯元).

생각나는 대로 짓다 漫成[1]

1

西鄰昨夜哭暴卒[2]	서쪽 이웃에선 어젯밤 급사를 통곡하는데
東家今日悲免官	동쪽 집에선 오늘 파직을 슬퍼하네
今日不知來日事	오늘 내일의 일을 알 수 없으니
人生可放酒杯乾	인생에서 술잔을 비우는 것이 좋으리라

주석
1) 원래 5수임.
2) 暴卒(폭졸): 급사(急死).

2

徐家園裏野鶯啼	서가의 정원에서 꾀꼬리가 울고
張家樓頭客燕棲	장가의 누대 앞엔 제비가 깃들었네
千金買宅作郵傳[1]	천금으로 집을 사서 우전을 만드니
何處高桓大字題[2]	높은 문기둥의 큰 글자 편액은 어디 있는가?

주석

1) 郵傳(우전): 역전(驛傳). 공문서를 전달하는 역참(驛站).
2) 桓(환): 역참에 세워 놓았던 나무기둥. 여기서는 문주(門柱)를 말함.

그리움 相思

深情長是暗相隨	깊은 정이 오랫동안 남몰래 따르니
月白風淸苦苦思	달 밝고 바람 맑으니 더욱 깊은 그리움이네
不似東姑痴醉酒	동쪽 집 여자가 어리석게 술에 만취하여
幕天席地了無知	하늘을 장막 삼고 땅을 자리 삼음을 모르는 것과는 같지 않네

그네 秋千[1]

齊雲樓外紅絡索[2]	제운루 밖에 붉은 명주 줄을 매고
是誰飛下雲中仙	누가 날아 내려오는 구름 속 신선인가?
剛風吹起望不極[3]	강풍이 일어나니 바라봄이 끝이 없고
一對金蓮倒揷天[4]	금련이 하늘에 거꾸로 꽂힘을 대하네

주석

1) 秋千(추천): 추천(鞦韆). 그네. 일명 반선희(半仙戲).
2) 齊雲樓(제운루): 강소성 소주시(蘇州市)에 있음.

3) 剛風(강풍): 강풍(强風).

4) 金蓮(금련): 연꽃의 일종.

확실한 믿음 的信

平時詭語難爲信	평시엔 궤변은 믿기 어려운데
醉後微言却近眞	취한 후엔 은미한 말이 도리어 진실에 가깝네
昨夜寄將雙豆蔻[1]	어젯밤 쌍 두구를 보내온 사람이
始知的的爲東鄰[2]	분명히 동쪽 이웃여인임을 비로소 깨닫네

주석

1) 豆蔻(두구): 다년생 초본식물. 남방식물로서 가을에 열매가 열림. 시문에서 흔히 소녀나 사랑을 상징함. 당나라 두목(杜牧)의 〈증별(贈別)〉시에 "娉娉裊裊十三餘, 荳蔲梢頭二月初"라고 했음.

2) 東鄰(동린): 송옥(宋玉)의 〈등도자호색부(登徒子好色賦)〉의 서문에 "천하의 가인은 초국(楚國)보다 나은 것이 없고, 초국의 아름다운 자는 신리(臣里)보다 나은 것이 없고, 신리의 미인 중에는 신리 동가(東家)의 딸보다 나은 것이 없다"고 했음. 절세미인을 말함.

〈춘강어부도〉에 적다 題春江漁父圖

一片靑天白鷺前	한 조각 푸른 하늘이 백로 앞에 있는데
桃花水泛住家船[1]	도화수 범람하니 가선을 띄우고

呼兒去換城中酒　　아이 불러 성안의 술로 바꿔오게 하려고
新得槎頭縮頸鯿²⁾　사두축경편을 새로 낚았네

주석

1) 桃花水(도화수): 봄날 복사꽃이 필 때 얼음이 녹고, 시내나 강에 넘치는 물을 말함.
2) 槎頭縮頸鯿(사두축경편): 편어(鯿魚). 축항편(縮項鯿). 『양양기구전(襄陽耆舊傳)』에 "사두편(槎頭鯿): 현산(峴山) 아래 한수(漢水) 안에서 편어(鯿魚)가 나오는데 살찌고 맛이 있었다. 항상 사람들이 잡는 것을 금하려고 사(槎)로써 물을 끊었다. 이를 사두편(槎頭鯿)이라고 한다"고 했음. 사(槎)는 수중의 목책(木柵)을 말함. 두보(杜甫)의 〈해민(解悶)〉 시에 "漫釣槎頭縮頸鯿"이라고 했음.

〈파초미인도〉에 적다 題芭蕉美人圖

髻雲淺露月牙彎¹⁾　구름머리가 월아만에 얕게 드러나서
獨立西風意自閒　　서풍 속에 홀로 서서 뜻이 절로 한가롭네
書破綠蕉雙鳳尾²⁾　글씨 다 쓴 초록 파초의 쌍봉미는
不隨紅葉到人間　　붉은 잎을 따라서 인간 세상에 이르지 않네

주석

1) 髻雲(계운): 구름처럼 높게 묶은 머리 형태.
2) 書破綠蕉(서파록초): 파초 잎에 글씨를 쓰는 것. 당나라 승려 회소(懷素)는 집이 가난하여 종이 대신으로 파초 잎에 초서를 연습했다고 함. 鳳尾(봉미):

봉미초(鳳尾蕉). 파초의 일종.

성문곡 城門曲[1]

諜報越王兵[2]	월왕의 군대가 온다는 첩보에도
城門夜不扃	성문을 밤에도 닫지 않네
孤臣睛不死[3]	외로운 신하의 눈동자는 죽지 않으니
門月照人靑	성문의 달이 사람을 비추며 푸르네

주석

1) 城門(성문): 오(吳)나라 도성의 문. 오나라 도성은 지금의 소주(蘇州)임.
2) 越王(월왕): 구천(句踐). 와신상담(臥薪嘗膽)으로 국력을 키워서 오나라를 멸망시켰음.
3) 孤臣(고신): 오나라 대신 오자서(伍子胥). 오왕 부차(夫差)에게 월나라를 경계하라고 충간을 올렸으나, 도리어 죽임을 당했음. 睛不死(정불사): 오자서가 죽기 직전, 오왕 부차가 보낸 사람에게 "내 눈알을 뽑아서 동문(東門)에 걸어놓아서, 월인들이 들어와서 오나라가 망하는 것을 보게 하라!"고 했음.

공사태 貢師泰

공사태(1298-1362), 자는 태보(泰甫), 호는 완재(玩齋), 영국(寧國) 선성(宣城: 안휘성) 사람. 국자생(國子生) 출신. 태화주판관(太和州判官)・소흥로추관(紹興路推官)・감찰어사(監察御史)・평강로총관(平江路總管) 등을 지냈다. 정사(政事)에 치적이 많았다. 오징(吳澄)의 문하에서 배웠고, 우집(虞集)과 게혜사(揭傒斯)와 내왕했다. 그의 시는 양유정(楊維楨)에게서 칭송을 받았다.

천태 임씨 산재의 폭포천 天台林氏山齋瀑布泉[1]

飛龍上靑天	비룡이 푸른 하늘로 오르니
忽聽山石裂	문득 산석이 파열되는 소리를 듣네
怒驅萬壑雷	분노하여 만 골짝의 우렛소리를 몰아대고
散作半空雪	흩어져서 반 공중의 눈발이 되네
脫巾弄潺湲	건을 벗고 흐르는 물을 놀리고
展席映澄澈	자리 펴고 맑은 물에 비춰보네
毛髮爲森立	모발이 나란히 곧추서서
盡洗人間熱	인간세상의 열기를 모두 씻어내네
浩歌下山去	크게 노래하며 산을 내려가니
日暮風烈烈	날 저물고 바람이 맹렬하네

주석

1) 天台(천태): 절강성에 있는 현(縣) 이름.

의고 擬古[1]

東方有佳人	동방에 가인이 있어
遠在水一方	멀리 물가 한쪽에 있네
綺疏粲飛樓[2]	비단 창이 높은 누대에서 찬란하고
曲闌圍洞房[3]	굽은 난간이 동방을 둘렀네
意態閒且靚	의태는 아름답고 조용하고

氣若蘭蕙芳	향기는 난혜의 방향 같네
纖阿揚姣服[4]	요염한 모습은 예쁜 옷을 휘날리고
雜佩懸明璫[5]	여러 패물과 옥 귀고리가 매달렸네
流風迴皓雪[6]	흐르는 바람에 흰 눈발이 돌고
明月舒其光	밝은 달이 환한 빛을 펴네
白面誰家子	하얀 얼굴은 누구 집 자식인가?
錦鞍青絲韁	비단 안장과 푸른 줄의 굴레이네
翩然一見之	날듯이 한 번 보고는
下馬立中堂	말에서 내려 중당에 서네
可望不可即	바라볼 순 있지만 다가갈 수 없는데
五采盛文章	오채의 문장이 성대하네

주석

1) 원래 3수임. 의고는 옛 시의 뜻을 모방하여 짓는 시. 진(晉)나라 육기(陸機) 등이 의고시를 지은 이후 성행하여 시의 한 체(體)가 되었음.

2) 綺疏(기소): 꽃문양을 조각하여 아로새긴 창문. 飛樓(비루): 허공에 높이 솟은 누대.

3) 洞房(동방): 규방(閨房).

4) 纖阿(섬아): 미인의 요염한 모습.

5) 雜佩(잡패): 여러 가지 패물. 明璫(명당): 주옥을 꿰어 만든 귀고리.

6) 조식(曹植)의 〈낙신부(洛神賦)〉에 "飄飄兮若流風之回雪"이라고 했음.

도연명의 작은 초상화에 적다 題淵明小像[1]

烏帽青鞋白鹿裘[2]	오사모와 푸른 가죽신과 흰 사슴 가죽옷
山中甲子自春秋	산중의 세월이 절로 봄가을을 이루네
呼童檢點門前柳[3]	아이 불러 문전의 버들을 살피게 하여
莫放飛花過石頭[4]	나는 꽃이 석두성으로 넘어가지 못하게 하네

주석

1) 淵明(연명): 도연명(陶淵明: 약365-427), 자는 원량(元亮), 이름은 잠(潛), 자호는 오류선생(五柳先生), 사후 사시(私諡)는 정절(靖節). 구강(九江) 시상(柴桑: 九江市) 사람. 동진(東晋) 말과 남조 송(宋)나라 초의 문인. 은자(隱者)로서 저명함.

2) 白鹿裘(백록구): 사슴가죽의 옷은 은자의 전통적인 의복이었음.

3) 門前柳(문전류): 도연명의 집 앞에 5그루의 버드나무가 있어서, 「오류선생전(五柳先生傳)」을 짓고, 스스로 오류선생이라 칭했음.

4) 石頭(석두): 석두성(石頭城). 금릉(金陵: 지금의 南京). 동진 이후 유유(劉裕)의 송나라 도성이었음.

전유선 錢惟善

전유선(1300?-1373?), 자는 사복(思復), 자호는 곡강거사(曲江居士)·심백도인(心白道人), 항주(杭州) 전당(錢塘: 절강성) 사람. 유학부재거(儒學副提擧)를 지냈다. 『시경』에 정통했다. 명나라로 들어간 후 유민(遺民)으로 자처했다. 저서로 『강월송풍집(江月松風集)』이 있다.

『원시기사』에 "『시담(詩談)』에 '전유선은 호산(湖山)의 수려함을 모아다가 시에다 폈다. 그래서 수구(秀句)가 많다'고 했다"고 했다. 『강월송풍집(江月松風集)』의 서문에 "전사복이 지은 작품은 특히 묘한데, 의론이 아닌 것이 없지만 송나라의 의론과는 같지 않고, 경물(景物)이 아닌 것이 없지만 만당(晩唐)과 사령(四靈)의 경물과는 같지 않다. 또한 완화계(浣花溪) 가에서 백두난발(白頭亂髮)이 두 귀를 덮은 사람을 볼 뿐이다"라고 했다.

절양류 折楊柳[1]

何處好楊柳	어디에 좋은 버들이 있는가?
攀條贈遠行	가지 꺾어 먼 길 나그네에게 주려네
花飛渡江水	꽃은 날아 강물을 건너가고
客醉蹋歌聲	객은 취하여 답가소리 울려나네
秋色彫楡塞[2]	가을색이 유림새를 아로 새기고
春陰接鳳城[3]	봄 그늘은 봉성에 접했네
一枝不敢折	한 가지를 감히 못 꺾는 것은
爲近亞夫營[4]	아부영이 가깝기 때문이네

주석

1) 折楊柳(절양류): 고악부(古樂府)의 제목. 내용은 이별이나 변방 군인의 고통을 위주로 하는 것이 대다수임.

2) 楡塞(유새): 유림새(楡林塞). 옛 터는 지금의 몽고준격이기(蒙古准格爾旗)에 있었음. 널리 변방을 말함.

3) 鳳城(봉성): 경도(京都)를 말함.

4) 亞夫營(아부영): 세류영(細柳營)을 말함. 지금의 섬서성 함양시(咸陽市) 서남. 한(漢)나라 때 주아부(周亞夫)가 주둔하며 흉노를 방어했던 곳. 경계가 삼엄하여, 한나라 문제(文帝)가 군사들을 위로하려고 방문한 적이 있는데 주아부의 군령이 없다고 하여 들어가지 못한 적이 있었음.

회포를 진술하여 광원에게 부치고, 아울러 성남의 여러 벗에게 보내다 述懷寄光遠, 幷簡城南諸友[1]

野人無事久忘機[2]	야인이 일도 없이 오래 기심을 잊었는데
肯信紛華有是非[3]	어찌 분화에 시비가 있음을 믿겠는가?
花信欲闌鸎百囀	꽃소식이 무르익으니 꾀꼬리가 무수히 울고
麥芒初長雉雙飛	보리까끄라기 처음 돋아나니 꿩이 쌍으로 나네
書中歲月仍爲客	책 속의 세월은 나그네 생활로 이어지고
枕上江山屢夢歸	침상의 강산은 자주 꿈으로 돌아가네
時復思君倚深樹	때때로 다시 그대 생각하며 우거진 나무에 기대니
不知殘雨濕春衣	봄옷이 남은 비에 젖는 것도 몰랐네

주석

1) 원래 3수임.
2) 野人(야인): 향리에 사는 사람. 忘機(망기): 기심(機心)을 잊음. 세상과 다툼이 없는 것.
3) 肯信(긍신): 기신(豈信). 紛華(분화): 번화(繁華), 부려(富麗). 『사기・예서(禮書)』에 "出見紛華盛麗而說, 入聞夫子之道而樂, 二者心戰, 未能自決"이라고 했음.

서호죽지사 西湖竹枝詞[1]

阿姨住近段家橋[2]	아이가 단가교 옆에 사는데

山妒蛾眉柳妒腰　　산은 아미를 질투하고 버들은 허리를 질투하네
黃龍洞前黑雲起[3]　황룡동 앞에 검은 구름 일어나니
早回家去怕風潮　　일찍 집으로 돌아가며 풍랑을 걱정하네

주석

1) 원래 10수임.
2) 阿姨(아이): 뱃사공의 딸을 말함. 段家橋(단가교): 단교(斷橋).
3) 黃龍洞前(황룡동전): 동산정두(東山井頭)라고 되어 있는 판본도 있음. 앙주(杭州) 서호(西湖)에 있는 지명.

평설

● 『귀전시화』에 "전사복은 〈절강조부(浙江潮賦)〉로써 명성을 얻었는데, 기구(起句)에 '維維羅刹之巨江兮, 實發源於太末'이라 했다. 시관(試官)이 그것을 좋아하여, 마침내 선발했다. 대개 만장(滿場)에서는 나찰(羅刹)이 절강(浙江)의 다른 이름임을 몰랐다. 나중에 〈서호죽림곡(西湖竹枝曲)〉에서 '阿娣信近段家橋'라고 했는데, 선백(先伯) 원범(元范)이 그것을 조롱하기를 '이 단가교(段家橋)는 창견(創見)이다. 도리어 나찰강(羅刹江)과는 같지 않다'라고 했다. 대개 서호(西湖)의 단교(斷橋)는, 당인(唐人)의 시 '斷橋荒草合'으로써 이름을 얻었다. 또한 고산로(孤山路)가 이곳에 이르러서 끝난다고 하는데, 이른바 단가(段家)라는 것이 있는 것이 아니다. 〈죽지사〉는 모두 10장(章)인데 모두 가작(佳作)이다. 수장(首章)에서 '阿娣信近段家橋, 山妒蛾眉柳妒腰……'라고 했다. 나는 그 때 나이가 어렸는데, 그것을 좋아하여 전체에 화답을 지었다. 그 수장에 '昨夜相逢第一橋, 自將羅帶系郎腰. 願郎得似長江水, 日日如期兩度潮'라고 했는데, 몹시 사복(思復)의 칭장(稱奬)을 받았다"고 했다.

여궐 余闕

여궐(1303-1358), 자는 정심(廷心)·천심(天心), 청양선생(靑陽先生)이라 불림. 색목인(色目人)으로서 당올씨(唐兀氏)에 속함. 하서(河西) 무위(武威: 감숙성)에서 세거(世居)했다. 나중에 여주(廬州: 合肥)로 옮겼다. 원통(元統) 원년에 진사가 되어, 감찰어사(監察御史)·한림대제(翰林待制)·회남행성좌승(淮南行省左丞) 등을 지냈다. 원나라 말 진우량(陳友諒) 등이 이끄는 농민봉기군의 공격을 막다가 성이 함락되자, 자살했다. 저서로『청양선생문집(靑陽先生文集)』이 있다.

『원시선』에 "정심(廷心)은 경술(經術)에 유의했는데, 문은 기백(氣魄)이 있어서 그 하고자 하는 말을 펼 수 있었고, 시체(詩體)는 강좌(江左)를 숭상하여, 포조(鮑照)와 사조(謝朓)를 고시(高視)하고, 서릉(徐陵)과 유신(庾信) 이하는 논하지 않았다"고 했다.

여공정 呂公亭[1]

鄂渚江漢會[2]	악저에서 장강과 한수가 만나는데
玆亭宅其幽	이 정자는 그 깊은 곳에 자리잡았네
我來窺石鏡[3]	내가 와서 석경을 살펴보고
兼得眺芳洲	겸하여 방주도 조망하였네
遠岫雲中沒	먼 산은 구름 속에 파묻히고
春江雨外流	봄 강은 비 너머로 흘러가네
何如乘白鶴	어찌하여 백학을 타고
吹笛過南樓[4]	적을 불며 남루에 찾아왔었나?

주석

1) 呂公亭(여공정): 여공(呂公)은 당나라 때의 여암(呂岩), 즉 여동빈(呂洞賓). 전설 속의 팔동신선(八洞神仙) 중의 한 사람임.

2) 鄂渚(악저): 악주(鄂州). 지금의 무한시(武漢市) 무창(武昌). 한수(漢水)가 장강(長江)으로 흘러들어 가는 곳이다.

3) 石鏡(석경): 원형의 바위를 말함.

4) 南樓(남루): 무창(武昌)에 있는 정자. 일찍이 진(晉)나라 유량(庾亮)이 도독(都督)이 되어 무창(武昌)을 맡고 있을 때, 좌리(佐吏) 은호(殷浩)의 무리가 가을밤에 남루(南樓)에 올라가 있는데, 유량이 오자, 모두가 피하려고 했다. 유량이 "늙은이도 이곳에 오니 흥(興)이 다시 낮지 않다"고 했음. 그런데 진나라 때의 무창은 호북성 악성(鄂城)으로서 원나라 때의 무창과는 다름.

산중의 도사 선금에게 주다 贈山中道士善琴[1]

山中道士綠荷衣	산중의 도사가 초록 연잎 옷을 입고
新抱瑤琴出翠微[2]	요금을 새로 껴안고 푸른 산을 나오네
已與塵緣斷來往	이미 속세의 인연과 왕래를 끊었는데
逢人猶鼓雉朝飛[3]	사람을 만나면 오히려 〈치조비〉를 연주하네

주석

1) 道士(도사): 은자(隱者)를 말함.
2) 瑤琴(요금): 옥으로 장식한 금(琴). 翠微(취미): 푸른 산을 말함.
3) 雉朝飛(치조비): 〈치조비조(雉朝飛操)〉. 악부(樂府) 금곡(琴曲)의 이름. 최표(崔豹)의 『고금주(古今注)』에 "〈치조비(雉朝飛)〉라는 것은 독목자(犢沐子)가 지은 것이다. 제(齊)나라 처사(處士) 민선(泯宣)이 나이 50세가 되도록 처가 없었다. 들로 나무하러 갔다가, 꿩 수컷과 암컷이 서로 따르며 나는 것을 보고, 마음이 감개하고 슬펐다. 이에 〈치조비조(雉朝飛操)〉를 지어서 스스로의 상심을 표현했다"고 했다. 이밖에도 여러 설이 있다.

노기 盧琦

노기(?-1360?), 자는 희한(希韓), 호는 입재(立齋), 천주(泉州) 혜안(惠安: 복건성) 사람. 지정(至正) 2년에 진사가 되어, 영춘현윤(永春縣尹)・영덕현윤(寧德縣尹)・조사제거(漕司提擧) 등을 지냈다. 저서로 『규봉집(圭峰集)』이 있다.

『사고전서총목』에 "그 청사아운(淸詞雅韻)은 또한 진려(陳旅)나 살도랍(薩都拉) 아래에 있지 않다"고 했다.

어부와 나무꾼이 대화하는 그림 漁樵共話圖

樵夫初上山	나무꾼이 처음 산에 오르는데
漁父纜泊船	어부가 배를 묶어 정박했네
邂逅卽相問	서로 만나서 곧 서로 물어보니
生涯兩堪憐	생애가 둘 다 가련하네
我渴魚可羹	나는 물고기국이 먹고 싶고
爾歸突未煙	그대 아궁이에는 연기나지 않으니
爾魚莫索價	그대 물고기의 가격을 치지 말고
我薪不論錢	내 땔나무의 돈을 따지지 않네
惟將薪換魚	다만 땔나무와 물고기를 바꾸고
一笑各欣然	한 차례 웃으면서 각자 기뻐하네

동령사를 유람하다 游洞嶺寺

古寺藏煙樹	옛 절이 안개 낀 숲에 가렸는데
巖扉晝不扃[1]	절문은 낮이라 닫지 않았네
日高花散影	해 높아서 꽃이 그림자를 흩뜨리고
風定竹無聲	바람 멈추니 대숲에 소리가 없네
稚子添香火	어린 중이 향화를 첨가하고
閑僧閱藏經	한가한 승려는 대장경을 열람하네
新詩吟未就	새 시를 읊지 못한 채
獨向殿階行	홀로 전각 계단으로 가네

주석

1) 巖扉(암비): 산문(山門). 절의 대문(大門)을 말함.

호봉을 다시 유람하고, 그로 인하여 제공들에게 올려서 한 번 웃다 重游蓬壺, 因呈諸公一笑[1]

我來作縣已三載	내가 와서 현감이 된 지 이미 삼 년인데
偏愛毗湖春酒香[2]	비호촌의 봄 술의 향을 두루 사랑하네
溪上畵橋朝繫馬	개울가 채색다리에 아침에 말을 매고
雨中茅屋夜連牀	비 오는 모옥에서 밤에 침상을 나란히 하네
多情啼鳥短長曲	다정한 새들은 짧고 긴 곡을 부르고
無數桃花濃淡粧	무수한 복사꽃은 짙고 얕게 단장했네
欲學淵明歸種柳[3]	도연명을 배워서 돌아가 버들을 심고
不栽桃李滿河陽[4]	복사꽃 오얏꽃을 하양에 가득 심지 않으리라

주석

1) 蓬壺(봉호): 진(鎭) 이름. 복건성 영춘현(永春縣) 서쪽.
2) 毗湖(비호): 봉호에 있는 마을 이름.
3) 도연명(陶淵明)은 집 앞에 5그루 버드나무가 있어서 「오류선생전(五柳先生傳)」을 짓고, 스스로 오류선생이라 자처했음.
4) 진(晉)나라 반악(潘岳)이 하양령(河陽令)이 되었을 때 복숭아와 오얏꽃을 심어서, 사람들이 '하양일현화(河陽一縣花)'라고 했음.

태불화 泰不華

태불화(1305-1352), 자는 겸선(兼善), 초명은 달보화(達普化), 통상 달겸선(達兼善)이라 불림. 색목인(色目人)으로서 태주(台州: 절강성)에서 출생했다. 진사에 합격하여, 집현수찬(集賢修撰)·감찰어사(監察御史)·예부상서(禮部尙書)·절동도선위사도원수(浙東道宣慰使都元帥)·태주로달로갈제(台州路達嚕噶齊) 등을 지냈다. 방국진(方國珍)의 농민봉기군과 전투를 하다가 전사했다.『원시선』에 30수의 시가『고북집(顧北集)』이란 이름으로 전한다.

벗이 귀향함을 전송하다 送友還家

君向天台去[1]	그대가 천태산을 향해 떠나는데
煩君過我廬	번거롭게 내 집을 찾아보게 했네
可于山下問	산 아래서 물어보면
只在水邊居	다만 물가에 집이 있으리라
門外梅應老	문 밖의 매화는 마땅히 늙었을 것이고
窓前竹已疎	창 앞의 대숲은 이미 성글었으리라
寄聲諸弟姪	여러 자질들에게 안부 전하여
老健莫愁予	노건하니 내 걱정을 말라 하구려

주석

1) 天台(천태): 천태산(天台山). 절강성 태주(台州) 경내에 있음.

이존 李存

이존(1281-1354), 자는 명원(明遠)·중공(仲公), 번양선생(番陽先生)이라 불렸음. 요주(饒州) 안인(安仁: 강서성) 사람. 과거에 한 번 응시했으나, 떨어진 후 평생 은거했다. 고문사(古文辭)를 잘 지었고, 의술에도 통달했다. 저서에 『사암집(俟庵集)』이 있다.

운암에 적다 題雲庵

夜宿雲菴中　　운암 안에서 밤에 묵으니
白雲滿牀頭　　흰 구름이 침상 머리에 가득하네
客來雲不語　　객이 왔어도 구름은 말하지 않는데
客去雲不留　　객이 떠나니 구름은 머물지 않네
明日在山下　　내일 산 아래에서
白雲何處求　　흰 구름을 어디서 찾겠는가?

자면의 운에 차운하다 次子勉韻[1]

疲馬常思捲旆旌[2]　　피로한 말은 항상 깃발을 걷기를 생각하는데
如何處處尙屯兵[3]　　어찌하여 곳곳마다 둔병을 숭상하는가?
爲邦喜有漢三傑[4]　　건국에 한나라 삼걸이 있음이 기쁜데
習禮慙無魯兩生[5]　　습례에 노나라 양생이 없음이 부끄럽네
雖覺風沙成晝晦　　모래바람이 어두운 대낮을 이루는 것을 깨닫지만
終期河漢向秋明[6]　　끝내 하수와 한수가 밝은 가을로 향함을 기약하네
買牛負耒歸鄕里　　소를 사고 쟁기를 짊어지고 향리로 돌아가니
沒齒簞瓢亦已榮[7]　　이 빠질 때까지 단사표음 또한 더욱 영광이네

주석

1) 원래 2수임. 원주에 "갑오(甲午)년에 피난을 갔는데, 그곳에서 절필한 작품이다"라고 했음. 『원시선』에 "전쟁이 일어났을 때 문인 하침(何琛)이 임천(臨

川)으로 모셔와서 양육했다. 지정(至正) 45년에 죽었는데, 나이가 74세였다"고 했다.

2) 旆旌(패정): 군대의 깃발을 말함.

3) 屯兵(둔병): 전쟁을 말함.

4) 漢三傑(한삼걸): 한나라를 건국한 공신들인 장량(張良)·소하(蕭何)·한신(韓信)을 말함.

5) 魯兩生(노양생): 『사기·숙손통전(叔孫通前)』에 의하면, 숙손통이 한고조(漢高祖)의 조의(朝儀)를 정할 때, 노제생(魯諸生) 30여 인을 불렀는데, 노나라 두 유생이 가려고 하지 않고 말하기를 "지금 천하가 처음 안정되어, 죽은 자를 장례하지 못하고, 부상자가 일어나지 못했습니다. 또한 예악(禮樂)을 일으키려고 하는데, 예악이 일어나는 바는 백년의 덕을 쌓은 이후에야 일으킬 수 있습니다"라고 하니, 숙손통이 웃으면서 "너희는 참으로 비루한 유생들이다! 시변(時變)을 알지 못한다!"고 했음.

6) 河漢(하한): 황하(黃河)와 한수(漢水). 남조 양(梁)나라 강엄(江淹)의 「피출위오흥령사전예건평왕(被黜爲吳興令辭牋詣建平王)」에 "濯以河漢之流, 曝以秋陽之景"이라고 했음.

7) 沒齒(몰치): 종신(終身). 簞瓢(단표): 단사표음(簞食瓢飮). 청빈한 생활을 말함.

부약금 傅若金

부약금(1304-1343), 자는 여려(與礪), 임강(臨江) 신유(新喩: 강서성) 사람. 집이 가난했지만 학문에 힘썼는데, 같은 군(郡)의 범팽(范梈)에게서 그 시법(詩法)을 배웠다. 일찍이 안남(安南)에 사신을 보좌하여 다녀온 후, 광주문학교수(廣州文學教授)를 지냈다. 경사로 가서 우집(虞集)과 게혜사(揭傒斯) 등의 칭송을 받았다. 저서로 『부여려시문집(傅與礪詩文集)』이 있다.

패공정 沛公亭[1]

遙山寂寂對危亭[2]	먼 산은 적적히 높은 정자를 대하고
壞礎欹沙柳自青	부서진 주춧돌은 모래에 기울고 버들은 푸르네
四海久非劉社稷[3]	사해가 오랫동안 유씨의 사직이 아닌데
千秋猶有漢精靈	천추에 오히려 한나라 정령이 있네
豊西水散烟沈浦[4]	풍현 서쪽의 물은 흩어져 안개가 포구에 잠기고
碭北雲來雨入庭[5]	탕산 북쪽의 구름이 오니 비가 뜰로 들어오네
坐想酒酣思猛士[6]	술 취해 맹사를 생각하던 일을 앉아서 상상하는데
歌風臺下晚冥冥[7]	가풍대 아래는 저물어 어둑어둑 하네

주석

1) 沛公(패공): 유방(劉邦).

2) 危亭(위정): 고정(高亭).

3) 四海(사해): 천하(天下).

4) 豊(풍): 풍현(豊縣). 진(秦)나라 때 패현(沛縣)의 풍읍(豊邑)으로서 풍수(豊水)의 서쪽에 있음. 유방의 고향.

5) 碭(탕): 탕산(碭山). 유방은 일찍이 망산(芒山)과 탕산의 소택지로 피신한 적이 있는데, 그가 있는 곳에는 항상 구름기운이 서려 있었다고 함.

6) 유방이 천하를 통일하고 고향으로 돌아와 잔치를 벌이고, 술에 취해 축을 치며 불렀던 〈대풍가(大風歌)〉에서 "安得猛士兮守四方"이라고 했음.

7) 歌風臺(가풍대): 유방이 〈대풍가(大風歌)〉를 불렀던 곳에 후인들이 기념하여 세운 대임. 지금의 강소성 패현(沛縣) 경내의 사수(泗水) 가에 있음. 冥冥(명명): 어두운 모양.

시희를 물리치다 却侍姬[1]

夜宿安南天使館[2]	안남 천사관에서 밤에 묵는데
主人供帳爛相輝	주인이 제공한 장막이 찬란히 빛나네
寶香爐起風過席	보향이 타오르자 바람이 자리를 지나가고
銀燭花偏月照幃	은촉 불꽃이 피자 달빛이 휘장을 비추네
王母漫勞靑鳥至[3]	서왕모는 괜히 수고하여 청조가 이르고
文簫先放綵鸞歸[4]	문소가 먼저 풀어놓은 채란이 돌아오네
書生自是心如鐵	서생은 본래 마음이 철석같아서
莫遣行雲亂濕衣[5]	행운이 어지럽게 옷을 적시지 못하네 하네

주석

1) 원주에 "연이은 밤에 시희(侍姬)를 보내주었는데, 모두 즉시 사양하여 물리쳤다. 우리 무리가 도곡배(陶穀輩)는 아니지만, 남들이 옳지 않다고 여길 것이므로 이처럼 보인 것이다"고 했다.

2) 安南(안남): 지금의 월남(越南). 天使館(천사관): 원나라 사신일행을 접대하는 객관(客館).

3) 王母(왕모): 서왕모(西王母). 전설 속의 곤륜산(崑崙山) 요지(瑤池)에 산다는 선녀. 靑鳥(청조): 서왕모의 전령.

4) 文簫(문소): 전기소설(傳奇小說)에 나오는 주인공 이름. 당나라 대화(大和) 말에 서생 문소가 종릉(鍾陵) 서산(西山)에서 천상에서 귀양을 온 선녀 오채란(吳彩鸞)을 만나 서로 좋아했는데, 우여곡절 끝에 부부가 되었다는 이야기임.

5) 行雲(행운): 송옥(宋玉)의 〈고당부(高唐賦)〉에서 언급한 운우지정(雲雨之情)의 고사 속의 무산신녀(巫山神女) 조운(朝雲)을 말함.

평설

- 『원시선』에 "소천작(蘇天爵)이 지은 전(傳)을 살펴보니, 「여려묘지(與礪墓志)」에서 말하기를 '여려가 명을 받고, 안남(安南)에 갔는데, 안남인들은 휼사(譎詐)함을 베풀어 사자(使者)에게 지급함이 많았다. 혹은 교외에서 맞이하여 연회를 베풀고, 무리들에게 음식을 대접하거나, 혹은 성대하게 장식한 시희(侍姬)에게 술을 따르게 했는데, 군(君)은 그것들을 모두 물리쳤다'고 했는데, 이 시는 곧 그것을 말한 것이다"고 했다.

〈서벽산〉에 적어서, 신금 공순자를 위해 읊다 題〈栖碧山〉, 爲淦龔舜咨賦[1]

山人愛山如李白	산인이 이백처럼 산을 사랑하여
幽棲還在碧雲深	깊은 거처가 다시 푸른 구름 자욱한 곳에 있네
松杉繞屋淸宵響	솔과 삼나무가 집을 둘러 맑은 솔바람소리 나고
雷雨懸崖白晝陰	천둥과 비가 절벽에 매달려 대낮에도 어둡네
石上每同仙客坐	바위 위에서 항상 선객과 함께 앉고
花間猶恐世人尋	꽃 사이에서 오히려 속인이 찾아올까 두려워하네
京華日日多塵土[2]	경화엔 매일 먼지만 많으니
終擬投簪話夙心[3]	끝내 벼슬 버리고 처음 마음을 말하고 싶네

주석

1) 栖碧山(서벽산): 이백(李白)의 〈산중문답(山中問答)〉: "問余何事棲碧山, 笑

而不答心自閑. 桃花流水杳然去, 別有天地非人間"을 소재로 그린 그림을 말함. 淦(금): 지명. 신금(新淦). 龔舜咨(공순자): 미상. 오징(吳澄)의 「산간명월루기(山間明月樓記)」에 "공순자(龔舜咨)는 신금(新淦)의 먼 교외에 살고 있는데, 지기(志氣)가 탁월(卓越)하다. 일찍이 경사(京師)에서 노닐 때 장차 명이 있어서 사판(仕版)에 오르려고 했다. 어느 날 갑자기 떠나가면서 금림(禁林)에서 나와 이별하며, 말하기를 '나는 돌아가서 푸른 산중의 달을 완상하려고 합니다'고 했다. 나는 몹시 그것을 고상하게 여기고, 시를 주었는데, 그 말구에 '浩歌歸去渾無事, 栖碧山前月上東'이라고 했다"고 했다.

2) 京華(경화): 경사(京師).

3) 投簪(투잠): 벼슬을 버리는 것. 夙心(숙심): 일찍이 은거를 기약했던 마음을 말함.

평설

● 『원시선』에 "게문안공(揭文安公: 揭傒斯)가 말하기를 '나는 〈서벽(栖碧)〉을 읊으려고 한 지 오래였다. 그러나 흥이 일어나지 않았다. 하루는 임강(臨江) 부여려(傅與礪)가 와서, 시권을 열고 함께 읊었다. 내 시가 완성되기 전에, 부려는 이미 완성했다. 다시 짓지 않을 수 없었으나, 부려를 능가할 수 없다고 여기고, 마침내 결어(結語)만 바꾸었을 뿐이다"라고 했다.

예찬 倪瓚

예찬(1306-1374?), 자는 원진(元鎭), 호는 운림자(雲林子)·환하자(幻霞子)·형만민(荊灣民) 등 다수가 있음. 상주(常州) 무석(無錫: 강소성) 사람. 그 선세(先世)는 오중(吳中)에서 제일의 갑부였다. 생산(生産)에 종사하지 않고, 오로지 학문과 문사(文史)에 힘썼다. 지정(至正) 15년에 논밭과 재물을 모두 팔아서 얻은 돈을 친지와 친척들에게 나눠주고, 강호를 떠돌았다. 원나라가 망한 후 7년 만에 고향으로 돌아왔다. 그림에 뛰어나서, 황공망(黃公望)·오진(吳鎭)·왕몽(王蒙)과 함께 '원사가(元四家)'라고 불린다. 저서로 『예운림시집(倪雲林詩集)』이 있다.

『원시선』에 "양철애(楊鐵厓: 楊維楨)가 말하기를 '원진(元鎭)의 시는 재력(才力)은 부패한 듯한데, 풍치(風致)는 특히 예스러움에 가깝다'고 했다. 오포암(吳匏菴)이 말하기를 '예고사(倪高士)의 시는 원인(元人)의 농려(穠麗)함을 탈거해버리고 도연명(陶淵明)과 유종원(柳宗元)의 염담(恬澹)한 정(情)을 얻었다. 백년 이후에서 한두 편을 노래해본다면 숲의 나무를 진동시킬 것이다'라고 했다"고 했다.

구한말(舊韓末)의 황현(黃玹)은 〈희작논시잡절(戲作論詩雜絶)〉에서 "댓잎

오동잎도 씻거늘 하물며 때 묻은 마음이야! 청비당 가운데 도기가 깊었네. 어찌 원나라 시인들이 섬려했을 뿐이던가? 당시의 진일(眞逸)에 운림이 있었네(竹桐猶洗況塵心, 淸閟堂中道氣深. 豈盡元人纖麗已, 當時眞逸有雲林)"라고 했다.

함께 술 마시다 對酒

題詩石壁上	석벽 위에 시를 적고
把酒長松間	장송의 숲에서 술을 드네
遠水白雲度	먼 물에는 흰 구름이 지나가고
晴天孤鶴還	맑은 하늘엔 외로운 학이 돌아오네
虛亭映苔竹	빈 정자는 이끼 낀 대숲에 비추고
聊此息躋攀	잠시 여기서 휴식하러 올라가네
坐久日已夕	오래 앉아있으니 날이 이미 저물고
春鳥聲關關[1]	봄새들 소리가 재잘대네

주석

1) 關關(관관): 새들이 우는 소리.

황촌 荒村

踽踽荒村客[1]	홀로 가는 황촌의 객
悠悠遠道情	아득히 먼 길 가는 정이 있네
竹梧秋雨碧	대나무 오동은 가을비에 푸르고
荷芰晩波明	연과 마름은 저녁물결에 밝네
穴鼠能人拱	구멍의 쥐도 사람처럼 공수를 하고
池鵞類鶴鳴	못의 거위도 학처럼 우네
蕭條阮遙集[2]	쓸쓸한 완요집은

| 幾屐了餘生 | 몇 개의 나막신으로 여생을 보냈던가? |

주석
1) 踽踽(우우): 홀로 가는 모양.
2) 阮遙集(완요집): 완부(阮孚). 자는 요집(遙集), 완함(阮咸)의 아들. 서진(西晋) 진류(陳留) 위씨(尉氏: 하남성) 사람. 음주로 유명한 '곤주팔백(袞州八伯)' 중의 한 사람으로서 탄백(誕伯)이라고 함. 평생 나막신을 좋아하여, 일생 동안 몇 켤레의 나막신을 신을지 모르겠다고 탄식했음.

이은자에게 부치다 寄李隱者

南汀新月色	남쪽 물가의 달빛이 새로워
照見水中蘋[1]	물속의 네가래를 비춰 보이네
便欲乘淸影	곧 맑은 그림자를 타고자 하여
緣源訪隱淪[2]	근원을 따라 은륜을 방문하네
君住鈿山湖[3]	그대는 전산호에 사는데
綠酒松花春[4]	초록 술 송화춘이 생각나네
夢披寒雪去	꿈에 찬 구름을 헤치고 가니
疑是剡溪濱[5]	섬계의 물가가 아닌가 싶네

주석
1) 蘋(빈): 네가래. 수생식물. 네 잎으로 흰 꽃이 피기 때문에 백빈(白蘋)이라고 함.

2) 隱淪(은륜): 은자(隱者).
3) 鈿山湖(전산호): 정산호(淀山湖). 지금의 상해시(桑海市) 청포현(靑浦縣) 경내.
4) 松花春(송화춘): 송화주(松花酒).
5) 『세설신어(世說新語)·임탄(任誕)』에 "왕자유(王子猷: 徽之)는 산음(山陰)에 살았는데, 밤에 대설(大雪)이 내리자 잠을 깨고서 문을 열고 술상을 차려오게 했다. 사방을 둘러보니 교연(皎然)하여, 일어나 서성이며 좌사(左思)의 〈초은시(招隱詩)〉를 읊었다. 문득 대안도(戴安道: 逵)가 생각났다. 이때 대안도는 섬현(剡縣)에 있었는데, 즉시 작은 배를 타고 찾아갔다. 밤을 지내고 비로소 그 문에 이르렀는데, 들어가지 않고 돌아갔다. 사람들이 그 까닭을 물으니, 왕휘지가 '나는 본래 흥이 나서 갔는데, 흥이 다하여 돌아왔다. 어찌 반드시 대안도를 만날 필요가 있겠는가?'라고 했다"고 했다.

백우와 함께 계산 승계루에 오르다 與伯雨, 登溪山勝槪樓[1]

樓下淸溪夏亦寒	누대 아래 맑은 개울은 여름에도 차갑고
溪頭箇箇白鷗閑	개울 머리엔 하나하나 갈매기들 한가롭네
風回綠卷平隄水	바람이 돌며 초록빛을 마는 제방 물이 평평하고
林缺靑分隔岸山	숲이 갈라져 푸름을 나누는 언덕 산이 격해있네
若士振衣千仞表	누가 천 길 높은 산에서 옷 먼지를 터는가?
何人泛宅五湖間[2]	누가 오호 사이에서 배를 집으로 삼았는가?
絶憐與子同淸賞	그대와 함께 하는 맑은 완상이 너무 좋으니
擬向雲霄共往還	구름 낀 하늘을 함께 왕래하는 듯하네

주석

1) 伯雨(백우): 장우(張雨)의 자. 전당(錢塘: 절강성 杭州) 사람. 원나라 시인 겸 화가. 溪山勝槪樓(계산승계루): 강소성 무석(無錫)에 있음.

2) 五湖(오호): 태호(太湖).

귀향을 생각하다 懷歸

久客懷歸思惘然[1]	오랜 타향살이로 귀향을 생각하니 망연한데
松間茅屋女蘿屋[2]	솔숲 속 띠풀 지붕에 여라를 끌어놓았네
三杯桃李春風酒[3]	복사꽃 오얏꽃 핀 춘풍 속의 석 잔 술인데
一榻菰蒲夜雨船	향초와 부들에 밤비 내리는 한 침상의 배이네
鴻迹偶曾留雪渚[4]	기러기 자취를 우연히 눈 내린 물가에 남겼는데
鶴情原只在芝田[5]	학의 마음은 원래 지초 밭에 있네
他鄕未若還家樂	타향은 귀향의 즐거움만 못하니
綠樹年年叫杜鵑	초록 숲에 해마다 두견새가 우네

주석

1) 惘然(망연): 실의(失意)한 모양.

2) 女蘿(여라): 송라(松蘿). 덩굴식물. 두보(杜甫)의 〈가인(佳人)〉시에 "牽蘿補茅屋"이라고 했음.

3) 황정견(黃庭堅)의 〈기황기복(寄黃幾復)〉시에 "桃李春風一杯酒"라고 했음.

4) 소식(蘇軾)의 〈화자유민지회구(和子由澠池懷舊)〉시에 "人生到處知何似? 應似飛鴻踏雪泥. 泥上偶然留指爪, 鴻飛那復計東西?"라고 했음.

5) 芝田(지전): 전설 속의 선인(仙人)들이 지초(芝草)를 심는 밭. 선인들은 항상 선학(仙鶴)을 타고 다닌다고 함.

정소남의 난 그림에 적다 題鄭所南蘭[1]

秋風蘭蕙化爲茅[2]	가을바람에 난혜가 띠풀로 변하니
南國凄凉氣已消[3]	남국이 처량하게 기가 이미 소진했네
只有所南心不改	다만 소남의 마음은 변치 않아서
淚泉和墨寫離騷[4]	눈물을 먹물에 섞어 〈이소〉를 베끼네

주석

1) 鄭所南(정소남): 남송(南宋) 말의 사람. 이름은 사초(思肖). 그 이름과 자는 모두 송이 망한 후 바꾼 것으로 송에 대한 충정을 표한 것임. 난 그림을 잘 그렸음.
2) 굴원(屈原)의 〈이소(離騷)〉에 "蘭芷變而不芳兮, 荃蕙化而爲茅"라고 했음.
3) 南國(남국): 남송(南宋)을 말함.
4) 離騷(이소): 전국시대 초(楚)나라 굴원(屈原)이 참소를 당하여 쫓겨난 후 자신의 원망과 충심을 노래한 초사(楚辭) 작품.

절구 2수 絶句二首[1]

1

松陵第四橋前水[2] 송릉 제사교 앞의 물

風急猶須貯一瓢　　바람 급한데 오히려 한 바가지 물을 떠서
敲火煮茶歌白苧　　불 피워 차를 끓이며 〈백저가〉를 부르며
怒濤翻雪小停橈　　노한 파도에 날리는 눈발 속에 잠시 노를 멈췄네

주석

1) 『청비각전집(淸閟閣全集)』에 제목을 〈제화(題畫)〉라고 하고, "정월 14일 배로 오강(吳江) 제사교(第四橋)를 지날 때 대풍랑(大風浪) 중에 한 바가지에 물을 떠가며 곧 소시(小詩)를 짓기를 '松陵第四橋前水……'라고 했다"고 했다.
2) 松陵(송릉): 송강(松江). 일명 오송강(吳淞江).

2

人家近住江城外　　인가가 강성 밖에 가까이 있는데
月色波光上下天　　달빛과 파도 빛이 하늘로 오르내리네
風景自佳時俗異　　풍경이 절로 아름다워 시속과 다른데
泊舟閒詠白雲篇[1]　배를 정박하고 한가히 〈백운편〉을 부르네

주석

1) 『청비각전집(淸閟閣全集)』에 "이날 밤 오강성(吳江城) 밖 인가에 배를 정박했는데, 물과 달빛이 호연(皓然)하여 희언(希言)과 오랫동안 읊었다. 이튿날 벽에 시를 적기를 '人家近住江城外……'라고 했다"고 했다.

안개비 속에 석호를 지나며 절구 세 편을 짓다
烟雨中過石湖三絶[1]

1

煙雨山前度石湖	산 앞에 안개비 내리는데 석호를 지나니
一奩秋影玉平鋪	한 경대에 가을그림자가 옥빛으로 퍼지네
何須更剪松江水	어떻게 송강의 물을 오려다가
好染空青畵作圖	푸른 하늘을 물들여 그림으로 그릴 것인가?

주석

1) 石湖(석호): 강소성 소주(蘇州)의 고소성(姑蘇城) 밖에 있음.

2

姑蘇城外短長橋[1]	고소성 밖의 길고 짧은 다리들
烟雨空濛又晚潮	안개비에 흐릿한데 또한 저녁 조수이네
載酒曾經此行樂	술을 싣고 일찍이 이곳을 지나며 행락을 했는데
醉秉江月臥吹簫	취하여 강 달빛을 속에 누워서 소를 불었네

주석

1) 姑蘇城(고소성): 강소성 소주(蘇州) 오현(吳縣)에 있음.

3

愁不能醒已白頭　수심에서 깨지 못하고 이미 백발인데
滄江波上狎輕鷗　창강의 물결 위 갈매기와 친하네
鷗情與老初無染　갈매기의 정과 노인은 처음부터 물듦이 없는데
一葉輕軀總是愁　한 잎의 가벼운 몸이 모두가 수심이네

살도자 薩都剌

살도자(1308-?), 일명 살도랍(薩都拉), 자는 천석(天錫), 호는 직재(直齋), 회족(回族), 기녕(冀寧) 대주(代州: 산서성)에서 태어났다. 태정(泰定) 4년 (1327)에 진사가 되어, 연남경력(燕南經歷)·어사(御史)·진강녹사(鎭江錄事)·민해염방사지사(閩海廉訪司知事)·하북염방겨력상서(河北廉訪經歷尚書) 등을 지냈다. 저서로『안문집(鴈門集)』이 있다.

거용관을 방문하다 過居庸關[1]

居庸關	거용관은
山蒼蒼	산이 검푸르고
關南暑多關北凉	관 남쪽은 무덥고 관 북쪽은 서늘하네
天門曉開虎豹臥[2]	천문이 새벽에 열리면 호랑이 표범이 눕고
石鼓晝擊雲雷張[3]	석고를 낮에 치면 구름 천둥이 펼쳐지네
關門鑄鐵半空倚	관문은 철로 주조해서 반 허공에 의지했는데
古來幾多壯士死	예로부터 얼마나 많은 장사들이 죽었던가?
草根白骨棄不收	풀뿌리가 난 백골들을 버린 채 거두지 않으니
冷雨陰風哭山鬼	찬 비와 음산한 바람 속에 산귀들이 통곡하네
道傍老翁八十餘	길가 노옹은 팔십여 세인데
短衣白髮扶犁鋤	짧은 옷 백발로 쟁기와 호미를 들었네
路人立馬問前事	나그네가 말 세우고 옛일을 물어보니
猶能歷歷言丘墟	오히려 낱낱이 구허의 일을 말하네
夜來荳豆得戈鐵	밤에 콩을 수확하다가 창날을 얻었는데
雨蝕風吹半稜折	비바람에 부식되어 반 모서리가 부러졌고
色消唯帶土花腥[4]	색도 바라서 다만 녹 비린내만 나는데
猶是將軍戰時血	오히려 장군의 전쟁 때의 피이네
前年又復鐵作門	전년에 또 다시 철로 문을 만들었는데
貔貅萬竈如雲屯[5]	비휴들의 만 아궁이가 구름이 모인 듯하네
生者有功挂六印[6]	산 자는 공이 있어 육인을 매달지만
死者誰復招孤魂	죽은 자는 누가 다시 외로운 혼을 불러줄 건가?
居庸關	거용관은

何崢嶸	어찌 그리 높은가?
上天胡不呼六丁⁷⁾	상천은 어찌 육정을 부르지 않고
驅之海外消甲兵	해외에 내몰아서 갑병들을 죽이는가?
男耕女織天下平	남자는 밭 갈고 여자는 베 짜며 천하가 태평하여
千古萬古無戰爭	천고 만고에 전쟁이 없기를 바라네

주석

1) 居庸關(거용관): 북경시(北京市) 창평현(昌平縣) 서북에 있음. 두 산이 좁게 대치하고, 높은 절벽과 험악한 지세로 되어 있어서, 예로부터 구새(九塞) 중의 하나였음.

2) 天門(천문): 천상의 문.

3) 石鼓(석고): 큰 바위의 이름. 전설에 석고가 울리면 전쟁이 일어난다고 함.

4) 土花(토화): 철이 부식된 녹.

5) 貔貅(비휴): 용맹한 병사를 말함. 萬竈(만조): 병사들이 야영하며 밥 짓는 아궁이.

6) 六印(육인): 육장(六將)의 군인(軍印). 장군의 신분을 말함.

7) 六丁(육정): 신의 이름.

양비 병치도 楊妃病齒圖¹⁾

沈香亭北春晝長²⁾	침향정 북쪽에 봄 낮이 긴데
海棠睡起扶殘妝³⁾	해당이 잠을 깨어 얼룩진 화장을 고치네
淸歌妙舞一時靜	맑은 노래 묘한 춤 일시에 조용하니

燕語鶯啼愁斷腸	제비소리 꾀꼬리울음도 슬프게 애끊네
朱脣半啓榴房破[4]	붉은 입술 반 열리니 석류가 벌어졌고
臙脂紅注珍珠顆[5]	연지가 붉은 곳에 진주알들이 있네
一點春寒入瓠犀[6]	한 점 봄추위가 호서로 들어가니
雪色鮫綃濕香唾	흰색 비단 수건에 향기로운 침이 적시네
九華帳裏黃蘭煙[7]	구화장 안에 황란의 연기가 나고
玉肱曲枕珊瑚偏[8]	옥 팔을 구부려서 베고 산호가 비껴있네
金釵半脫翠蛾斂	금비녀 반쯤 벗겨지고 푸른 눈썹 여미니
龍髥天子空垂涎[9]	용 수염의 천자는 공연히 침 흘리네
妾身日侍君王側	첩의 몸이 날마다 군왕을 모시면서도
別有閑愁許誰測	따로 근심이 있음을 누가 헤아리겠는가?
斷腸塞上錦翖兒[10]	변새의 금붕아를 슬퍼하니
萬恨千愁言不得	천만 근심을 말할 수 없네
成都遙進新荔枝[11]	성도에서 멀리 새 여지를 올리니
金盤紫鳳甘如飴[12]	금반의 자봉이 엿처럼 달다네
紅塵一騎不成笑[13]	붉은 먼지 속 한 필 기마도 미소를 못 이루니
病中風味心自知	병중에 풍미를 마음이 스스로 아네
君不聞延秋門[14]	그대는 연추문을 듣지 못했는가?
一齒作楚藏病根	한 개 이가 아파서 병근을 간직했네
又不聞馬嵬坡[15]	또 마외파를 듣지 못했는가?
一身濺血未足多	한 몸이 흘린 피가 많지 못했네
漁陽指日鼙鼓動[16]	어양에서 이윽고 비고를 울리니
始覺開元天下痛[17]	개원 천하의 고통을 비로소 깨달았네

雲臺不見漢功臣[18]	운대에선 한나라 공신을 볼 수 없으니
三十六牙何足用	서른여섯 개 이빨을 어디에 쓰겠는가?
明眸皓齒今已矣[19]	명모호치는 지금 없는데
風流何處三郎李[20]	풍류의 삼랑 이씨는 어디 있는가?

주석

1) 시제목이 〈화청곡제양비병치(華淸曲題楊妃病齒)〉라고도 함. 楊妃(양비): 양귀비(楊貴妃). 이름은 옥환(玉環). 처음에는 수왕(壽王: 현종의 아들 李瑁)의 비(妃)였는데, 나중에 여도사(女道士)로 나갔다가 현종(玄宗)의 총애를 받아 귀비(貴妃)가 되었음. 그로 인해 집안 모두가 부귀를 누렸는데, 안사의 난 때 현종을 따라 촉(蜀)으로 피난 가던 도중 마외역(馬嵬驛: 섬서성 興平縣)에서 군사들의 강요에 의해 스스로 목매달아 죽었음.

2) 沈香亭(침향정): 당나라 때 흥경궁(興慶宮) 용지(龍池) 동쪽에 있었음. 침향(沈香)으로 정자를 지었기 때문에 붙여진 이름임.

3) 海棠(해당): 양귀비를 말함. 현종이 침향정에서 양귀비를 불렀는데, 마침 양귀비는 술에 취하여 부축을 받고 와서 황제에게 절도 올리지 못했다. 그러자 현종이 "이는 참으로 해당화가 잠들었을 뿐이다"고 했음.

4) 榴房破(유방파): 석류열매 같은 하얀 이빨을 말함.

5) 珍珠顆(진주과): 진주알 같은 하얀 이빨을 말함.

6) 瓠犀(호서): 호서자(瓠犀子). 박씨. 미인의 하얀 이빨을 말함. 『시경(詩經)·위풍(衛風)·석인(碩人)』에 "齒如瓠犀, 螓首蛾眉"라고 했음.

7) 九華帳(구화장): 화려한 장막. 당나라 백거이(白居易)의 〈장한가(長安歌)〉에 "聞道漢家天子使, 九華帳裏夢魂驚"이라 했음. 黃蘭(황란): 상록교목. 6·7월에 등황색의 꽃이 피고 가을에 열매가 맺힘. 향이 강렬함.

8) 珊瑚(산호): 베개의 이름.

9) 龍髯天子(용염천자): 현종을 말함.

10) 錦䙀兒(금봉아): 금봉아(錦繃兒). 안록산(安祿山)을 말함. 양귀비가 안록산의 생일 3일 후에 금수(錦繡)로 큰 강보(襁褓)를 만들어 안록산을 싸고서, 그를 위해 세아례(洗兒禮)를 행했는데, 현종이 양귀비에게 세아금은전(洗兒金銀錢)을 내렸다. 유극장(劉克莊)의 〈명황안락도(明皇按樂圖)〉에 "惜哉傍有錦䙀兒, 蹴破咸秦跳河隴"이라고 했음.

11) 成都(성도): 지금의 사천성 성도시(成都市). 荔枝(여지): 열대 과일. 나무는 계수나무와 비슷하고, 높이는 5·6장(丈) 정도이고, 상록교목이고, 열매는 달걀만한데 장수식품이라고 하여 역대 왕실에서 중요한 공물(貢物)로 취급하였음. 양귀비가 특히 신선한 여지를 좋아하여, 기병을 배치하여 수천 리를 전송시켜서 맛이 변하기 전에 장안(長安)에 도착시켰다고 함.

12) 紫鳳(자봉): 원래 전설 속의 신조(神鳥)인데, 여기서는 붉은 여지열매를 말함.

13) 두목(杜牧)의 〈과화청궁절구(過華淸宮絶句)〉에 "一騎紅塵妃子笑, 無人知是荔枝來"라고 했다.

14) 延秋門(연추문): 당나라 장안(長安) 금원(禁苑) 서쪽에 두 문(門)이 있는데, 남쪽에 있는 것을 연추문이라고 함.

15) 馬嵬坡(마외파): 섬서성 홍평현(興平縣) 서북. 양귀비가 군사들의 강요로 목을 매고 자결한 곳임.

16) 漁陽(어양): 당나라 때 군(郡) 이름. 안사(安史)의 난 때, 안록산이 범양절도사로 있었음. 鼙鼓(비고): 작은 북과 큰 북. 백거이의 〈장안가〉에 "漁陽鼙鼓動地來, 驚破霓裳羽衣曲"이라 했음.

17) 開元(개원): 당나라 현종의 연호. 713년에서 741년까지의 기간. 개원을 개시(開始)로 해석해도 또한 통함.

18) 雲臺(운대): 한나라 궁중의 누대 이름. 명제(明帝)가 중흥공신 32명의 초상화를 운대에 안치하게 했음.

19) 明眸皓齒(명모호치): 양귀비를 말함. 두보(杜甫)의 〈애강두(哀江頭)〉에서 "明眸皓齒今何在? 血汚遊魂歸不得"이라고 했음.

20) 三郞李(삼랑리): 삼랑은 현종의 소명(小名). 형제 6인 중 3째였음.

평설

- 송나라 황정견(黃庭堅)의 「발양비병치도(跋楊妃病齒圖)」에 "금가(禁架)의 술(術)은 예로부터 참으로 있었다. 내가 옥환(玉環)의 병을 살펴보니, 참으로 고통스러워했다. 아마 측생(側生: 荔枝)을 많이 먹어서 마침내 그 좌측 이빨을 흔들리게 한 것이 아니겠는가? 아만(阿瞞: 현종)이 옆에서 근심하는 마음을 안면에 드러내고 있는데, 또한 약간 군색하다. 아! 이런 마음으로써 천하를 생각했다면 어떠했겠는가?"라고 했다.

- 청나라 오경욱(吳景旭)의 『역대시화(歷代詩話)』에 "송자허(宋子虛: 宋无)가 〈玉環病齒圖〉에 쓴 시에 "一點春寒入瓠犀, 海棠花下獨顰眉. 內廚幾日無宣喚, 不問君王索荔枝"라고 했다. 오단생(吳旦生)이 말하기를 '풍자(風刺)가 은약(隱約)해야, 진정 완승(婉勝)한 것이다. 예컨대 풍해속(馮海粟: 馮子振)이 적은 시에 「華淸宮一齒痛, 馬嵬坡一身痛. 漁陽鼙皷動, 地來天下痛」이라 했는데, 또한 쾌승(快勝)하다'고 했다. 내가 나중에 살천석(薩天錫)이 적은 시를 보니, '一點春酸入瓠犀, 雪色鮫綃濕香唾'라 했고, 또 '君不聞華青宮, 一齒作楚藏禍根'이라 했고, 또 '不聞馬嵬坡一身, 濺血未足多. 漁陽一日鼙皷動, 始覺開元天下痛'이라 했다. 자허(子虛)와 해속(海粟)의 말을 머금어서 은괄(檃括)하여 문을 이룬 듯하다. 그러나 본색(本色)에 비하여 약간 열등하다"고 했다.

한궁조춘곡 漢宮早春曲

女夷鼓吹招搖東[1]　여이의 고취곡이 초요산 동쪽에 울려나고
羲和馭日騎蒼龍[2]　희화는 해를 몰며 창룡을 탔네
金環寶勝曉翠濃[3]　금환과 보승에 아침의 푸름이 짙고
梅花飛入壽陽宮[4]　매화가 날아드는 수양궁이네
壽陽宮中鎖香霧　　수양궁 안에 향기로운 안개 걷히고
滿面春風吹不去　　만면에 봄바람이 불며 그치지 않네
鞭却靈鼇駕五山[5]　영오를 채찍으로 몰아서 오산을 싣게 하고
芙容夜暖光闌干[6]　부용은 밤이 따뜻하여 난간에서 빛나네
雞人一唱曉星起[7]　계인이 한 번 외치니 새벽별이 솟아나고
四野天開春萬里　　사방의 들에 하늘이 열려 봄이 만 리이네

주석

1) 女夷(여이): 전설 속의 봄여름의 만물을 주관하는 신의 이름. 『회남자(淮南子)·천문훈(天文訓)』에 "여이(女夷)가 고가(鼓歌)로써 천화(天和)를 주관하여 백곡(百穀)과 금조(禽鳥)와 초목(草木)을 성장시킨다"고 했다. 招搖之山(초요): 산 이름. 『산해경(山海經)·남산경(南山經)』에 "남산경(南山經)의 머리를 작산(䧿山)이라 하고, 그 꼭대기를 초요산(招搖山)이라 하는데, 서해(西海) 위에 임해 있다"고 했다.

2) 羲和(희화): 전설 속의 태양의 수레를 몬다는 신의 이름. 일설에는 여자라고 함.

3) 金環寶勝(금환보승): 금환과 보승은 모두 여자의 머리장식물.

4) 壽陽宮(수양궁): 남조 송(宋)나라 무제(武帝)의 딸 수양공주(壽陽公主)가 함장전(含章殿) 처마 아래서 잠을 자고 있을 때 매화가 날아와서 이마에 붙었는데, 털어버리지 않고 매화장(梅花妝)이라 했다. 궁녀들 모두가 그것을 본받

았다고 함.
5) 靈鼇駕五山(영오가오산): 전설에 동해에 오산(五山)이 있는데, 파도에 따라서 위아래로 출렁거리자, 천제가 큰 거북이 15마리를 시켜서 번갈아 머리로 오산을 받히게 하여서 고정시켰다고 함.
6) 芙容(부용): 연꽃의 별칭.
7) 雞人(계인): 새벽을 알리는 관리.

연희곡 燕姬曲[1]

燕京女兒十六七	연경의 여아가 열 예닐곱 살인데
顔如紅花眼如漆	얼굴은 붉은 꽃 같고 눈동자는 까만 칠과 같네
蘭香滿路馬如飛[2]	난향이 길에 가득하고 말은 나는 듯한데
翠袖籠鞭嬌欲滴	푸른 소매에 채찍을 넣고 교태가 흐르네
春風淡蕩搖春心	봄바람이 맑게 불며 춘심을 흔드는데
錦箏銀燭高堂深	금쟁과 은촉이 고당 깊은 곳에 있네
繡衾不暖錦鴛夢[3]	수 이불은 비단 원앙의 꿈을 따뜻하게 못하고
紫簾紅霧天沈沈	붉은 발엔 붉은 안개 어리고 하늘 침침하네
芳年誰惜去如水[4]	방년이 물처럼 흘러가 버림을 누가 애석해 하는가?
春困着人倦梳洗	춘곤증에 빗질과 세면을 게을리 하네
夜來小雨潤天街[5]	밤에 보슬비 내려 천가가 축축하니
滿院楊花飛不起	정원에 가득한 버들꽃이 날리지 못하네

주석

1) 제목은 〈양화곡(楊花曲)〉이라고도 함. 燕姬(연희): 연경(燕京)의 여인. 연경은 지금의 북경(北京).
2) 蘭香(난향): 택란(澤蘭)의 향. 택란은 일종의 향초.
3) 錦鴛(금원): 비단 이불에 수로 놓아진 원앙(鴛鴦).
4) 芳年(방년). 꽃다운 젊은 나이.
5) 天街(천가): 경성의 대도(大道).

가을날 못가에서 秋日池上

顧玆林塘幽	이 숲 속 못의 깊은 곳을 돌아보며
消此閑日永[1]	이 한가한 날을 오래 소요하네
飄風亂萍蹤	회오리바람은 부평초의 자취를 어지럽게 하고
落葉散魚影	낙엽은 물고기 그림자를 흩어놓네
天淸曉露凉	하늘 맑아 새벽이슬이 서늘하고
秋深藕花冷	가을 깊어 연꽃이 차갑네
有懷與無言	회포가 있지만 말할 사람 없으니
獨立心自省	홀로 서서 마음을 스스로 살피네

주석

1) 消(소): 소요(逍遙).

절동에 가는 사람을 전송하다 送人之浙東

我還京口去[1]	나는 경구로 돌아가고
君入浙東遊	그대는 절동으로 여행가네
風雨孤舟夜	비바람 치는 외로운 배의 밤이고
關河兩鬢秋	관하의 양쪽 귀밑머리의 가을이네
出江吳水盡[2]	강을 나가니 오수가 다 하고
接岸楚山稠[3]	연안에 접하니 초산이 조밀하네
明日相思處	내일 생각나는 곳으로
惟登北固樓[4]	다만 북고루에 오르리라

주석

1) 京口(경구): 성(城) 이름. 지금의 강소성 진강시(鎭江市).
2) 吳水(오수): 오(吳) 지역의 물.
3) 楚山(초산): 초(楚) 지역의 산.
4) 北固樓(북고루): 진강시 동북 북고산(北固山)에 있음. 일명 북고정(北顧亭).

평설

- 『역대시화』에 "설봉(薛逢)의 〈송항주목(送杭州牧)〉시에 '吳江水色連堤濶, 越俗春聲隔岸還'이라 했고, 두목(杜牧)의 〈지목주(知睦州)〉시에 '溪山侵越角, 封壤盡吳根'이라고 했고, 살천석(薩天錫)의 〈송인지절동〉시에 '出江吳水盡, 絶岸楚山稠'이라 했는데, 동일한 기축(機軸)이다"고 했다.

대산회고 臺山懷古[1]

越王故國四圍山[2]	월왕의 고국은 사방이 산인데
雲氣猶屯虎豹關	구름기운이 여전히 호표관에 서렸네
銅獸暗隨秋露泣[3]	구리 짐승은 몰래 가을 이슬을 좇아 울고
海鴉多背夕陽還	바다 까마귀는 많이 석양을 등지고 돌아오네
一時人物風塵外	한 때의 인물들이 풍진 밖에 있고
千古英雄草莽間	천고의 영웅은 풀밭 사이에 있네
日暮鷓鴣啼更急[4]	해 지니 자고새 울음은 더욱 급해지고
荒臺叢竹雨斑斑	황량한 대의 우거진 대나무에 빗물이 얼룩지네

주석

1) 제목은 〈월대회고(越臺懷古)〉라고도 함.
2) 越王故國(월왕고국): 한고조(漢高祖) 유방(劉邦)이 한나라를 건국한 후 5년(기원전 202)에 남방의 이민족 무제(無諸)를 민월왕(閩越王)에 봉했음. 당시 무제는 복주(福州)에 주둔하고 있었는데, 조정의 책봉사자(冊封使者)를 맞이하기 위해서 남대강(南臺江) 가의 혜택산(惠澤山)에 대(臺)를 건설하여 책봉 의식의 장소로 삼았다. 책봉 후 이 대는 월왕대(越王臺)라고 불려졌다. 후인들이 무제를 기념하기 위해서 대 옆에 민월왕묘(閩越王廟)를 조성했는데, 이를 대묘(大廟)라고 했다. 민월국의 도성(都城)은 지금의 복건성 복주(福州) 북쪽에 있었음.
3) 銅獸(동수): 능묘 앞에 세우는 동마(銅馬)나 동사자(銅獅子) 따위를 말함.
4) 鷓鴣(자고): 메추라기와 비슷하면서 약간 크고, 등 부분은 회창색(灰蒼色) 바탕에 붉은 반점이 있고, 배 부분은 회색인 새. 중국 남방에 서식하며, 월치(越雉)라고도 함.

부용곡 芙蓉曲[1]

秋江渺渺芙蓉芳	가을 강 아득히 부용꽃 향기인데
秋江女兒將斷腸	가을 강의 여자는 애 끊기려 하네
絳袍春淺護雲暖[2]	붉은 도포는 봄기운 얕은데 구름 둘러 따뜻하고
翠袖日暮迎風凉[3]	푸른 소매는 일모에 바람 맞이해 차갑네
鯉魚吹浪江波白[4]	잉어바람이 물결 불어 강파도가 희고
霜落洞庭飛木葉[5]	서리 떨어진 동정호에 낙엽이 날리네
蕩舟何處採蓮人	출렁이는 배는 어느 곳의 연밥 따는 사람인가?
愛惜芙蓉好顏色	부용꽃의 고운 안색을 애석해 하네

주석

1) 〈채련곡(採蓮曲)〉과 같은 악부체의 시임.
2) 絳袍(강포): 붉은 연꽃잎을 말함.
3) 翠袖(취수): 푸른 연잎을 말함.
4) 鯉魚(이어): 잉어풍(鯉魚風). 가을바람을 말함. 『제요록(提要錄)』에 "잉어풍(鯉魚風)은 곧 구월풍(九月風)이다"라고 했음. 이하(李賀)의 〈강루곡(江樓曲)〉시에 "樓前流水江陵道, 鯉魚風起芙蓉老"이라고 했음.
5) 굴원(屈原)의 〈상부인(湘夫人)〉에 "裊裊兮秋風, 洞庭波兮木葉下"라고 했음.

채석기에서 이백을 생각하다 采石懷李白[1]

夢斷金雞萬里天[2] 꿈 끊기고 금계소리 만 리 하늘에 울리니

醉揮禿筆掃蠻箋[3]	취하여 몽당붓을 휘둘러 만전을 쓸어내네
錦袍日進酒一斗	비단 도포 입고 매일 한 말 술을 마셨는데
采石江空月滿船[4]	채석강은 비었고 달빛만 배에 가득하네
金馬重門深似海[5]	금마 중문은 바다처럼 깊은데
青山荒塚夜如年[6]	청산의 황량한 무덤에는 밤이 일 년과 같네
祗應風骨峨嵋妬[7]	다만 풍골을 아미산이 질투하여
不作天仙作水仙	천선이 되지 않고 수선이 되었네

주석

1) 采石(채석): 채석기(采石磯). 안휘성 당도현(當塗縣) 서북, 우저산(牛渚山) 북부의 장강(長江) 가에 위치함. 전설에 일찍이 당나라 이백이 이곳에서 배를 타고 음주하며, 물속의 달을 잡으려하다가 물에 빠져 죽었다고 함.

2) 金雞(금계): 전설 속의 신조(神鳥)의 이름.『신이경(神異經)』에 "부상산(扶桑山)에 옥계(玉雞)가 있는데, 옥계가 울면, 금계(金雞)가 운다. 금계가 울면, 석계(石鷄)가 운다. 석계가 울면 천하의 닭들이 운다. 모두 울면 조수(潮水)가 그것에 응한다"고 했다. 이백의 〈몽유천모음류별(夢遊天姥吟留別)〉 시에 "半壁見海日, 空中聞天雞"라고 했음.

3) 蠻箋(만전): 만지(蠻紙).『설부(說郛)』에 "만지(蠻紙): 당나라는 나라 안에 갖춤이 없어서, 외이(外夷)로부터 가져옴이 많았다. 그래서 당인(唐人)의 시(詩) 안에 '만전(蠻箋)' 글자를 많이 사용한 것은 또한 까닭이 있는 것이다. 고려(高麗)의 세공만지(歲貢蠻紙)는 서권(書卷)의 속종이로 많이 사용한다. 일본국(日本國)에서는 송피지(松皮紙)가 나오고, 또 남번(南番)에서는 향피지(香皮紙)가 나오는데 색이 하얗고, 문양이 물고기 같다. 또 태지(苔紙)는 수태(水苔) 때문에 그 이름으로 삼은 것이다. 측리지(側理紙)는 설도형(薛道衡)의 시에서 '昔時應春色, 引綠泛青溝. 今來承玉管, 布字轉銀鉤'라고 한 것이다. 또 부상국(扶桑國)에서 나오는 급피지(茇皮紙)가 있다. 지금 중국에는

다만 상피지(桑皮紙)가 있고, 촉중(蜀中)의 등지(藤紙), 월중(越中)의 죽지(竹紙), 강남(江南)의 저피지(楮皮紙)가 있다. 남당(南唐)에서는 휘지(徽紙)로써 징심당지(澄心堂紙)를 만들어서 명성을 얻었다. 촉전(蜀箋)과 오전(吳箋)은 모두 물들어 찧어서 만드는데, 촉전은 중후(重厚)하지만 아름답지 못하다. 지금은 오전을 낫다고 여긴다"고 했다.

4) 송나라 매요신(梅堯臣)의 〈채석월하증공보(采石月下贈功甫)〉시에 "采石月下訪謫仙, 夜披錦袍坐釣船. 醉中愛月江底懸, 以手弄月身翻然. 不應暴落飢蛟涎, 便當騎鯨上靑天. 靑山有冢人謾傳郶, 來人間知幾年在? 昔熟識汾陽王納, 官貫死義難忘今. 觀郭裔奇俊郎, 眉目眞似工文章. 死生往復如康莊, 樹穴探環知姓羊."라고 했음.

5) 金馬(금마): 한(漢)나라 궁문의 이름. 이백의 〈고풍(古風)〉시에 "但識金馬門, 誰知蓬萊山?"이라 했음.

6) 靑山荒塚(청산황총): 이백의 묘를 말함. 안휘성 당도현 청산 서쪽 기슭에 있음. 이백이 죽었을 때 채석강 가에 매장했다가, 나중에 청산으로 이장했다고 함.

7) 峨嵋(아미): 아미산(峨嵋山). 사천성 아미현(峨嵋縣) 서남에 있음. 산세가 웅장함.

참고

- 베트남 완치(阮廌)의 〈채석회고(采石懷古)〉: "采石曾聞李謫仙, 騎鯨飛去已多年. 此江若變爲春酒, 只恐波心尙醉眠."

고우 사양호를 방문하여 짓다 過高邮射陽湖雜詠[1]

1
飄蕭樹梢風[2]   쏴아쏴아 나무 끝에 바람 불고

淅瀝湖上雨³⁾　　후둑후둑 호수 위에 비 내리네
不見打魚人　　　물고기 잡는 사람은 보이지 않고
菰蒲鴈相語⁴⁾　　향초와 부들 밭에 기러기만 소근대네

주석

1) 원래 9수임. 高邮(고우): 강소성 중부, 화하(淮河) 하류에 있음. 射陽湖(사양호): 강소성 회안현(淮安縣)에 있는 호수.

2) 飄蕭(표소): 바람이 부는 소리.

3) 淅瀝(석력): 비가 오는 소리.

4) 菰蒲(고포): 향초와 부들. 둘 다 갈대와 같은 물가에 자라는 식물.

2
秋水落紅衣¹⁾　　가을 물에 붉은 연꽃잎 떨어지고
秋波日瀟灑²⁾　　가을 물결에 햇살이 청량하네
不見採蓮人　　　연밥 따는 사람은 보이지 않고
惟逢捕魚者　　　다만 어부들만 만나네

주석

1) 紅衣(홍의): 연꽃의 붉은 꽃잎.

2) 瀟灑(소쇄): 청량(淸凉).

3

霜落大湖淺	서리 내리고 큰 호수가 얕아지면
漁家懸破罾	어부 집엔 찢긴 그물을 매달아 놓네
此時生計別	이때의 생계는 특별하니
小艇賣秋菱¹⁾	작은 배로 마름을 판다네

주석

1) 菱(능): 마름. 수생식물. 그 열매는 식용함.

궁사 宮詞[1]

淸夜宮車出建章[2]	맑은 밤 궁중 수레가 건장궁에서 나오니
紫衣小隊兩三行[3]	붉은 옷의 작은 무리가 두세 행렬이네
石欄千畔銀燈過	석 난간 가에 은 등불이 지나며
照見芙蓉葉上霜	부용 잎 위의 서리를 비추네

주석

1) 제목은 〈추사(秋詞)〉라고도 함.
2) 建章(건장): 한(漢)나라 때의 궁전 이름.
3) 紫衣(자의): 남북조 이래 자의는 귀관(貴官)의 복식이었음.

평설

- 조선 이수광(李睟光)의 『지봉유설(芝峰類說)』에 "살천석(薩天錫)의 〈추궁사(秋宮詞)〉에 '淸曉宮車出建章……照見芙蓉葉上霜'이라고 했는데, 왕기(王沂)가 성당(盛唐)을 추종했다고 여겼다. 그러나 내가 보건대, 원시(元詩) 가운데 좋은 것에 불과할 뿐이다"고 했다.

팽성 잡영 彭城雜詠[1]

雪白楊花拍馬頭	눈처럼 흰 버들꽃이 말머리를 치고
行人春盡過徐州	행인은 봄이 다한 서주를 방문했네
夜凉一片城頭月	밤 서늘한데 한 조각 성 머리의 달은
曾照張家燕子樓[2]	일찍이 장가의 연자루를 비췄네

주석

1) 원래 5수임. 彭城(팽성): 지금의 강소성 서주시(徐州市).
2) 燕子樓(연자루): 강소성 서주시 동산현(銅山縣) 서북에 있음. 『명일통지(明一統志)』에 "당(唐)나라 정원(貞元) 중에 상서(尙書) 장건봉(張建封: 張愔)이 서주(徐州)를 맡았을 때 애첩 혜혜(盻盻: 關盻盻)를 위하여 이 누대를 세워서 거처하게 했다. 건봉이 이미 죽자, 혜혜는 누대에서 10여 년을 더 살면서 다시 시집가지 않았다. 송(宋)나라 문천상(文天祥)의 시에 '自別張公子, 嬋娟不下樓. 遂令樓上燕, 百歲稱風流'라고 했다"고 했다.

쟁을 탄주하는 자에게 주다 贈彈箏者[1]

銀甲彈氷五十絃[2]	은갑으로 오십 빙현을 튕기니
海門風急鴈行偏[3]	해문에 바람 급하여 기러기 행렬이 치우치네
故人情怨知多少	고인의 애원의 정이 얼마인지 아는가?
揚子江頭月滿船[4]	양자강 앞에 달빛이 배에 가득하네

주석

1) 箏(쟁): 현악기. 전국시대 진(秦)나라 지역에서 유행하여, 진쟁(秦箏)이라고도 함. 진쟁에는 50현이 있었으나, 당나라 송나라 교방(敎坊)에서는 13현을 사용했음.
2) 銀甲(은갑): 은으로 만든 가지갑(假指甲). 손가락에 끼고서 현악기의 현을 튕길 때 사용하는 도구. 氷五十絃(빙오십현): 빙현(氷絃). 전설 속의 빙잠(氷蠶)의 명주실로 만든 현. 빙잠은 길이가 7촌(寸)이고, 흑색이고, 뿔과 비늘이 있는 누에인데, 서리와 눈에 덮인 후에 실을 토한다고 한다. 그 실은 물에 젖지 않고 불에 타지 않는다고 함.
3) 海門風急(해문풍급): 쟁의 소리를 형용했음.
4) 揚子江(양자강): 장강(長江).

경성의 봄날 京城春日

燕姬白馬青絲韁	연희가 백마의 청사 고삐를 잡고
短鞭窄袖銀鐙光[1]	짧은 채찍 좁은 소매 은 등자가 빛나네
御溝飮馬重回首[2]	어구에서 말에 물 먹이고 다시 고개 돌려서

貪看楊花飛過牆　　버들꽃이 담 너머로 날아감을 지그시 바라보네

주석

1) 鐙(등): 말을 탈 때 발을 디디는 제구.
2) 御溝(어구): 성을 두룬 도랑. 해자.

상경하여 짓다 上京卽事[1]

1

大野連山沙作堆　　큰 들이 산에 이어져 모래가 퇴적하고
白沙平處見樓臺　　흰 모래 평탄한 곳에 누대가 보이네
行人禁地避芳草　　행인을 금하여 방초를 피하는데
盡向曲闌斜路來　　모두 굽은 난간을 향해 비탈길로 오네

주석

1) 원래 5수임.

2

祭天馬酒灑平野　　하늘에 제사올린 마유를 평야에 뿌리고
沙際風來草亦香　　사막 끝에 바람 부니 풀 또한 향기 나네
白馬如雲向西北　　백마들 눈발처럼 서북을 향하고

紫馳銀甕賜君王　　붉은 낙타의 은 슬동이를 군왕들에게 내리네

3
牛羊散漫落日下　　소와 양떼들 산만하게 석양에 내려오고
野草生香乳酪甜　　들풀에 향기 나니 유락이 맛나네
卷地朔風沙似雪　　땅을 말아대는 삭풍에 모래가 눈발 같고
家家行帳下氈簾[1)]　집집마다 행장의 전렴을 내리네

주석

1) 行帳(행장): 유목민의 이동식 천막을 말함. 氈簾(전렴): 모직물의 발.

4
紫塞風高功力强　　자새에 바람 높아 공력이 강하고
王孫走馬獵沙場　　왕손은 말을 달려 사막에서 사냥을 하네
呼鷹腰箭歸來晚　　매를 부르고 화살통을 차고 돌아옴이 늦는데
馬上倒縣雙白狼　　말 위에 두 마리 흰 이리를 거꾸로 매달았네

내현 迺賢

내현(1310-?), 자는 역지(易之), 호는 하삭외사(河朔外史), 원래 돌궐(突厥) 갈라녹씨(葛羅祿氏), 갈라녹은 역어(驛言)로 마(馬)이기 때문에 이름을 또한 마역지(馬易之)라고 함. 남양(南陽: 하남성)에서 태어나서, 나중에 명주(明州: 절강성)에 정착했다. 동호서원산장(東湖書院山長)·한림편수관(翰林編修官)을 지냈다. 저서로 『금대집(金臺集)』이 있다.

『원시선』에 "선성(宣城) 공사태(貢師泰)가 칭찬하기를 '그 사(詞)는 청윤섬화(清潤纖華)한데, 오언은 사조(謝朓)·유운(柳惲)·강엄(江淹)과 같고, 칠언은 장적(張籍)·왕건(王建)·유우석(劉禹錫)과 같다. 악부(樂府)는 더욱 유려(流麗)하여 즐길 만한데, 사강락(謝康樂: 謝靈運)·포명원(鮑明遠: 鮑朓)의 유풍(遺風)이 있다'라고 했다"고 했다.

신향의 노파 新鄉媼[1]

蓬頭赤脚新鄉媼	쑥대머리 붉은 발의 신향 노파는
靑裙百結村中老	푸른 치마를 백 번 기우며 마을에서 늙었는데
日間炊黍餉夫耕	낮에는 기장밥 지어서 남편의 밭갈이에 내가고
夜紡棉花到天曉	밤에는 면화에서 실을 뽑으며 새벽에 이르네
棉花織布供軍錢	면화로 무명을 짜서 군전으로 바치고
借人輾穀輸公田[2]	남의 타작 곡식을 빌려서 공전으로 실어가네
縣裏公人要供給	현의 공인이 공급을 청구하며
布衫剝去遭笞鞭	무명 적삼을 벗겨가며 매질을 하네
兩兒不歸又三月	두 아이가 돌아오지 못하고 또 삼월인데
祇愁凍餓衣裳裂	다만 얼고 굶주리고 의상이 찢어졌을까 걱정하네
大兒運木起官府	큰 애는 목재를 운반하여 관부를 짓고
小兒擔土塡河決	작은 애는 흙을 지고 황하의 둑 터진 곳을 메우네
茅欄雨雪燈半昏	초가 처마에 눈이 내려 등불이 반쯤 어두운데
豪家索債頻敲門	부잣집에서 빚을 받으려고 자주 문을 두들기네
囊中無錢甕無粟	주머니엔 돈도 없고 항아리엔 곡식도 없는데
眼前只有扶牀孫	눈앞엔 단지 상을 붙잡고 있는 손자뿐이네
明朝領孫入城賣	내일 아침 손자를 데리고 성에 가서 팔려는데
可憐索價旁人怪	불쌍하게 값을 구하면 옆 사람들이 괴히 여기리라
骨肉分離豈足論	골육의 이별을 어찌 논할 것인가?
且圖償却門前債	어떻게 빚을 갚아 문전의 빚 독촉을 물리칠 건가?
數來三日當大年[3]	며칠 후 삼일이면 대년이 되는데
阿婆墳上無紙錢	할머니의 묘위에 올릴 지전이 없네

凉漿澆濕墳前草	차가운 미음을 묘 앞의 풀에 적시고
低頭痛哭聲連天	머리 숙여 통곡하니 곡성이 하늘에 이르네
恨身不作三韓女[4]	몸이 삼한의 여자로 태어나지 못함이 한스러우니
車載金珠爭奪取	수레에 금주를 실어서 다투어 취하여 갖고
銀鐺燒酒玉杯飮	은 솥에 술 데워 옥 술잔으로 마시고
絲竹高堂夜歌舞	음악 울리는 고당에서 밤마다 가무를 하고
黃金絡臂珠滿頭	황금이 팔에 매달리고 진주가 머리에 가득하고
翠雲繡出鴛鴦裯	푸른 구름의 수가 원앙 이불에서 나오고
醉呼閹奴解羅幔[5]	취하여 엄노를 불러 비단 장막을 열게 하고
牀前蓺火添香篝[6]	침상 앞에 불을 피우며 향구를 더한다고 하네

주석

1) 일종의 신악부시로서, 백거이(白居易)의 체를 모방한 것임.
2) 公田(공전): 관전(官田).
3) 大年(대년): 음력 신년(新年). 춘절(春節).
4) 三韓女(삼한녀): 고려(高麗)의 여인. 당시 고려 여인 중에 원나라 왕실로 시집온 사람들이 많았다.
5) 閹奴(엄노): 태감(太監). 환관(宦官).
6) 香篝(향구): 향을 피우는 도구.

평설

- 『원시선』의 주에 "위 〈신향온(新鄕媼)〉 1수는 나와 동년(同年)인 탑해중량(塔海仲良) 선위군(宣慰君)의 중씨(仲氏) 내현(迺賢) 역지(易之)가 지

은 것이다. 그 사(詞)는 질박하면서 완려(婉麗)하고, 풍부하면서 부화(浮華)하지 않다. 그 뜻은 대개 풍간(諷諫)으로 들어가려는 것이다. 옛날 당나라 백거이(白居易)가 악부(樂府) 백여 편을 지어서 시정(時政)을 규풍(規諷)했는데, 금중(禁中)에 흘러가 알려져서, 즉일에 한림학사(翰林學士)로 발탁되었다. 역지의 다른 시, 〈서조랑(西曹郞)〉·〈영천로옹(潁川老翁)〉 등의 편은 정치에 관련되는데, 백거이에게 보인다 하더라도 부끄러울 것이 없고, 조회(藻繪)의 공교함은 거의 그보다 낫다. 하물며 지금의 천자(天子)는 성명(聖明)하셔서 구언(求言)을 알린 것이 천하에 있다. 이러한 때를 당하여, 역지의 시가 혹시 을야(乙夜)의 열람을 겪는다면 그 권우(眷遇)가 또한 어찌 백거이 아래겠는가? 나는 세 번 반복해서 읽고, 그 뒤에다 삼가 적어서 남대(南臺) 안의 집법(執法)을 기다린다. 북양(濮陽) 개묘운부(蓋苗耘夫)가 경사(京師) 우사(寓舍)에서 쓰다"라고 했다.

- 명나라 장이녕(張以寧)의 『취병집(翠屛集)·마역지금대집서(馬易之金臺集序)』에 "〈영천로옹(潁川老翁)〉·〈신향온(新鄕媼)〉·〈망산(芒山)〉·〈소호(巢湖)〉·〈신제요(新隄謠)〉 등 여러 편은 또한 백부(白傅: 백거이)의 풍섬(豊贍)함에 장적(張籍)의 질고(質古)함을 붙였는데, 천(淺)하지 않으면서 쉽고, 깊지 않으면서 은벽하다. 대개 여러 당인(唐人)을 배워서, 그 얻은 것을 스스로 터득함이 있다"고 했다.

새상곡 塞上曲[1]

1
雜沓氈車百輛多[2] 뒤섞인 전거 백 량이 많은데

五更衝雪渡灤河[3]　오경에 눈을 맞으며 난하를 건너네
當轅老嫗行程慣　끌채 잡은 노파는 가는 길에 익숙하여
倚岸敲冰飮橐駝[4]　언덕에 기대 얼음을 깨고 낙타에게 물을 먹이네

주석 ◐

1) 원래 5수임.

2) 氊車(전거): 양탄자로 덮개를 한 수레.

3) 灤河(난하): 하북성에 있는 강 이름.

4) 橐駝(탁타): 낙타(駱駝).

2

雙鬟小女玉娟娟[1]　쌍환 소녀는 옥처럼 아름다운데
自卷氊簾出帳前　양탄자 발을 스스로 걷고 장막 앞으로 나오네
忽見一枝長十八[2]　문득 한 가지 장십팔을 보고
折來簪在帽簷邊　꺾어 와서 모자 끝에 꽂았네

주석 ◐

1) 雙鬟(쌍환): 두 쪽으로 묶은 머리모양. 娟娟(연연): 아름다운 모양.

2) 長十八(장십팔): 원주에 "장십팔(長十八)은 풀꽃의 이름이다"라고 했음.

고영 顧瑛

고영(1310-1369), 일명 아영(阿瑛)·덕휘(德輝), 자는 중영(仲瑛), 스스로 금속도인(金粟道人)이라 했다. 평강(平江) 곤산(昆山: 강소성) 사람. 평생 출사하지 않았다. 부호로서 옥산초당(玉山草堂)을 짓고, 사방의 명사들과 시주(詩酒)로 창화했다. 나중에 삭발하고 재가승(在家僧)이 되었다. 저서로 『옥산박고(玉山璞稿)』와 『옥산일고(玉山逸稿)』가 있다.

창문을 나서다 發閶門[1]

閶門西去是陽關[2]	창문 서쪽은 양관인데
疊疊秋風疊疊山	첩첩한 가을바람이고 첩첩한 산들이네
便是早春相別處	곧 조춘에 서로 이별했던 곳인데
如今楊柳不堪攀[3]	지금은 버들가지를 꺾을 수가 없네

주석

1) 閶門(창문): 소주(蘇州) 성문의 하나. 자주에 "금년 봄 우외사(于外史)가 월(越)로 돌아가는 것을 전송했다"고 했음.
2) 陽關(양관): 옥문관(玉門關) 남쪽에 있는 관문. 감숙성 돈황(敦煌) 서남쪽에 있음. 서역으로 가는 요충지임.
3) 옛 사람들은 이별할 때 버드나무가지를 꺾어주는 풍속이 있었음.

진기 陳基

진기(1311-1370), 자는 경초(敬初), 태주(台州) 임해(臨海: 절강성) 사람. 황진(黃溍)에게서 수업을 했다. 경연검토(經筵檢討)을 지냈는데, 나중에 장사신(張士信)의 봉기군에 참가하여 태위부군사(太尉府軍事)·학사원학사(學士院學士) 등을 지냈다. 명나라로 들어가서 『원사(元史)』의 수찬에 참여했다. 저서로 『이백재고(夷白齋稿)』가 있다.

닭과 오리 노래 鷄鳧行

鷄與鳧	닭과 오리는
皆鷇育	모두 병아리를 부화하여 기르는데
鳧愛水遊雞愛陸	오리는 물놀이를 좋아하고 닭은 땅을 좋아하네
鳧昔未辨雌與雄	오리는 옛날에 자웅을 분별하지 못했는데
母不顧之雞爲伏[1]	어미가 돌보지 않아서 닭이 대신 품었네
雞渴不飮飢不啄	닭은 갈증에도 마시지 않고 굶어도 먹지 않고
以腹抱鳧誰敢觸	배로 오리를 품으니 누가 건들 수 있겠는가?
鳧脫殼	오리가 알에서 깨어나니
雞鼓翼	닭이 날개를 쳤네
日日庭中求黍稷	매일매일 마당에서 곡식을 구하여
啄啄呼鳧使之食	탁탁 오리를 불러서 먹게 하네
鳧羽日襺褫[2]	오리의 깃이 날로 돋아나서
一朝下水不顧雞	어느 날 물로 내려가서 닭을 쳐다보지 않네
雞在岸	닭은 언덕에 있고
鳧在水	오리는 물에 있는데
賦性本殊徒爾耳	타고난 성질이 본래 다르기 때문이네
雞知爲母不知鳧	닭은 어미지만 오리를 모르고서
恨不隨波共生死	물결 따라 생사를 함께 하지 못함이 한스럽네

주석

1) 伏(복): 알을 품는 것.

2) 襹褷(이시): 깃털이 돋아나는 것.

옷 짓는 노래 裁衣曲

殷勤織紈綺[1]	은근히 비단을 짜는데
寸寸成文理[2]	촌촌이 무늬를 이루네
裁作遠人衣	먼 곳에 있는 사람의 옷을 지으면서
縫縫不敢遲	한 땀 한 땀 감히 지체하지 못하네
裁衣不怕翦刀寒	옷을 재단하며 가위가 차가움을 두려워않고
寄遠唯憂行路難	멀리 부칠 때 길이 험할까 근심하네
臨裁更憶身長短	재단에 임하여 신장의 길이를 다시 생각하며
只恐邊城衣帶緩[3]	다만 변성에서 의대가 헐거워졌을까 두렵네
銀燈照壁忽垂花[4]	은 등불이 벽을 비추며 갑자기 불똥을 떨구니
萬一衣成人到家	혹시 옷이 완성될 때 사람이 집에 올까 싶네

주석

1) 紈綺(환기): 백색바탕에 화문(花紋)을 넣은 비단.

2) 文理(문리): 화문(花紋).

3) 衣帶緩(의대완): 몸이 수척해져서 옷이 헐거워진 것.

4) 등불의 불꽃이 갑자기 확 타면서 불똥이 떨어지면 좋은 일이 생긴다고 함.

가구사 柯九思

가구사(1312-1365), 자는 경중(敬仲), 자호는 단구생(丹丘生)·오운각리(五雲閣吏), 태주(台州) 선거(仙居: 절강성) 사람. 원나라 문종(文宗)의 총애를 받고, 전서원도사(典瑞院都事)·학사원감서박사(學士院鑒書博士)를 지냈다. 문종이 죽은 후 강남(江南)에서 살았다. 저서로 『단구생고(丹丘生稿)』가 있다.

『원시선』에 "옥산주인(玉山主人: 顧瑛)이 그 시를 사랑하여, 『초당아집(草堂雅集)』을 묶을 때 경중(敬仲)을 압권(壓卷)으로 삼고, 그 〈궁사(宮詞)〉를 칭찬하기를, '더욱 체의(體議)를 얻어서 왕건(王建) 아래에 있지 않다'고 했다"고 했다.

궁사 宮詞

1
黑河萬里連沙漠[1]   흑하는 만 리로 사막에 이어지는데
世祖深思創業難   세조가 창업의 어려움을 깊이 생각하고
數尺闌干護春草   수척의 난간으로 봄풀을 보호하여
丹墀留與子孫看[2] 궁중 뜰에 남겨서 자손들이 보게 했네

주석

1) 黑河(흑하): 지금의 내몽고(內蒙古) 자치구에 있음. 원래〈궁사〉10수와 15수가 있음.
2) 丹墀(단지): 궁전 앞의 뜰. 원주에 "세조(世祖)가 대내(大內)를 세우고, 단지에 사막의 사초(莎草)를 옮겨 심도록 하여, 자손들에게 보여서 초지(草地)를 잊지 않게 했다"고 했다.

2
小時歌舞擅宮庭   젊었을 땐 가무로 궁정에서 으뜸이었는데
長憶先皇酒半醒   선황께서 술에서 깨어났던 것을 오래 추억하네
白髮如今垂兩鬢   백발이 지금 양쪽 귀밑머리로 드리웠는데
佛前學得念心經[1] 부처 앞에서〈심경〉을 염불함을 배우네

주석

1) 心經(심경): 불경의 하나.

진고 陳高

진고(1314-1366), 자는 자상(子上), 호는 불계주어자(不繫舟漁者), 온주(溫州) 평양(平陽: 절강성) 사람. 지정(至正) 14년 진사에 합격하여, 경원로녹사(慶元路錄事)가 되었다. 방국진(方國珍)의 봉기군이 절동(浙東)을 점령하자, 그를 불렀으나 거절했다. 나중에 북쪽으로 가서 원나라 군에 투신했다. 산동(山東)에서 죽었다. 저서로 『불계주어집(不繫舟漁集)』이 있다.

청전산방에서 유양우를 위해 읊다 靑田山房爲劉養愚賦[1]

幽幽靑田山	깊고 깊은 청전산
積翠高千尋	쌓인 푸름의 높이가 천 길이네
大溪經其南	큰 냇물이 그 남쪽을 지나고
白雲在山陰	흰 구름은 산의 북쪽에 있네
下有隱者居	아래에 은자의 거처가 있는데
卜築邃以深	터 잡아 지은 집이 깊고 깊네
開門面石壁	문을 열면 석벽을 마주하고
結構依松林	지은 집은 솔숲에 의지했네
牆古薜荔長	담은 예스럽게 벽려가 자라고
砌閑苔蘚侵	섬돌은 한가하여 이끼가 침범했네
簷間戱馴鹿	처마 사이에서 순록이 놀고
戶外鳴幽禽	문 밖엔 산새가 우네
花卉春佳冶	화초들은 봄에 아름답고
竹木夏蕭森	대와 나무들은 여름에 우거지네
秋宵月照牖	가을밤에 달이 창을 비추고
冬晨雪明岑	겨울 아침엔 눈이 봉우리를 밝게 하네
塵坌詎能到[2]	먼지가 어찌 이를 것인가?
車馬絶過臨	거마들의 방문도 끊겼네
其中何所有	그 안에 무엇을 지녔는가?
乃有書與琴	서적들과 금이네
逍遙足忘世	소요하며 세상을 잊을 수 있고
俛仰可娛心	둘러보면 마음을 즐겁게 할 수 있네

酒熟聊自醉	술이 익으면 잠시 스스로 취하고
興來時獨吟	흥이 나면 때때로 홀로 읊조리네
永謝城市喧	성시의 소란을 영원히 사양하니
何用懷纓簪[3]	무엇 때문에 영잠을 품겠는가?

주석

1) 青田山(청전산): 절강성 청전현(青田縣) 서북쪽에 있음.
2) 塵坌(진분): 먼지.
3) 纓簪(영잠): 관리의 관식(冠飾). 관모의 끈과 머리꽂이.

동화를 심다 種橦花[1]

炎方有橦樹[2]	남방에 동수가 있어서
衣被代蠶桑	옷과 이불감으로 잠상을 대신하네
舍西得閑園	집 서쪽에 노는 밭을 얻어서
種之漫成行	심어서 마구 행렬을 이루었네
苗生初夏時	싹이 나는 초여름에
料理晨夕忙	김매느라 아침저녁으로 바쁘네
揮鋤向烈日	호미 휘두르며 뜨거운 해를 향하여
灑汗成流漿	땀을 씻으니 흐르는 젓국이 되네
培根澆灌頻	뿌리를 북돋으려 물대기가 빈번하고
高者三尺強	높은 것은 삼 척을 넘네

鮮鮮綠葉茂	선명한 초록 잎이 무성하고
燦燦金英黃	찬란한 금빛 꽃이 노랗네
結實吐秋繭	열매 맺어 가을 누에고치를 토하니
皓潔如雪霜	하얗기가 눈서리와 같네
及時以收斂	때맞추어 거두어서
采采動盈筐	따고 따서 곧 광주리를 채우네
緝治入機杼	실을 뽑아 베틀에 넣고
裁翦爲衣裳	재단하여 의상을 짓네
禦寒類挾纊	추위를 막는 것이 솜을 낀듯하여
老稚免凄凉	노인과 아이들이 처량함을 면하네
豪家植花卉	부잣집에선 화훼를 심고
紛紛被垣牆	어지럽게 담을 치는데
于世竟何補	세상에 결국 무슨 보탬이 되는가?
爭先翫芬芳	앞 다투어 향기로운 꽃만 완상하네
棄取何相異	버리고 취함이 어찌 서로 다른가?
感物增惋傷	사물에 감촉되어 슬픔만 더하네

주석

1) 橦花(동화): 면화(棉花). 목화(木花).
2) 炎方(염방): 남방(南方).

홍희문 洪希文

홍희문(1282-1366), 자는 여질(汝質), 호는 거화산인(去華山人), 흥화(興化) 보전(莆田: 복건성) 사람. 군상훈도(郡庠訓導)를 지냈다. 저서로『속헌거집(續軒渠集)』이 있다.

객중에 한식날을 만나다 客中遇寒食[1]

桑柘村村已禁煙[2]	뽕밭 마을마다 이미 불 때지 않으니
蕭條井邑傍山前	쓸쓸한 마을이 옆 산의 앞에 있네
了無詩酒空三月[3]	시와 술 없이 삼월절을 허송하는데
如此時光又一年	이처럼 세월이 또 일 년 지났네
對景鶯花如寄爾[4]	풍경 속 꾀꼬리 꽃은 남의 을 아래 있는 듯하고
見人兒女倍潸然[5]	남의 아녀자를 보니 눈물이 배나 쏟아지네
業儒不及爲農好[6]	유업에 종사하니 좋은 농사에 미칠 수 없는데
麥已登場蠶又眠	보리는 이미 타작마당에 올랐고 누에는 또 잠자네

주석

1) 寒食(한식): 청명절의 하루 내지 이틀 전의 절기로서 모든 가족이 모여서 조상의 묘를 성묘하였음. 또한 그 날은 밥을 짓지 않고 찬밥을 먹는 풍속이 있는데 그 유래는 다음과 같다. 춘추시대 진문공(晉文公)이 공신 개지추(介之推)를 저버리자, 개지추는 분하여 금산(錦山)에 은거했다. 문공이 후회하고 산에 불을 질러 그를 나오게 하여 벼슬을 주려고 했는데 개지추는 나무를 껴안고 불에 타죽고 말았다. 사람들이 그를 동정하여 그의 기일에 불을 피우지 않았다고 한다.

2) 桑柘(상자): 뽕나무와 산뽕나무.

3) 三月(삼월): 삼월절(三月節). 청명절(淸明節)의 속칭.

4) 寄爾(기이): 남의 울타리 아래 있는 것.

5) 潸然(산연): 눈물이 나오는 모양.

6) 業儒(업유): 훈도(訓導) 생활을 말함.

곽옥 郭鈺

곽옥(1316-1375?), 자는 언장(彦章), 호는 정사(靜思), 길안(吉安) 길수(吉水: 강서성) 사람. 젊어서 이미 시명(詩名)이 있어서 우집(虞集)과 왕래했다. 원말의 난리를 당하여 출사하지 않고 은거했다. 명나라로 들어가서 성대한 재능으로써 불렀으나 나가지 않고, 결국 가난 속에서 죽었다. 저서로 『정사집(靜思集)』이 있다.

『원시선』에 "정사(靜思)의 시는 청려(淸麗)하면서 법이 있어서, 격률(格律)이 정엄(整嚴)하다. 그 난리에 대하여 근심을 다 한 작품은 더욱 처완(悽惋)하여 사람을 감동시키니, 거의 이른바 시궁자(詩窮者)이던가?"라고 했다.

봄비 春雨

日夜雨懸懸[1]	밤낮으로 비가 매달려 있어서
問春春可憐	봄을 문안하니 봄이 가련하네
好花俱薄命	좋은 꽃들도 모두 박명하니
似我負芳年	내가 방년을 저버린 것과 같네
雲氣低簾外	구름기운은 발 밖에 나직하고
江聲到枕前	강물소리는 침상 앞에 이르네
何時是寒食	언제가 한식이던가?
早已禁廚煙	너무 이르게 부엌의 불을 금했네

주석

1) 懸懸(현현): 매달려 있는 모양.

의춘에서 이별시를 주다 宜春贈別[1]

微茫煙浪浦帆開	아득한 안개의 물결에 포구 돛대가 열리고
一曲琵琶淚滿腮	한 곡 비파소리에 눈물이 뺨에 가득하네
江水不如潮水好	강물은 조수의 좋음만 못하니
送人東去復西來	사람을 전송하며 동서로 오고 가네

주석

1) 宜春(의춘): 현 이름. 강서성 서북에 있음.

공성지 貢性之

공성지, 자는 우초(友初), 호는 남호선생(南湖先生), 영국(寧國) 선성(宣城: 안휘성) 사람. 원나라 말에 부위(簿尉)와 민리관(閩理官)을 지냈다. 명나라로 들어가서 출사하지 않고, 이름을 열(悅)로 바꾸고 산음(山陰)으로 피난하여 은거했다. 저서로 『남초집(南初集)』이 있다.

위중방의 방문을 기뻐하다 喜魏仲房見過[1]

江上柴門掩夕暉	강가 사립문을 석양빛이 가리고
客來剛被鵲先知[2]	객이 옴을 까치를 통해 먼저 알았네
出迎不較衣翻著	나가 맞이하며 옷을 거꾸로 입은 것도 모르고
對飮寧辭盞倒垂	마주하고 술 마시니 어찌 잔을 비움을 사양하랴?
話到更深無斷處	대화가 더욱 깊어져 끊임이 없는데
起看月落幾多時	일어나서 지는 달을 보니 몇 시쯤인가?
人生恨不如潮信[3]	인생이 조신과 같지 못함이 한스러우니
暮去朝還有定期	밤에 갔다 아침에 돌아옴에 정한 시간이 있네

주석

1) 過(과): 방(訪).
2) 까치가 울면 반가운 손님이 온다고 함.
3) 潮信(조신): 조수(潮水).

거듭 고소를 방문하고 감개가 있어서 重過姑蘇有感[1]

昔客蘇臺鬢未霜[2]	전에 소대에서 살 땐 머리가 세지 않았고
不知塵世有悲傷	속세에 슬픔이 있는 줄도 몰랐네
聯詩刻燭過三鼓	시간을 정해 시를 연이으며 삼고를 넘기고
一月看花醉幾場	일월에 꽃을 보며 취한 것이 몇 번이었던가?
紅袖舞殘歌緩緩	붉은 소매는 춤추고 노랫가락은 느렸고

錦箏彈罷雁行行[3]　금쟁의 안항의 행렬을 파했네
重來底用嗟興廢[4]　다시 와서 어찌 흥패를 한탄하랴?
亦有咸陽與洛陽　또한 함양과 낙양도 있다네

주석

1) 姑蘇(고소): 강소성 소주(蘇州).
2) 蘇臺(소대): 고소대(姑蘇臺). 춘추시대 오왕(吳王) 합려(闔閭)와 부차(夫差)가 고소산(姑蘇山) 위에 조성했던 대의 이름. 고소의 대칭으로 사용했음.
3) 雁行行(안항행): 쟁(箏)의 기둥 위에 배열된 기러기 모양의 휘대(徽帶).
4) 底用(저용): 하필(何必).
5) 咸陽與洛陽(함양여낙양): 함양은 진(秦)나라의 도성이었고, 낙양은 여러 나라의 도성이었는데 모두 나라가 망하여 고소대처럼 불타 버린 적이 있음.

매화 그림에 적다 題梅

平生心事許誰知　평생 심사를 누구에게 허락한지 아는가?
不是梅花不賦詩　매화가 아니면 시를 짓지 않았네
莫向西湖躡殘雪[1]　서호를 향하여 잔설을 밟지 마오
東風多在向陽枝　봄바람이 양지 바른 가지에 많다오

주석

1) 西湖(서호): 항주(杭州)에 있음. 서호의 고산(孤山)에 임포(林逋)가 매화를 심

고 학을 기르며 은거했었음.

평설

- 『원시선』에 "공흠(貢欽)의 서(序)를 살펴보니, 당시 회계(會稽) 왕원장(王元章: 王冕)이 매화를 잘 그렸는데, 그 그림을 얻은 자들이 공남호(貢南湖)의 시가 없으면 귀중하게 여기지 않았다고 했다. 그래서 시집 안에 영매시(詠梅詩)가 많다. 남호가 일찍이 제(題)한 절구에 '王郞胸次亦淸奇, 盡寫孤山雪後枝. 老我江南無俗事, 爲渠日日賦新詩'라고 했다. 또 '王郞日日寫梅花, 寫徧杭州百萬家. 向我題詩如索債, 詩成贏得世人誇'라고 했는데, 그 풍류를 상상해 볼 수 있다"고 했다.

용금문에서 버들을 보다 湧金門見柳[1]

湧金門外柳垂金	용금문 밖 버들들이 황금빛을 드리우고
三日不來成綠陰	삼일 간 오지 않았더니 녹음을 이루었네
折取一枝入城去	한 가지 꺾어서 성으로 들어가서
使人知道已春深	이미 봄이 깊음을 사람들이 알게 하리라

주석

1) 제목은 〈호상춘귀(湖上春歸)〉라고도 함. 湧金門(용금문): 항주(杭州) 성문의 이름.

하경복 何景福

하경복, 자는 개부(介夫), 자호는 철우자(鐵牛子), 건덕(建德) 순안(淳安: 절강성) 사람. 난리로 인하여 출사하지 않았다. 만년에 무림(武林)으로 피란을 갔다가, 전쟁이 끝난 후에 고향으로 돌아왔다. 시주(詩酒)를 즐기며 생을 마쳤다. 저서로 『철우옹시고(鐵牛翁詩稿)』가 있었으나 전하지 않고, 『원시선』에 50여 수의 시가 전한다.

무림에서 봄에 조망하다 武林春望[1]

武林春望不堪吟	무림에서 봄에 조망하며 시 지을 수 없는데
獨倚闌干萬古心	홀로 난간에 기대니 천고의 마음이네
錢氏池臺荒草滿[2]	전씨의 지대는 거친 풀만 가득하고
蘇卿門巷落花深[3]	소경의 문전엔 낙화만 깊이 쌓였네
人歌人哭幾生死	사람들은 노래하고 통곡하니 생사가 어떠한가?
潮去潮來無古今	조수는 가고 오며 고금이 없네
風景不殊豪傑盡	풍경은 다르지 않건만 호걸들은 없는데
新亭誰復淚沾襟[4]	신정에서 누가 옷깃에 눈물을 적시는가?

주석

1) 武林(무림): 항주(杭州).
2) 錢氏(전씨): 전류(錢鏐). 오대(五代) 때 오월국(吳越國)을 세웠음.
3) 蘇卿(소경): 소소소(蘇小小). 남제(南齊) 때 전당(錢塘)의 유명한 가기(歌妓).
4) 新亭(신정): 강소성 남경시(南京市) 남쪽에 있었음.

오장 吳漳

오장, 자는 초망(楚望), 생졸년 미상.

명나라 호응린(胡應麟)의 『시수(詩藪)』에 "초망(楚望)의 '平野北連鍾阜遠, 大江東抱石城流'구와…… 등은 모두 구격(句格)이 장엄(莊嚴)하고 사조(詞藻)가 괴려(瑰麗)하여서, 위로는 대력(大歷)·원화(元和)에 접했고, 아래로는 정덕(正德)·가정(嘉靖)의 길을 열었다"고 했다.

무후사 제벽시 武侯祠題壁詩[1]

劍江春水綠泛泛[2]	검강 봄물의 초록빛이 드넓고
五丈源頭日又矄[3]	오장원 앞엔 해가 또 석양이네
舊業未能歸後主	구업을 후주에게 되돌리지 못했는데
大星先已落前軍	큰 별이 먼저 전군에 떨어졌네
南陽祠宇空秋草[4]	남양의 사우는 가을풀이 쓸쓸하고
西蜀關山隔暮雲	서촉의 관산은 저녁구름으로 막혔네
正統不慙傳萬古	정통을 만고에 전함이 부끄럽지 않으니
莫將成敗論三分	성패로써 삼분천하를 논하지 마오

주석

1) 본래 제목이 없이 무명씨의 시로 전해졌으나, 청나라 구조오(仇兆鰲)가 『칠수류고(七修類稿)』에 근거하여 원나라 오장의 시라고 고증했음. 武侯祠(무후사): 삼국 촉한(蜀漢)의 승상(丞相) 제갈량(諸葛亮)을 모신 사당. 사천성 성도(成都)에 있음.

2) 劍江(검강): 『강서통지(江西通志)』에 "검강: 근원은 장공(章貢)에서 나와서, 청강(淸江)을 지나서 풍성현(豊城縣)을 돌아서 꺾어져서 서북쪽에서 검강(劍江)이 된다. 또한 검수(劍水)라고도 하는데, 동쪽으로 흘러서 파호(鄱湖)로 들어간다"고 했음.

3) 五丈源(오장원): 섬서성 미현(眉縣) 서남쪽. 제갈량이 병으로 죽은 곳임.

4) 南陽(남양): 하남성 남양시(南陽市). 제갈량이 출사하기 전에 살던 곳. 여기서는 제갈량을 가리킴.

평설

- 명나라 양신(楊愼)의 『승암시화(升菴詩話)』에 "무후사시(武侯祠詩): 정덕(正德) 무인(戊寅)년에 나는 여방지(余方池) 편수(編修)를 방문했다. 무후사(武侯祠)의 벽 사이에서 시가 있었는데, '劒江春水綠沄沄……'이라고 했다. 뒤에 적기를 '이 시는 처음부터 끝까지 모두 무후(武侯)의 일을 말했는데, 자미(子美: 杜甫)도 간혹 뛰어넘을 수 없다'고 하니, 방지(方池)가 그렇지 않다고 했다. 내가 말하기를 '이는 또한 미현천유(微顯闡幽)로서 사람들을 따라서 향시를 보지 않은 자인데, 그 명씨(名氏)를 알 수 없는 것이 애석하다'고 했다"고 했다.

대량 戴良

대량(1317-1383), 자는 숙능(叔能), 호는 구령산인(九靈山人), 무주(婺州) 포강(浦江: 절강성) 사람. 젊어서 유관(柳貫)과 황진(黃溍)에게서 문을 배우고, 여궐(余闕)에게서 시를 배웠다. 월천서원산장(月泉書院山長)과 회남(淮南)·강북(江北) 등의 행중서성유학제거(行中書省儒學提擧)를 지냈다. 원말의 난리 속에서 산동(山東)으로 피란을 갔다. 원나라 유민으로서 자처하며 살다가, 명나라 홍무(洪武) 15년에 경사로 불려갔으나, 출사를 거절하고 우사(寓舍)에서 자살했다. 저서로 『구령산방집(九靈山房集)』이 있다. 『원시선』에 "왕의(王禕)가 말하기를 '그 시는 질박하면서도 부연하였고, 간략하면서도 조밀하다. 우유불박(優游不迫)하고, 충담불휴(沖澹不携)한데, 위로 한위(漢魏)의 유음(遺音)을 추구하여 자성일가했다'고 했다"고 했다.

송송암을 생각하다 懷宋庸庵[1]

麥秀歌殘已白頭[2]	<맥수가> 그치고 이미 백발인데
逢人猶自說東周[3]	만난 사람이 오히려 스스로 동주를 얘기하네
風塵湏洞遺黎老	풍진이 그치지 않아 유민은 늙고
草木凋傷故國秋	초목이 시든 고국의 가을이네
祖逖念時空擊楫[4]	조적은 시대를 염려하여 공연히 뱃전을 두들겼고
仲宣多難但登樓[5]	중선은 다난하여 다만 누대에 올랐네
何當去逐騎麟客[6]	언제나 기린객을 쫓아가서
被髮同爲汗漫遊	머리 풀고 함께 한만하게 노닐 건가?

주석

1) 宋庸庵(송용암): 송희(宋僖). 여요(餘姚) 사람. 지정(至正) 10년(1350)에 절강 향시(浙江鄕試)에 합격하고, 명나라 홍무(洪武) 2년(1369)에 『원사(元史)』 수찬에 참여했음. 나중에 복건주고(福建主考)를 지냈음.

2) 麥秀歌(맥수가): 기자(箕子)가 주(周)나라로 조근(朝覲)을 갈 때 옛 은허(殷墟)를 찾아가서 궁실이 부서지고, 이미 벼와 기장이 자라고 있음을 보고, 상심하여 부른 노래.

3) 東周(동주): 기원전 771년 견융(犬戎)이 서주(西周)를 멸망시킨 후, 주나라 평왕(平王) 희의구(姬宜臼)가 호경(鎬京)에서 낙읍(洛邑: 하남성 洛陽)으로 천도했는데, 이를 동주라고 함. 그 기간은 기원전770에서 기원전256까지임.

4) 祖逖(조적): 진(晉)나라 장군. 영가(永嘉) 5년(311), 흉노족(匈奴族) 유요(劉曜)가 낙양(洛陽)을 함락시키고, 진나라 회제(懷帝)가 포로가 되자, 조적은 수백 가구를 인솔하여 강을 건너 남쪽으로 피난했는데, 강을 건너면서 노로 뱃전을 두들기며 맹서하기를 "내가 중원을 소탕하여 다시 강을 건너지 않을 것이 대강(大江)과 같을 것이다!"라고 했음. 원제(元帝) 때 황하 이남의 지역

을 수복했음.

5) 仲宣(중선): 왕찬(王粲)의 자. 동한(東漢) 말에 북방에 대란이 일어나자, 17세의 나이로 남쪽으로 와서 형주자사(荊州刺史) 유표(劉表)에게 의지했음. 일찍이 봄날에 호북(湖北) 당양성루(當陽城樓)에 올라 〈등루부(登樓賦)〉를 지은 적이 있음.

6) 騎麟客(기린객): 송나라 섭정규(葉廷珪)의 『해록쇄사(海錄碎事)』에 "기린객(麒麟客)은 장무실(張茂實) 집안의 용복(傭僕)이다. 스스로 말하기를, 마침 액(厄)을 만나서, 반드시 용복이 되어서 보상해야 한다고 했다. 어느 날 사례하고 떠났는데, 청린(青麟)을 타고 선장(仙掌)으로 올라갔다"고 했다.

담소 郯韶

담소, 자는 구성(九成), 호는 초계은자(苕溪隱者)·운대산리(雲臺散吏), 호주(湖州: 절강성) 사람. 평생 출사하지 않고 시주(詩酒)로 스스로 즐겼다. 고영(顧瑛)의 옥산아집(玉山雅集) 속의 여러 사람들과 수창했다. 저서로 『운대집(雲臺集)』이 있다.

어부 집의 벽에 적다 題漁家壁

漫郞家住黃泗浦[1]	만랑의 집은 황사포에 있는데
閑看飛花坐北窓	나는 꽃을 한가히 보며 북창에 앉아있네
渡口靑山高似屋	나루 입구 청산은 높은 지붕 같고
門前湖水直通江	문전의 호수는 곧장 강으로 통하네
垂楊繫艇已千尺	수양버들에 배를 맨 것은 이미 천 척인데
春鯉上盤纔一雙	봄 잉어를 쟁반에 올린 것은 겨우 한 쌍이네
野老相過無一事	시골 노인들 서로 찾으며 한가한데
白頭喜對酒盈缸	백발로 즐겁게 술 가득한 항아리를 대했네

주석

1) 漫郞(만랑): 당나라 시인 원결(元結)이 스스로 만랑이라고 자칭했음. 黃泗浦(황사포): 호북성 무창현(武昌縣)에 있는 포구 이름. 원결이 거주했던 곳임.

예원진의 〈춘림원수도〉에 적다 題倪元鎭春林遠岫圖[1]

1

杏花簾幕看春雨	살구꽃 염막에서 봄비를 보는데
深巷無人騎馬來	깊은 거리엔 말 타고 오는 이도 없네
獨有倪寬能識我	다만 예관이 나를 알아줌이 있어서
黃昏躡屐到蒼苔	황혼에 나막신 신고 푸른 이끼에 이르렀네

주석
1) 倪元鎭(예원진): 예찬(倪瓚). 원진은 예찬의 자. 모두 4수로서 예찬과 함께 모여서, 예찬의 그림에 제(題)한 시이다.

2

春色三分都有幾¹⁾　춘색 삼분이 모두 얼마나 남았는가?
二分已在雨聲中　이분은 이미 빗소리 속에 있네
牆東兩箇桃花樹　담장 동쪽 두 그루 복사꽃나무
恨殺朝來一番風　아침에 한 차례의 바람이 한스럽네

주석
1) 소식(蘇軾)의 〈水龍吟·次韻章質夫楊花詞〉에 "春色三分, 二分塵土, 一分流水"라고 했음.

3

十日春寒早閉門　십일 간의 봄추위에 일찍 문을 닫고
風風雨雨怕黃昏　바람 불고 비 오는 황혼이 두렵네
小齋坐對黃金鴨　소재에 앉아서 황금오리 향로를 대하니
寂寞沈香火自溫　적막하게 침향의 불꽃이 절로 따뜻하네

4
春寒時節病頭風　　봄추위 시절에 두풍을 앓으며
惆悵年華逝水同　　세월이 흘러가는 물과 같음을 슬퍼하네
世事總如春夢裏　　세상사가 모두 봄꿈 속과 같은데
雨聲渾在杏花中　　빗소리가 온통 살구꽃 안에 있네

평설

- 명나라 장축(張丑)의 『청화서화방(淸河書畵舫)』에 "지정(至正) 14년 2월 25일 비가 내릴 때, 담군(郯君) 구성(九成)이 절구 4수를 읊기를 '杏花簾幙看春雨……'라고 했다. 예찬(倪瓚)이 고재(高齋)에 유숙하며, 구등(篝燈) 아래서 〈춘림원수도(春林遠岫圖)〉를 그리고, 아울러 4수의 시에 차운하여 그림 위에 적었다. 시각이 야루하삼각(夜漏下三刻)이었다"라고 했다.

왕봉 王逢

왕봉(1319-1388), 자는 원길(原吉), 자호는 석모산인(席帽山人)·오계자(梧溪子)·최한원정(最閑園丁), 강음(江陰: 강소성) 사람. 평생 출사하지 않았다. 장사성(張士城)이 봉기하여, 그를 불렀으나 거절하고 도리어 원나라에 항복하라고 권유했다. 명나라에 들어가서도 또한 출사하지 않고 원나라에 충성을 보였다. 저서로 『오계집(梧溪集)』이 있다.

무제 無題[1]

十載群雄百戰疲	십년 간 군웅들이 백전으로 지쳤는데
金城萬雉自湯池[2]	금성은 만 치이고 절로 탕지였네
地分玉冊盟俱在[3]	땅을 나눈 옥책의 맹세가 모두 남았는데
露仄銅盤影不支[4]	이슬이 기운 동반은 그림자를 지탱 못하네
中夜馬羣風北向[5]	한밤중 말들은 바람 속에 북쪽을 향했는데
當年車轍日南馳	당년에 수레들은 매일 남쪽으로 내달렸네
獨憐石鼓眠秋草[6]	홀로 석고가 가을 풀 속에 잠듦을 슬퍼하는데
猶是宣王頌美辭	원래 선왕을 찬미한 말들이었네

주석

1) 원제목은 〈전무제(前無題)〉. 모두 5수임.
2) 雉(치): 성 담장의 면적의 단위. 금성탕지(金城湯池)는 견고한 성과 해자를 말함.
3) 玉冊(옥책): 옥으로 만든 간책(簡冊). 한고조(漢高祖)가 제후들에게 분봉(分封)할 때 봉작(封爵)에 대한 맹세가 있었음.
4) 銅盤(동반): 한무제(漢武帝)가 세운 구리로 주조한 선인승로반(仙人承露盤)을 말함. 위명제(魏明帝)가 이를 낙양(洛陽)으로 옮기게 했음.
5) 원나라 순제(順帝)가 대도(大都)를 떠나서 대막(大漠)으로 달아난 일을 말함.
6) 石鼓(석고): 주(周)나라와 진(秦)나라 때 바위를 깎아서 만든 북으로 왕에 대한 찬미의 글이 새겨져 있음. 당나라 한유(韓愈)가 주나라 선왕(宣王) 때의 기물로 고증한 바가 있음.

장헌 張憲

장헌(1320?-1373?), 자는 사렴(思廉), 호는 옥사생(玉笥生), 소흥(紹興) 산음(山陰: 절강성) 사람. 재능을 지니고 방달했는데, 일찍이 경사에 가서 출사하려고 했으나 뜻을 이루지 못하고 돌아왔다. 장사성(張士誠)이 봉기하여 오(吳)지역을 차지했을 때, 그를 추밀원도사(樞密院都事)에 임명했다. 장사성이 패배하자, 장헌은 변성명하고 항주(杭州)로 달아났다. 사묘(寺廟)에서 기식(寄食)하다가 죽었다. 저서로『옥사집(玉笥集)』이 있다.

악악왕가 岳鄂王歌[1]

君不見	그대는 보지 못했는가?
南薰門鐵鑪步[2]	남훈문과 철로보를?
神矛丈八舞長蛇[3]	신모 장팔에 긴 뱀이 춤추니
雙練銀光如雨注[4]	쌍으로 펼친 비단의 은광이 비 내린 듯했네
又不見	또 보지 못했는가?
鐵浮屠拐子馬[5]	철부도와 괴자마를?
斫脛鋼刀飛白霜	종아리를 찍는 강철 칼이 흰 서리를 날리니
貫陣背嵬紛解瓦[6]	진영을 관통하는 배외에 어지럽게 와해되었네
義旗所指人不驚	의기로 가리키니 사람들 놀라지 않고
王師到處壺漿迎[7]	왕사가 가는 곳마다 술병으로 맞이했네
兩河忠義望風附[8]	양하의 충의는 바람을 바라듯 귀순하고
襄鄧荊湖唾手寧[9]	양등과 형호에선 손바닥에 침 뱉으며 평안하네
朱仙鎭上馬如虎[10]	주선진 위의 말들은 호랑이 같은데
百戰經營心獨苦	백전을 경영하며 마음이 홀로 괴로웠네
賜環竟壞迴天功[11]	사환을 당하여 끝내 천공을 회복하지 못하고
卷斾歸來臥樞府[12]	깃발을 거두고 돌아와 추부에 누웠네
錢塘宮殿春風輕	전당의 궁전엔 봄바람이 경쾌한데
嬌兒安宴醉未醒	미인들이 연회에서 취하여 깨지 못하네
徒令功臣三十六	다만 공신 서른여섯을 거느리고
舞女歌兒樂太平	무녀와 가수들이 태평을 즐거워하네
虎頭將軍面如鐵	호두장군은 얼굴이 강철 같은데
義膽忠肝向誰說	의담과 충간을 누구에게 말해야 하는가?

只將和議兩封書	단지 화의하는 두 봉서를 들고
往拭先皇目中血[13]	선황의 피눈물을 가서 닦아주었네
將軍將軍通軍術	장군들은 군술에 능통하니
君命不受未爲失	군명을 받지 않아도 실수를 하지 않네
大夫出疆事從權	대부가 국경을 나간 것은 일의 변통을 따른 것인데
鐵馬長驅功可必	철마가 오래 내달리니 공을 기약할 수 있었네
功成解甲面赤墀[14]	공을 이루고 갑옷을 벗고 적지를 마주하고
拜表謝罪死不遲	절하며 죄를 청하니 죽음이 더디지 않았네
惜哉忠義重山岳	애석하다! 충의는 산악처럼 무거웠건만
智不及此良可悲	지혜는 이에 못 미치어 참으로 슬프네
烏乎肆讒言	아! 참언을 늘어놓고
加毒手	독수를 가한 것은
申王心[15]	신왕의 마음이었고
循王口[16]	순왕의 입이었는데
蘄王湖上乘驢走[17]	기왕은 호수가로 나귀 타고 달아났네
五國城頭帝鬼啼[18]	오국의 성 머리에서 황제의 귀신들이 우는데
健兒相酌平安酒	건아들은 서로 술 따라서 편안히 마시네

주석

1) 岳鄂王(악악왕): 남송의 대장군 악비(岳飛).

2) 南薰門(남훈문): 송나라 성문 이름. 『송사(宋史)·악비전(岳飛傳)』에 "적(賊) 황선(黃善)·조성(曺成)·공언주(孔彦舟) 등이 연합한 무리 15만 군이 남훈문에 몰려왔는데, 악비의 부대는 겨우 8백 무리였다. 두려워서 대적하지 못

하자, 악비가 '내가 제군들을 위하여 격파할 것이다'라고 하고, 왼손에 활을 잡고, 오른손에는 창을 휘두르며 종횡으로 그 진영을 쳤다. 적들이 혼란에 빠지자, 크게 패배시켰다"고 했다. 鐵鑪步(철로보): 다리 이름. 악비가 반적 장용(張用)과 이성(李成) 등을 패퇴시킨 곳임.

3) 장팔사모(丈八蛇矛)를 말함. 창의 일종임.

4) 雙練銀光(쌍련은광): 악비가 적과 싸울 때, 왼손에 활을 잡고, 오른손에는 창을 휘두르며 공격한 것을 형용하여 말한 것임.

5) 鐵浮屠拐子馬(철부도괴자마): 철부도와 괴자마는 금나라 군대의 철갑을 입은 기병을 말함.

6) 背嵬(배외): 배외(背嵬). 대장군이 친히 거느리는 군대.

7) 『맹자·양혜왕(梁惠王)』에 "簞食壺漿, 以迎王師"라고 했음.

8) 兩河(양하): 하북(河北)과 하동(河東) 지역. 望風(망풍): 앙망(仰望).

9) 襄鄧荊湖(양등형호): 양양(襄陽)·등주(鄧州)·형주(荊州)·호북로(湖北路).

10) 朱仙鎭(주선진): 하남 개봉현(開封縣) 서남에 있는 진 이름. 소흥(紹興) 10년, 악비가 언성(堰城)에서 대첩(大捷)한 후 주둔했던 곳.

11) 賜環(사환): 방축(放逐)을 당한 신하를 소환하는 것. 당시 고종(高宗)이 하루에 12번이나 연달아 금자패(金字牌)를 내려서 악비를 소환했음.

12) 樞府(추부): 추밀원(樞密院).

13) 先皇(선황): 휘종(徽宗)과 흠종(欽宗)을 말함.

14) 赤墀(적지): 단지(丹墀). 붉게 칠한 궁중의 계단을 말함.

15) 申王(신왕): 진회(秦檜). 죽은 후 신왕에 봉해졌음. 금(金)나라와 화의를 주장하며 악비를 모해(謀害)했음.

16) 循王(순왕): 장준(張俊). 남송의 4대 장군 중의 한 명. 사후 순왕에 봉해졌음. 진회와 함께 악비를 모해했음.

17) 蘄王(기왕): 한세충(韓世忠). 효종(孝宗) 때 기왕에 추봉되었음. 병권을 빼앗긴 후 일체 군사 일을 말하지 않고, 서호(西湖)가에서 스스로 즐겼음.

18) 五國城(오국성): 오국두성(五國頭城). 휘종(徽宗)과 흠종(欽宗)이 포로가 되어서 끌려가서 죽은 곳임. 지금의 흑룡강(黑龍江) 의란(依蘭).

겁설행 怯薛行[1]

怯薛兒郞年十八	겁설 아랑은 나이 열여덟인데
手中弓箭無虛發	수중의 활과 화살은 헛발을 쏘지 않네
黃昏偸出齊化門[2]	황혼에 제화문을 넘어가서
大王莊前行劫奪	대왕의 장원 앞에서 겁탈을 저지르네
通州到城四十里[3]	통주에서 성까지 사십 리인데
飛馬歸來門未啓	나는 말로 돌아오니 성문이 아직 열리지 않았네
平明立在白玉墀	새벽에 백옥지에 서있으니
上直不曾違寸晷	상직을 잠시도 어긴 적이 없네
兩廂巡警不敢疑	양상의 순경도 감히 의심하지 못하니
留守親姪尙書兒[4]	유수의 친 조카고 상서의 아들이기 때문이네
官軍但追上馬賊	관군은 다만 말 탄 도적을 추적할 뿐인데
星夜又差都指揮[5]	별 뜬 밤에 또 도지휘를 파견하네
都指揮宜少止	도지휘는 곧 그만두고
不用移文捕新李[6]	이문을 사용하여 신리를 체포하지 않네
賊魁近在王城裏	도적의 괴수는 왕성 안에 가까이 있다네

주석

1) 怯薛(겁설): 숙위군(宿衛軍). 황제의 금군(禁軍). 대개 귀족관료의 자제들로 충당했음.
2) 齊化門(제화문): 궁궐문의 이름.
3) 通州(통주): 지금의 북경시(北京市) 통현(通縣).
4) 留守(유수): 원나라 때 대도유수(大都留守)를 두고 도성의 수위(守衛)를 맡게 했음. 尙書(상서): 황제를 보좌하여 정무(政務)를 관리하는 고급관료.
5) 都指揮(도지휘): 병(兵)을 통솔하는 장령(將領).
6) 移文(이문): 공문서. 新李(신리): 당시 도적 괴수의 이름. 장선의 〈오랍해원수참신리행(烏拉海元帥斬新李行)〉시에 "中原惡少稱新李, 八尺長軀勇無比"라고 했음.

진유윤을 전송하다 送陳惟允[1]

抱劍入帝都[2]	검을 품고 제도로 들어가니
未知何所求	무엇을 구하려는지 모르겠네
觀其辭氣間	그 말과 기색을 살펴보니
已類朱阿游[3]	몹시 주아류와 같네
肝膽正激烈	간담이 진정 격렬하여
旣悲還復謳	이미 비통한데 도리어 다시 노래하네
欲銷天下難	천하의 난리를 없애려면
先斷佞臣頭[4]	먼저 간신의 머리를 잘라야 하리라

주석

1) **陳惟允**(진유윤): 진여언(陳汝言). 자는 유윤(惟允), 임강(臨江: 강서성 정강(靖江) 사람. 오현(吳縣: 강소성 蘇州)에서 살았음. 시와 그림에 뛰어났음. 예찬(倪瓚)이 그린 〈진유윤시의도(陳惟允詩意圖)〉가 전함.

2) **帝都**(제도): 도성(都城).

3) **朱阿游**(주아유): 한(漢)나라 주운(朱雲). 자는 유(游). 성제(成帝) 때 안창후(安昌侯) 장우(張禹)가 전횡하여, 정치가 혼란했는데, 하급지방관으로서 황제에게 간언(諫言)하기를 "신(臣)은 상방(尙方)의 참마검(斬馬劍)을 내려주기를 바랍니다. 영신(佞臣) 1인을 참수하여 그 나머지를 제거하고자 합니다"라고 했음.

4) **佞臣**(영신): 아첨하는 간신.

장욱 張昱

장욱, 자는 광필(光弼), 호는 가한노인(可閑老人), 길안(吉安) 노릉(廬陵: 강서성) 사람. 젊어서 우집(虞集)에게서 수학하여 시법(詩法)을 배웠다. 그의 시는 장저(張翥)에게서 몹시 칭송을 받았다. 좌우사원외랑(左右司員外郞)·행추밀원판관좌승(行樞密院判官左丞) 등을 지냈다. 명나라에서는 출사하지 않았다. 저서로 『장광필시집(張光弼詩集)』이 있다.

심생이 강주로 돌아갈 때 주다 贈沈生還江州[1]

鄕心正爾怯高樓	고향생각에 진정 높은 누대가 겁나는데
況復樓中賦遠遊	하물며 누대 안에서 〈원유가〉를 읊음에랴?
客裏登臨俱是感	객중에 올라와 임하니 모두 감개한데
人間送別不宜秋	세상의 송별은 가을이 적합하지 못하네
風前落葉隨車滿	바람 앞의 낙엽은 수레를 따라와 가득차고
日下浮雲共水流	해 아래 뜬 구름은 물과 함께 흘러가네
知汝琵琶亭畔去[2]	그대가 비파정 가로 떠나가면
白頭司馬憶江州	백두의 사마는 강주를 생각하리라

주석

1) 江州(강주): 강서성 구강시(九江市).
2) 琵琶亭(비파정): 당나라 백거이(白居易)의 〈비파행(琵琶行)〉 시를 기념하여 후인들이 세운 정자. 강서성 덕화현(德化縣: 九江縣)에 있음.

정학년 丁學年

정학년(1335-1493?), 자(字)로써 행세했다. 또 다른 자는 영경(永庚), 회족(回族) 사람으로서 악주(鄂州) 무창(武昌)에서 태어났다. 지정(至正) 연간에 전란을 만나서 모친을 모시고 동쪽으로 피난을 가서, 동남 연해를 떠돌다가, 원이 망한 후 12년 만에 무창으로 돌아왔다. 저서로 『해소집(海巢集)』이 있다.

도선실에서 소이거와 옛일을 얘기하다가 감개가 있어서 짓다
逃禪室與蘇伊擧話舊有感

不學揚雄事草玄[1]	양웅이 초현을 섬긴 것을 배우지 않고
且隨蘇晉暫逃禪[2]	소진을 따라서 잠시 도선을 하네
無錐可卓香巖地[3]	송곳 꽂을 땅이 없어도 향암지를 세울 수 있고
有柱難擎杞國天[4]	기둥이 있어도 기국의 하늘을 받들기 어렵네
漫詫丹霞燒木佛[5]	단하가 목불을 태운 것을 함부로 꾸짖으니
誰憐靑露泣銅仙[6]	누가 푸른 이슬이 동선을 울게 한 것을 동정하랴?
茫茫東海皆魚鼈	망망한 동해엔 모두 어별뿐인데
何處堪容魯仲連[7]	어디서 노중련을 받아들이겠는가?

주석

1) 揚雄事草玄(양웅사초현): 서한(西漢)의 양웅은 박학했는데, 『역경(易經)』을 모방하여 『태현경(太玄經)』을 짓고, 『논어(論語)』를 모방하여 『법언(法言)』을 지었다. 나중에 초현(草玄)은 경서를 모방하거나 혹은 박학(博學)의 의미로 사용되었음.

2) 蘇晉暫逃禪(소진잠도선): 당나라 소진은 불심이 깊어서 항상 재계하고 선정(禪定)을 행했는데, 종종 술에 취하면 선정에서 도망갔음. 일설에는 선정을 잠들었다는 의미로 보기도 함. 두보(杜甫)의 〈음중팔선가(飮中八仙歌)〉 시에 "蘇晉長齋繡佛前, 醉中往往愛逃禪"이라고 했음.

3) 無錐(무추): 송곳도 꽂을 땅이 없다는 뜻. 卓(탁): 입(立). 香巖地(향암지): 정토(淨土).

4) 杞國天(기국천): 『열자(列子)』에 실려 있는 기우(杞憂)의 고사. 기나라의 어떤 사람이 하늘이 무너지고 땅이 꺼질까 쓸데없이 염려했다는 것.

5) 丹霞(단하): 등주(鄧州) 단하(丹霞)의 천연선사(天然禪師). 마조도일(馬祖道一)의 제자. 송나라 석보제(釋普濟)의 『오등회원(五燈會元)』에 "(천연선사가) 혜림사(慧林寺)에서 엄동 추위를 만났는데, 목불(木佛)을 가져다가 불을 땠다. 원주(院主)가 꾸짖기를 '어찌 우리 목불을 가져다가 불을 때는가?'라고 하니, 선사가 지팡이로 재를 뒤집으며 '내가 불을 땐 것은 사리(舍利)를 구하려는 것이오'라고 했다. 원주가 '목불이 어찌 사리를 지녔겠는가?'라고 하니, 선사가 '본래 사리가 없다면, 다시 양존(兩尊)을 가져다가 태워보아야겠소'라고 했다"고 했다.

6) 銅仙(동선): 금동인(金銅人). 당나라 이하(李賀)의 〈금동선인사한가(金銅仙人辭漢歌)〉의 서에 "위명제(魏明帝) 청룡(靑龍) 9년 8월, 궁관(宮官)을 시켜 수레를 끌고 한(漢)나라 효무제(孝武帝)의 봉로반선인(捧露盤仙人)을 서쪽에서 가져다가 전전(前殿)에 세워두려고 했다. 궁관이 반(盤)을 잘라내고, 선인(仙人)이 수레에 임했을 때 곧 줄줄 눈물을 흘렸다"고 했다. 그 시구에 "空將漢月出宮門, 憶君淸淚如鉛水"라고 했음.

7) 魯仲連(노중련): 전국시대 제(齊)나라 사람. 일찍이 제나라에 공을 세웠는데, 제나라 왕의 봉작(封爵)을 받지 않고 동해(東海)로 도피하여 은거했음.

평설

- 명나라 구우(瞿佑)의 『귀전시화(歸田詩話)』에 "시대에 감개하여 사건을 썼는데, 연구(鍊句)의 정치(精緻)함이 이와 같다"고 했다.

찾아보기

ㄱ

柯九思　466
却侍姬　422
感舊歌者　184
感秋　100
甲子秋懷　157
江邊晚望　154
江上　224
江天暮雪　174
客中思歸　261
客中遇寒食　473
車中, 作古樂府　260
劍歌行次韻　350
怯薛行　498
揭傒斯　292
經古城　199
京城春日　453
癸卯中秋之夕, 與諸君會飮山中, 感時懷
　　舊情見乎辭　132
鷄鳴行　464
溪上　217
高士談　47
顧瑛　461
高郵城　295
故鄕夜坐有感　255
公莫舞　318
貢師泰　401
貢性之　476
過居庸關　436
過高郵射陽湖雜詠　449

過桐廬漏港灘, 示舟人　226
過沙溝店　161
過濟源, 登裵公亭, 用閑閑老人韻　147
過湖口, 望廬山　167
郭鈺　474
郭外　341
漷州　380
觀梅有感　203
貫雲石　335
仇遠　186
九月八日, 陪危太樸, 偕梁九思, 游城南
　　三學寺·萬壽寺　361
九日　371
君山行　336
掘塚歌　288
宮詞　395, 451, 467
歸舟　297
金山寺　177
金人出塞圖　265
紀舊遊　215
寄李隱者　428
岐陽　114
寄王學士子端　89
寄浙省參政周玉坡　361

ㄴ

迺賢　456
女兒浦歌　302

ㄷ

段克己　131
段成己　135
郯韶　488
踏水車行　322
党懷英　71
戴良　485
臺山懷古　446
對酒　427
戴表元　180
德政碑　333
逃禪室與蘇伊學話舊有感　504
渡混同江　45
銅陵五松山中　243
同兒輩賦未開海棠　124
東陽道中　368
銅雀臺　173
登金山　220
滕王閣　272
登鎮州隆興寺閣　193

ㄹ

落花　158
亂後　107
冷泉亭　340
呂公亭　410
廬山瀑布謠　389
盧琦　412
路鐸　82
蘆花被　337
論詩三十首　125
龍虎臺應制　323
劉汲　64
劉秉忠　153
劉三嘏　27
劉詵　254

劉迎　59
劉因　192
劉著　49
李宮人琵琶引 幷書　293
李汾　108
李純甫　90
李存　417
李俊民　137
李孝光　342

ㅁ

麻九疇　102
馬祖常　321
馬臻　230
晚登遼海亭　48
晚望　77
挽文山丞相　269
晚訪仲章, 不遇　252
漫成　396
明妃曲　196
暮春游西湖北山　281
牧牛圖　105
夢武昌　299
武林春望　481
無題　493
武侯祠題壁詩　483
墨梅　355
聞蔡州破　138

ㅂ

博浪沙　178
發閶門　462
發湖口　290
方回　163
白溝　200
白珽　190

507

白陳詩　28
范梈　285
邊元鼎　61
別武昌　296
卜居白龜池上　188
奉使行高郵道中　72
鳳凰山故宮　187
賦林泉民　375
浮山道中　363
傅若金　420
芙蓉曲　447

ㅅ

思歸　98
史肅　95
沙湖晚歸　334
山家　204
薩都剌　435
上京卽事　454
相思　397
上元日　291
傷亭戶　353
塞上曲　459
書事　204
西域河中十詠　144
西湖竹枝歌　391
西湖竹枝詞　407
釋宮怨　232
夕泛海東, 尋梅岑山觀音大士洞, 遂登盤
　陀石, 望日出處及東霍山, 回過翁浦,
　問徐偃王舊城　379
鮮于樞　225
雪中過虎牢　109
雪軒　280
剡民饑　182
城門曲　400
成廷珪　374

歲暮感事　373
蕭觀音　32
疏梅　221
蕭瑟瑟　34
小園卽事　224
小飮邢崑夫家, 因次其韻　46
送李經　91
送李伯英　229
宋无　239
送富州尹劉秉彝如京　209
送友還家　416
送人之浙東　445
送程以文, 兼簡揭曼碩　274
送陳惟允　499
帥拓　79
宿州夜雨　157
宿浚儀公湖亭　284
宿卓水　151
宿荷花莊　255
述懷寄光遠, 幷簡城南諸友　407
辛願　106
新鄕媼　457
失題　26

ㅇ

蛾眉亭　216
岳鄂王墓　214
岳鄂王歌　495
鄂渚晚眺　176
哀棄兒　346
哀流民操　257
耶律楚材　143
耶律弘基　30
夜雨　234
野中暮歸有懷　329
楊柳　123
楊妃病齒圖　437

襄城道中 83
楊維楨 382
楊載 279
漁隱為周仲明賦 236
漁樵共話圖 413
漁村詩話圖 72
余闕 409
與伯雨, 登溪山勝概樓 429
烟寺晚鐘 175
烟雨中過石湖三絕 433
燕姬曲 443
詠史 35
潁亭留別 116
豫章貢院卽事, 奉和雲林提擧〈晚春閒居〉
　　舊韻 208
倪瓚 425
吳激 41
吳宮怨 317
吳萊 378
吳師道 326
吳漳 482
吳鎭 306
吳澄 207
五湖游 386
獄中賦萱 74
完顏亮 54
完顏璹 97
王冕 348
王逢 492
王氏能遠樓 287
王若虛 99
王惲 160
王寂 67
王庭筠 73
外家南寺 123
湧金門見柳 479
于文虛中 39
虞美人草詞 313

雨夜雪意 164
虞集 263
雨後晚行 245
袁桷 249
袁易 247
院中獨坐 277
元好問 112
月夜泛舟 50
有感 164
游同樂園 80
游洞嶺寺 413
游西山, 同項可立, 宿靈隱西菴 304
游華山, 寄元裕之 85
遊黃華山 118
尹廷高 259
陰山 146
應敎題梅 356
擬古 402
醫巫閭 52
宜春贈別 475
李翰林墓 241
日暮倚仗水邊 68
臨詢 56
壬辰十二月, 車駕東狩後卽事 120

ㅈ

張養浩 256
張雨 308
張昱 501
張翥 358
張憲 494
裁衣曲 465
赤壁圖 329
赤城館 269
的信 398
荻港早行 347
田錫 104

509

戰城南　240	早春　213
錢惟善　405	趙渢　69
浙江亭觀潮　57	種橦花　470
絶句　75, 219	宗陽宮望月　282
絶句二首　431	罪出　211
折楊柳　406	舟過大茅洋　368
鄭元佑　372	舟過吳江　344
丁學年　503	周權　339
題柯敬仲畫　277	朱德潤　332
題高尙書竹石　283	周昻　76
題官舍壁　330	周霆震　370
題蘆雁　300	周馳　228
題李儼黃菊賦　31	珠赫遼　110
題梅　478	重過姑蘇有感　477
題屛　227	仲穆墨蘭　310
題〈栖碧山〉, 爲淦龔舜咨賦　423	重陽吟　166
題西巖　65	重午客中　248
題所畫梅竹, 贈石民瞻　218	重游蓬壺, 因呈諸公一笑　414
題漁家壁　489	中秋覓酒　40
題漁村圖　267	贈山中道士善琴　411
題淵明小像　404	贈沈生還江州　502
題倪元鎭春林遠岫圖　489	贈張玉田　250
題雨中行人扇圖　103	贈彈箏者　453
題雲庵　418	知非堂夜坐　245
題鄭所南蘭　431	至正改元辛巳寒食日, 示弟及諸子姪　278
題趙松雪迷禽竹石圖　188	池荷　238
題宗之家初序瀟湘圖　42	陳高　468
題朱伯禮西村草堂　375	陳基　463
題秋山圖　290	陳旅　365
題春江漁父圖　398	陳孚　168
題芭蕉美人圖　399	陳深　223
題畫梅　356	陳樵　312
題畫屛　55	
早起　246	**ㅊ**
趙孟頫　210	
趙伯啓　233	次子勉韻　418
趙秉文　84	蔡珪　51
趙延壽　25	采石懷李白　447

蔡松年　44
氏山齋瀑布泉　402
清明後一日, 過懷來　155
聽雨　273
靑田山房爲劉養愚賦　469
茗溪　183
村居雜詩　206
秋蓮　202
秋日, 登甘露寺, 晚眺　376
秋日池上　444
秋千　397
秋興　42
春半夜雨走筆　165
春雪　96
春雨　475
春日田園雜興　191
出門別親友　169
出八達嶺　60
翠屛口　77
枕易　236

ㅌ

泰不華　415
太乙眞人歌, 題蓮舟圖　343

ㅍ

八月十四日對酒　62
沛公亭　421
彭城雜詠　452
馮道　206
馮子振　220

ㅎ

何景福　480
河水歌效長吉體　324

夏夜　161
夏五月武昌舟中觸目　298
夏日飮山亭　201
何中　244
郝經　156
漢宮早春曲　442
寒夜作　300
項祠　316
海鄕竹枝歌　394
行婦怨次李編校韻　181
許有壬　345
許衡　149
螢苑曲　359
湖州竹枝詞　311
鴻門會　384
洪希文　472
和歐陽南陽月夜思　301
和仇仁近歲暮見寄韻　231
和答木庵英粹中　136
和蕭秀才歌風臺　366
和吳行甫雨雹韻　150
畵竹　307
黃庚　235
黃山道中　70
黃鎭成　367
黃溍　303
荒村　427
懷古　33
懷歸　430
懷茅山　309
懷宋庸庵　486
曉起聞鶯　218
睢陽道中　111
戲馬臺　327
喜魏仲房見過　477

511

기태완(奇泰完)

중앙대학교 문예창작과 졸업
성균관대학교 일반대학원 국어국문학과 석사·박사 졸업(문학박사)
성균관대학교 동아시아학술원 대동문화연구원 선임연구원
홍익대학교 겸임교수
전남대학교 호남문화연구소 전임연구원 등을 역임
연세대학교 국학연구원 연구교수
저서로 『황매천시연구』·『곤충이야기』·『한위육조시선』·『당시선』上, 下·『천년의 향기－한시산책』·『화정만필』·『송시선』 등이 있고,
역서로 『거오재집』·『동시화』·『정언묘선』·『고종신축의궤』·『호응린의 역대한시 비평－시수』·『퇴계 매화시첩』·『심양창화록』 등이 있음.

한중역대한시선04

요금원시선

2009년 10월 30일 초판 1쇄 펴냄

선 역 기태완
발행인 김흥국
발행처 도서출판 보고사

등록 1990년 12월 13일 제6-0429호
주소 서울특별시 성북구 보문동7가 11번지 2층
전화 922-5120~1(편집), 922-2246(영업)
팩스 922-6990
메일 kanapub3@chol.com
http://www.bogosabooks.co.kr

ISBN 978-89-8433-784-8 93820
ⓒ 기태완, 2009

정가 25,000원
사전 동의 없는 무단 전재 및 복제를 금합니다.
잘못 만들어진 책은 바꾸어 드립니다.